GONZAGUE SAINT BRIS

LES PRINCES DU ROMANTISME

ROBERT LAFFONT

ISBN 2-221-09891-9

A la mémoire
d'Isabelle
Comtesse de Paris

descendante des Princes du romantisme,
qui a offert ses souvenirs,
ouvert ses archives et
tant désiré que ce livre fût.

« Ce sont des jeunes gens comme on n'en voit guère
et des princes comme on n'en voit pas. »

METTERNICH

SOMMAIRE

PREMIER TABLEAU

Dans l'atelier de l'artiste

DEUXIÈME TABLEAU

Orléans, le rêve brisé

TROISIÈME TABLEAU

Louise-Marie, la reine morte

QUATRIÈME TABLEAU

Marie, le sculpteur de l'âme

CINQUIÈME TABLEAU

Nemours, la fidélité et le panache

SIXIÈME TABLEAU

Clémentine, la séduction dans le Gotha

SEPTIÈME TABLEAU

Joinville, la liberté dans l'action

HUITIÈME TABLEAU

Aumale, l'esthétisme princier

NEUVIÈME TABLEAU

Montpensier, l'hidalgo solitaire

DIXIÈME TABLEAU

Le peintre en sa maison

PREMIER TABLEAU

Dans l'atelier de l'artiste

« Le but de l'art est presque divin. Ressusciter, s'il fait de l'histoire ; créer s'il fait de la poésie. »

VICTOR HUGO

Un peintre virtuose pour un tableau de circonstance

En cet automne de l'année 1847, à Paris, où le public s'arrache la dernière édition du *Cousin Pons* de Balzac ou de *Jane Eyre* d'Emily Brontë, tandis que la découverte de l'or provoque, outre-Atlantique, une ruée sur la Californie, rue des Martyrs, le peintre Horace Vernet est assis devant un immense chevalet de son atelier. Autour de lui un encombrement de chevaux de cire, d'armes rutilantes et d'uniformes de théâtre. Le Maître se concentre sur une de ces grandes compositions dont il a le secret et dans lesquelles son fertile génie de metteur en scène s'exprime pleinement pour mettre en relief la beauté des chevaux, la virilité chamarrée de ses personnages et la variété des décors, où sa puissance de grand coloriste multiplie ces émotions que prisent tant les bourgeois enredingotés de la monarchie de Juillet rêvant devant ses toiles au panache français. Grand, mince, blond, sa longue pipe à la bouche, le maître est entouré de ses élèves et de ses modèles, dans le joyeux brouhaha de cet atelier dont le désordre, selon un contemporain, est

« pittoresque et fantaisiste », comme le montrent non seulement la vue qu'il en réalise lui-même, mais encore la description qu'en fait un de ses amis journalistes :

« Ici c'est un officier assis sur une malle renversée qui fait retentir le tambour ; là un jeune élève fait résonner une trompette ; ici un chien aboie à une biche, un singe gratte la tête d'un des personnages ; dans un coin est un cheval. Un shako de lancier coiffe un buste ; une selle, des armes, un violon sont suspendus à la muraille. Au milieu du bruit et du fracas qui ébranlent la voûte, sans en paraître étonnés, des personnages étrangers à l'atelier lisent, parlent entre eux, tandis que des élèves s'appliquent à donner à la toile le mot de la vie », concluant enfin : « Rien dans cette variété d'objets, de ces contraires piquants n'est recherche et art ; c'est la nature parce qu'elle seule est la vérité ! » À l'image donc de cette époque romantique où l'art se pratique en direct, à toute heure du jour et de la nuit, le maître laisse courir son pinceau pour les ultimes retouches avant la livraison officielle et peut à présent juger à son aise de l'effet produit par sa composition destinée à frapper l'imagination du public. Les Parisiens, dans quelques jours, vont découvrir, au Salon, ce portrait collectif du roi Louis-Philippe et de ses fils destiné à immortaliser l'éclat de cette monarchie de Juillet fêtant, cette année, son dix-septième anniversaire, mais qui représente en fait un événement intervenu dix ans plus tôt, le 10 juin 1837, lorsque le souverain et les princes inauguraient le nouveau musée de Versailles.

Né dans le Louvre de l'année 1789, à une époque où l'ancien palais des rois de France était encore abandonné aux artistes, Horace Vernet est issu d'une illustre lignée de peintres parmi lesquels son grand-père Joseph, l'initiateur de la peinture de paysage, le promoteur des ports de France si admiré de Diderot, et le démiurge de l'ardente sensibilité des Lumières, ainsi que son père Carle, caricaturiste fameux, peintre des champs de courses et surtout apologiste du cheval sous toutes les coutures, étaient déjà des gloires reconnues, familiers des grands de ce monde avec lesquels, depuis un siècle, ils vivaient dans l'intimité. Très tôt spécialisé dans les amples scènes militaires, qui ont bercé son imaginaire d'enfant, à l'annonce des victoires révolutionnaires puis napoléoniennes, il les a immortalisées dans plusieurs compositions comme *La Bataille de Valmy*, *Le Grenadier de Waterloo* ou *La Garde impériale passée en revue par Napoléon* que le tsar de Russie lui avait achetée une petite fortune, tout en pérennisant les traits de certains protagonistes de cette époque, parmi lesquels Jérôme Bonaparte, roi de Westphalie. Ancien directeur de la villa Médicis à Rome, dont il a fait une véritable ambassade de l'art français, membre de l'Institut et de la Légion d'honneur, c'est un peintre certes officiel mais vigoureux, toujours en mouvement, dont le succès, tant mondain que populaire, ne s'est jamais démenti, même si Baudelaire allait un jour dire de lui qu'il n'est qu'« un militaire qui peint », jugement sans doute trop restrictif lorsqu'on prend en compte la sensibilité de son époque, qui transcende dans la chose militaire toutes les aspirations de la générosité civilisatrice et de l'ambition individuelle.

Mais si le roi Louis-Philippe requiert aujourd'hui Horace Vernet, c'est autant pour son talent que par l'amitié, pour ne pas dire la complicité, les unissant depuis la traversée du désert imposée, à l'un comme à l'autre, par la Restauration de 1814 qui prisait peu les engagements trop libéraux du cousin de Louis XVIII et l'inspiration trop impérialiste du peintre dont l'œuvre, manifestement, servait la légende de Napoléon et non le podagre souverain réinstallé par les Alliés – c'est-à-dire les ennemis de la France – aux Tuileries. Outre l'affection qui liait leurs pères respectifs, un détail, encore, les avait rapprochés, ce tableau de *La Bataille de Jemmapes*, au centre duquel Vernet avait représenté le jeune duc de Chartres, à l'époque général de l'armée révolutionnaire, devenu aujourd'hui le roi Louis-Philippe.

L'œuvre trône désormais dans la galerie du Palais-Royal comme une provocation à l'endroit de ceux qui se trouvaient en face, dans l'armée des princes, même si aujourd'hui ils ne sont plus que des vieillards chenus maugréant dans la solitude du noble faubourg Saint-Germain, n'ayant toujours pas compris que Chateaubriand naguère pensait à eux quand il avait parlé de ceux qui « n'avaient rien appris ni rien oublié ». Aussi incapables, aujourd'hui, de comprendre la Jeune-France qu'ils étaient, hier, capables de comprendre celle de Bonaparte, ils ne peuvent réaliser que les deux tiers des Français, en cette année 1837, sont nés après 1789 et portent dans leur âme l'impérieux désir de changement démocratique.

La complicité du peintre avec le roi est telle que Vernet a même inventé pour lui le portrait « rétroactif », en le représentant à une époque où il ne l'avait pas connu, c'est-à-dire en 1793, demandant l'asile au monastère du Saint-Gothard après avoir quitté la France. Tous deux savent que, malgré la périlleuse restauration des Bourbons sur le trône de France, rien ne sera plus jamais comme avant depuis que le double souvenir de la Révolution et de l'Empire hante toute une génération aspirant à autre chose, en particulier cette part de rêve et d'imaginaire dont se nourrit désormais la vie politique française, et même européenne, où s'entrecroisent les idées nationalistes, socialistes et humanistes, auxquelles les vieux trônes ne peuvent, au fond, opposer que l'autocratie. En conséquence, depuis l'instauration de la monarchie de Juillet, Louis-Philippe, ayant appris de Napoléon que l'art de la mise en scène est le meilleur auxiliaire de la communication politique, ne cesse de mettre Vernet à contribution, lui commandant un jour douze grandes toiles sur la conquête de l'Algérie, et, à présent, ce portrait de groupe où, sanglé dans son uniforme de général de la Garde nationale, le « roi-citoyen », sur son destrier gris – privilège royal – paraît à son avantage, moins empâté qu'il n'est en réalité, mais ferme dans son regard, son bicorne à plumes blanches à la main, saluant démocratiquement ses chers sujets à qui, c'est visible, il entend donner la meilleure impression, alors qu'il quitte la cour d'honneur de Versailles.

Le choix du site, au reste, n'est pas innocent puisque le souverain, abandonnant pour toujours le plus évident symbole d'un passé à jamais enfoui sous l'esprit démocratique nouveau, tourne justement le dos à un château qui n'est plus le palais de Louis XIV et de ses successeurs, mais le musée, nouvellement inauguré, dédié à toutes les gloires de la France, un musée pour lequel travaillent à présent une cinquantaine de peintres ayant reçu mission de ressusciter et exalter le passé national sur de grandes compositions, surnommées par certains les « tartines » mais dont l'impact sur l'opinion publique est comparable à ce que sera, plus tard, le cinéma, générateur de réflexion, d'émotions, de fantasmes, vécus par un grand public avide de connaissances. Cette opération enchante Victor Hugo qui s'écrie : « C'est avoir fait un monument national d'un monument monarchique ; c'est avoir mis une idée immense dans un immense édifice ; c'est avoir installé le présent dans le passé ; c'est avoir donné à ce livre magnifique qu'on appelle l'histoire de France cette magnifique reliure qu'on appelle Versailles. » Pourtant, si le roi et ses fils tournent le dos au château, la statue équestre de Louis XIV rappelle aussi que le souverain, quatre fois arrière-petit-fils du Roi-Soleil, est bien son successeur et que, de ce fait, son pouvoir est aussi légitime que ceux des Bourbons de la branche aînée !

Au côté du roi caracolent, toujours en uniforme, mais sur des chevaux de robe sombre, pour contraster avec le précédent, et, protocole oblige, un cran en arrière, ses cinq fils dont les regards convergent respectueusement vers ce père comblé, manifestement heureux d'exhiber le sang neuf de la maison de France, geste qui n'est pas seulement de convenance mais aussi de tactique puisque les princes ont appris, depuis qu'ils participent aux parades officielles, à se déployer ainsi en éventail pour mieux protéger leur père des éventuels attentats, comme ce fut précisément le cas, deux ans plus tôt, le 28 juillet 1835, lorsque Fieschi fit exploser devant eux sa fameuse machine infernale qui, boulevard du Temple, provoqua dix-huit morts mais ne toucha aucun membre de la famille royale. Le passé d'un côté, l'avenir d'un autre en quelque sorte, ce message, chacun le comprend immédiatement en dévisageant ces cinq princes qui auraient dû être six – si le petit Charles, duc de Penthièvre, n'était pas mort dans sa huitième année, en 1828 –, décalage qui aurait permis à l'œuvre de gagner en symétrie, à défaut d'inspiration. Unis comme les doigts d'une main, ces cinq princes sont, à la droite du roi (c'est-à-dire à la gauche du tableau) Ferdinand, duc d'Orléans, héritier du trône, Antoine, duc de Montpensier, ainsi que François, prince de Joinville et, à sa gauche (c'est-à-dire à la droite du tableau) Louis, duc de Nemours et Henri, duc d'Aumale.

De-ci de-là Vernet rectifie un détail en perfectionniste qu'il est, afin que tous les personnages de son œuvre soient le plus ressemblants possible, ce qui les a obligés à venir régulièrement poser chez lui, à l'exception du roi pour qui le maître est venu lui-même aux Tuileries, comme l'avait naguère fait David quand il composait le *Sacre de Napoléon*, restituant aujourd'hui, avec la même fidélité, l'expression des regards comme le moindre bouton d'uniforme, le reflet de la lumière sur les bottes impeccablement cirées comme le rayon de soleil sur le bronze doré de la grille, la musculature des chevaux comme leur ombre portée sur le pavé qu'éclaire un ciel encore encombré de nuages mais se dégageant progressivement sous l'effet d'un soleil modeste. Peu à peu il émerge à la manière d'un triomphe sur les incertitudes qui planent autour d'un trône contesté, à l'extérieur, par les souverains d'Europe et, à l'intérieur, par l'opposition républicaine, bonapartiste et légitimiste. Comme le veut l'usage, les filles du roi ne sont pas présentes sur une toile aussi martiale. Elles n'en figurent pas moins dans un autre atelier, celui d'Achille Devéria, les représentant presque au même moment, bavardant sur un canapé, comme trois commères qui attendent que leurs frères soient revenus de la parade, ou leurs maris qui sont pour l'aînée, Louise, le roi des Belges, pour la deuxième, Marie, le duc de Wurtemberg, et pour la troisième, Clémentine, le prince de Saxe-Cobourg-Gotha. La quatrième, Françoise, manque. Elle a été emportée en 1818 dans sa deuxième année. Il n'y a rien à redire, les princesses, après les princes, composent une jolie famille qui fait l'admiration de la France, et incarnent désormais toutes les aspirations nationales, bourgeoises et même sentimentales, applaudies par la foule, copiées par la jeunesse, enviées par le corps diplomatique. Ils cherchent en vain ailleurs l'exemple d'une telle sève, d'une telle vitalité dynastique qui surprend, séduit et fascine tout à la fois, transposant, à l'échelon aristocratique, ce qui est plus généralement le lot des classes populaires, une famille nombreuse, dont on peut sans honte montrer tous les membres !

La saga de la branche cadette de la maison de France

Les Orléans, pourtant, revenaient de loin et avec eux leur chef, le nouveau roi Louis-Philippe, héritier d'un lignage qui, en deux siècles, avait donné bien du fil à retordre à la couronne, depuis qu'Anne d'Autriche, femme de Louis XIII, avait mis au monde deux fils, le premier, Louis XIV, le second, Monsieur – c'était son titre –, duc d'Orléans et premier prince du sang de la maison de France, auteur, par sa femme Charlotte-Élisabeth de Bavière, princesse Palatine, d'une branche cadette qu'allaient successivement incarner cinq princes contestataires, dressés plus ou moins officiellement contre leurs souverains cousins pendant autant de générations. Ceux-ci furent, dans l'ordre chronologique, le fils de Monsieur, Philippe (1674-1723), le célèbre Régent de la minorité de Louis XV, son petit-fils, Louis le Pieux (1703-1752), qui finit sa vie retiré près de ses amis, les moines de l'abbaye de Sainte-Geneviève, son arrière-petit-fils, le débonnaire Louis-Philippe le Gros (1725-1785), son arrière-arrière-petit-fils, Philippe Égalité (1747-1793) dont le rôle, bien que contesté, fut si actif pendant la Révolution, et enfin son arrière-arrière-arrière-petit-fils Louis-Philippe, né le 6 octobre 1773, qui, en montant enfin sur le trône, vengeait deux siècles de suspicions où n'avaient manqué ni la grandeur – l'œuvre politique du Régent en témoigne – ni les infamies, comme l'avait montré son propre père, à la Convention nationale, en votant la mort de Louis XVI. Cela, de ce jour, constituait la faute originelle de la famille d'Orléans, bien que celui-ci, avant sa propre fin, eût pris conscience de l'ampleur d'une telle erreur, en s'écriant : « Je meurs innocent de ce dont on m'accuse ; que Dieu leur pardonne comme je leur pardonne, mais j'ai mérité la mort pour l'expiation de mes péchés. J'ai contribué à la mort d'un innocent et voilà ma mort, mais il était trop bon pour ne pas pardonner. Dieu nous joindra tous deux avec Saint Louis. »

Dans leur somptueux Palais-Royal, dressé comme un éloquent symbole face aux Tuileries voisines, les Orléans, qui portaient aussi une multitude de titres – ducs de Chartres, de Valois, de Nemours, de Montpensier, de La Roche-sur-Yon, de Penthièvre, etc. –, étaient les premiers seigneurs du royaume en prestige et en richesse. Et ce par leurs innombrables terres réparties de la Normandie au Perche, du Valois au Gâtinais et du Val de Loire à l'Auvergne. Comme tels, ils avaient, pendant plus d'un siècle, vécu à leur rythme particulier, tentant tout à la fois de séduire la rue et d'attirer les élites pour entretenir une sorte d'anti-cour de Versailles. Là se croisaient le monde et le demi-monde, les opposants politiques et les esprits sulfureux – Choderlos de Laclos écrivit chez eux ses *Liaisons dangereuses* –, tandis que leur immense jardin parisien, loti à la fin du XVIIIe siècle, devenait le repaire public de tous les plaisirs et de toutes les contestations. C'est dans ce lieu, précisément, que naquit, entre maisons de jeu, bordels et clubs philosophiques, cette Révolution de 1789 où ils jouèrent un rôle important, tout en récupérant son héritage moral et intellectuel. Ailleurs ils étaient, ailleurs ils restèrent, pour le meilleur ou pour le pire !

Fils de ce duc d'Orléans qui, dans cette même révolution, devint Philippe Égalité, avant de finir à son tour, pris dans l'engrenage infernal de ses engagements ambigus, sous le couperet de la guillotine, et de sa cousine Adélaïde de Bourbon-Penthièvre – elle-même descendante de Louis XIV par son bâtard, le comte de Toulouse –, Louis-Philippe, fort bien élevé par Mme de Genlis (« la fée de la pédanterie » ironisait-on) qui lui avait donné une instruction très en avance sur son temps avec toutes les formes de la pensée intellectuelle, avait tôt mis ses pas dans ceux de son père en se comportant comme un grand seigneur éclairé, cultivé et prodigue. S'étant fait initier dans la franc-maçonnerie, il militait au club des Jacobins, discutait avec Danton et même servait avec talent dans les rangs de l'armée révolutionnaire comme officier général, à Valmy puis à Jemmapes. Mais, dégoûté des excès de la Terreur, il avait quitté la France et s'était soumis à l'autorité de celui qui, dans l'exil, se faisait appeler Louis XVIII, sans pour autant combattre contre sa nation, refusant de ce fait d'intégrer l'armée des princes et préférant voyager de par le monde, quitte, pour subsister, à s'improviser instituteur en Suisse, sous le nom de Chabaud-Latour, ce qui ne semblait pas gêner ce prince si particulier, seul de sa condition à pouvoir raconter à ses petits-enfants qu'il avait dîné avec Robespierre !

Accompagné de ses deux frères, les ducs de Beaujolais et de Montpensier, qui allaient rapidement disparaître, on l'avait vu ensuite en Grande-Bretagne, où il avait cultivé d'utiles amitiés, en Scandinavie, premier Français à côtoyer le pôle Nord, puis aux États-Unis qu'il fut le premier chef d'État français à visiter (le deuxième étant, après lui, Napoléon III). Il s'enthousiasma pour les institutions du Nouveau Monde dans une conversation avec George Washington, tout en rêvant devant des paysages vierges de toute civilisation. Ce descendant de Saint Louis les arpenta avec lyrisme et modestie, comprenant, au fil de ses pérégrinations, que le monde était en train de changer et que plus jamais on ne pourrait le gouverner comme l'avaient fait ses aïeux. Curieux et intrépide, il parcourait ensuite l'Allemagne et l'Italie et laissa dans ses périples de sympathiques souvenirs à tous ceux qui l'avaient connu, deux bâtards, le premier de Marianne Banzoni, le second de Beate Valbum, et pas mal d'illusions sur le sens de l'Histoire. En Sicile, à l'âge de trente-six ans, après avoir un temps caressé l'idée de quémander le poste de vice-roi d'Amérique pour le compte de Ferdinand VII d'Espagne, sous le prétexte qu'il avait fait une escale à Cuba et que, malgré les vicissitudes, il était toujours le premier prince du sang de la maison de France, il mit fin à ses aventures en épousant, le 25 novembre 1809, sa cousine la princesse Marie-Amélie de Bourbon-Sicile.

Fille du roi de Naples Ferdinand IV et de la reine Marie-Caroline d'Autriche, elle était née en 1782 à Caserte et avait passé son enfance au pied du Vésuve avant de fuir la ville au lendemain de son invasion par les troupes françaises et de se réfugier en Sicile où ces dernières n'osaient pas s'aventurer. Par cet audacieux mariage, Louis-Philippe réintégrait le noyau des dynasties régnantes puisque Marie-Amélie, descendante de Louis XIV par son arrière-grand-père Philippe V d'Espagne, était à la fois la nièce de Marie-Antoinette, la tante de Marie-Louise, impératrice des Français – ce qui faisait du duc d'Orléans l'oncle de… Napoléon –, et la tante de Marie-Caroline, la future duchesse de Berry. Comme il l'écrivait lui-même, « quelle tape aux préjugés ! Quel avantage pour moi d'épouser une Bourbon et probablement (*at least I think so*) d'avoir des enfants ! ». Mais contrairement à l'usage des cours d'Europe, ce fut un mariage d'amour qui unit ce grand garçon, plutôt séduisant bien qu'un peu lourd, instruit, raisonneur, libre-penseur et ambitieux, et cette blonde assez maigre, pieuse, réservée et cultivée, que Mme de Boigne, sa meilleure amie, allait décrire sans flagornerie : « Elle n'était pas jolie. Elle était même laide, grande, maigre, le teint rouge, les yeux petits, les dents mal rangées, mais elle avait le col long, la tête bien placée, très grand air [supportant] très bien la parure avec bonne grâce et beaucoup de dignité. »

Tous deux se tutoyaient en public et manifestaient une certaine ardeur intime qu'allait récompenser, avec une régularité chronométrique, la naissance de dix enfants, élevés avec la tendresse d'une famille unie, aimante et complice, malgré la perte douloureuse de deux d'entre eux dans leur petite enfance. Sous l'affectueuse autorité d'un père décidé à tout mettre en œuvre pour leur laisser un patrimoine bien géré et d'une « mère poule » accomplie, convaincue du droit d'élever elle-même sa progéniture, les princes d'Orléans allaient connaître une enfance heureuse et équilibrée, qu'on peut comparer à celle de la famille de la reine Victoria et du prince Albert, et qui constituait la meilleure des armes pour affronter la vie. Une enfance, disons le mot, moderne, dans laquelle on trouvait le moyen de placer comme compagnon de jeux, par solidarité avec les Grecs révoltés contre la Turquie, un petit Grec échappé au massacre de Corinthe et désormais élevé sous la férule de ce couple unique, une exception, en somme, dans cette Europe où l'esprit du XVIIIe siècle dominait encore les mœurs et non celui du XIXe, plus bourgeois et donc moins immoral.

De retour en France après la chute de Napoléon, le duc d'Orléans se présentait au Palais-Royal, dont il baisait la première marche du grand escalier, sous le regard ahuri du concierge qui refusait de le recevoir. Mais après avoir repris contact avec Louis XVIII – qui souhaitait, peu sincèrement, « effacer tout ce qui pourrait rappeler des souvenirs trop amers » – il se voyait réinstallé dans tous ses droits et propriétés, à commencer, justement, par sa demeure parisienne, sans compter l'immensité de ses terres, étendues du Valois au Gâtinais (c'est-à-dire de l'Oise à la Seine-et-Marne), le canal de l'Ourcq ou son indemnité prélevée sur le milliard des émigrés. Comme un général avec ses troupes, il répartissait alors sa famille au Palais-Royal, lui dans le pavillon central (où siège l'actuel Conseil d'État), sa femme et ses filles dans l'aile est (qui abrite aujourd'hui le ministère de la Culture), ses fils dans l'aile ouest (hébergeant actuellement le Conseil constitutionnel). Cette opération n'allait pas sans mal puisqu'il fallut, pour tout remettre en état, dépenser cinquante millions et compter dix-huit ans de travaux, menés sous la direction de Fontaine, architecte préféré de Napoléon, finissant par totalement restructurer le quartier, quitte à en chasser les innombrables prostituées et tenanciers de maisons de jeu, qui choquaient tant la prude Marie-Amélie. Ceci malgré les protestations des habitués qui regrettaient la disparition de ce lupanar à ciel ouvert, constatant avec regret que le temps de la douceur de vivre laissait place à celui des austères banquiers, des commerçants rangés et des rentiers triomphants, en un mot, à tous les Joseph Prudhomme de la nouvelle société, que Daumier commençait à croquer sur le vif.

Cela accompli, le duc d'Orléans pouvait reprendre tranquillement le cours de ses activités favorites, qui étaient, d'une part, la reconstitution de sa fortune, tâche dans laquelle il excellait autant qu'un notaire de Balzac, et, d'autre part, l'opposition politique, qu'il pratiquait en virtuose de l'ambiguïté, officiellement soumis à son cousin le roi, derrière qui il suivait sagement le cortège de la translation des cendres de Louis XVI à Saint-Denis, officieusement réceptif à l'opposition libérale qu'il caressait, flattait et encourageait discrètement, dans ses salons, où il recevait en effet avec de moins en moins de discrétion les ténors du libéralisme, de La Fayette à Talleyrand ou de Molé à

Girardin, sans compter même certains bonapartistes notoires, qu'il parvenait à convaincre de le suivre. Cela conduisait le vieux souverain des Tuileries à conclure, désabusé, avec une excellence politique qu'on ne lui reconnaît pas toujours : « Je ne l'ai jamais vu où je l'aurais voulu. Est-ce sa faute ? Est-ce la mienne ? Depuis sa rentrée, il est chef de parti et il n'en fait pas mine. Son nom est un drapeau de menace ; son palais un point de ralliement. Il ne se remue pas et cependant il chemine. Cette activité sans mouvement m'inquiète. Comment s'y prendre pour empêcher de marcher un homme qui ne fait aucun pas ? »

Commençaient alors de longues et pénibles années de cohabitation, faites de réconciliations et de ruptures, de défiance réciproque et d'animosité partagée, la situation finissant par redevenir celle qu'elle était avant la Révolution, aux Bourbons la légitimité, aux Orléans l'opposition, le tout à quelques marches de distance entre les Tuileries et le Palais-Royal séparés par quatre rues et… tout un monde ! Louis XVIII ayant refusé à son cousin le titre d'Altesse Royale – arguant que, « assez prêt du trône, il était inutile qu'on l'en rapproche davantage » –, un seul battant de porte s'ouvrait devant lui lorsqu'il venait le visiter, alors que sa femme Marie-Amélie, qui était fille de roi, avait droit aux deux battants, mesquineries d'étiquette ravissant le vieux roi, mais entretenant de sourdes inimitiés, marquées par de silencieuses mais officielles bouderies dont on allait mesurer, plus tard, les lourdes conséquences. Les choses allaient un peu s'arranger avec l'avènement du plus courtois et plus conciliant Charles X, au sacre duquel Louis-Philippe figurait parmi les dignitaires, sous un manteau fleurdelisé que ses enfants baptisaient « le costume de Pharamond », mais le mal était fait. Les blessures se révélaient inguérissables et le compromis impossible, au moment où une autre révolution se profilait, et où il paraissait évident que personne ne souhaitait plus le retour à un Ancien Régime décrié, chez un peuple qui aspirait à la liberté, certes sans la Terreur, et à l'ordre mais sans l'intolérance.

Alors, au lendemain d'un bal costumé, précisément donné au Palais-Royal, faisant dire à Salvandy qu'il s'agissait bien d'une fête napolitaine, puisque « on dansait sur un volcan », tout avait été très vite, en ce mois de juillet 1830, lorsque, sous la pression d'une émeute populaire bien orchestrée par l'opposition politique, la presse libérale et la jeunesse romantique, Charles X, ayant maladroitement tenté d'imposer par la force ses quatre malheureuses ordonnances suggérées par son ministre Polignac, abdiquait en faveur de son petit-fils, le duc de Bordeaux, fils unique du duc de Berry. Il se retirait à Rambouillet et, de là, prenait le chemin de l'exil pour la Grande-Bretagne d'abord, la Bohème ensuite, l'Illyrie enfin, où il allait achever, avec les siens, sa longue existence, non sans noblesse sur la fin, dans l'ennui crépusculaire du château de Prague. Mais c'est au château de Praffenberg qu'il va mourir et au couvent de Pastagmarizza, dominant Gorizia, qu'il était inhumé. Au même moment, Louis-Philippe, qui s'était très intelligemment tenu à l'écart des troubles, attendait dans son coin ce qu'il appelait, avec un certain cynisme, « le moment de se sacrifier », faisant mine de laisser croire ce que Thiers allait raconter plus tard, « quand, après ces trois journées, on voulut lui mettre la couronne sur la tête, il fallut l'arracher à la retraite, comme si on eût voulu le conduire au carcan » ! En fait, officiellement proclamé lieutenant général du royaume, le duc d'Orléans, poussé par Talleyrand, avait, en principe, mission de le diriger pendant la minorité du duc de Bordeaux, comme l'avait jadis fait son trisaïeul pour Louis XV, et comme le voulait Marie-Amélie, qui écrivait à sa nièce : « Amenez-le-moi, il sera le plus cher de mes enfants. » Mais le jeune prince étant parti avec son grand-père, le Parlement était bien obligé de constater la vacance du pouvoir, et avec lui l'entourage du duc lui-même, bien convaincu de ses chances, ce que lui faisait comprendre Senonville à qui il demandait son chapeau, lui répondant : « Nous vous le passons, monseigneur, en attendant la couronne. »

Alors, malgré un superbe discours de protestation de Chateaubriand à la Chambre des pairs, malgré la grogne du faubourg Saint-Germain et la mauvaise humeur des souverains étrangers – l'Angleterre exceptée –, il se laissait conduire à l'Hôtel de Ville et recevait, sous le regard approbatif de Benjamin Constant l'applaudissant sur son fauteuil roulant, l'accolade de La Fayette qui l'adoubait d'un mot superbement trouvé : « Ce roi est la meilleure des républiques. » La monarchie de Juillet naissait ensuite au Palais-Bourbon, dans un enthousiasme relatif, mais qui satisfaisait pour l'instant les classes moyennes et la jeunesse d'*Hernani*, la Bourse et le théâtre, à défaut peut-être du pauvre peuple – mais qui s'en souciait alors sincèrement ? –, écarté des décisions et de la prospérité naissante, auquel le nouveau régime n'allait conseiller qu'un seul remède, par la voix de Guizot, « la patience et la résignation », tout en lançant aux autres son célèbre « enrichissez-vous » ! À cinquante-sept ans, le duc d'Orléans devenait donc Louis-Philippe Ier, roi des Français et non pas Philippe VII, roi de France – cette double nuance mérite d'être soulignée ! –, bientôt contraint, forcé même, par son gouvernement de quitter son cher Palais-Royal pour les Tuileries, sans savoir que, comme ses prédécesseurs Louis XVI et Charles X, il allait devoir en partir, dix-huit ans plus tard, sous la pression d'une émeute assez semblable à celle qui l'avait porté sur le trône. Pourtant, malgré l'image encore trop négative de son règne, généralement qualifié par la péjorative expression de louis-philippard, l'action du nouveau souverain, placide, patelin et avenant, sans cesse naviguant dans une politique « du juste milieu », avec un mot d'ordre, « améliorer sans détruire », s'avérait plutôt positive, à l'exception d'un certain conservatisme en matière de droit électoral – seuls 240 000 sur les vingt-cinq millions de Français ont le droit de voter ! –, d'une fâcheuse tendance à tout décider par lui-même, d'une autre à parler au lieu d'écouter et à cultiver ses vieilles rancunes, malgré le joli mot lancé à ses débuts, « le roi des Français oublie les injures faites au duc d'Orléans ».

Le roi des barricades

Si on étudie attentivement le règne de Louis-Philippe, force est de constater que l'Histoire n'a guère de griefs à lui opposer, sauf de n'avoir pas bien compris les aspirations sociales de son époque – mais comment ce contemporain de Karl Marx pouvait-il les mesurer quand on songe qu'il était né sous Louis XV ? – et, sous une façade moderniste, de s'être comporté, lui qui ressemblait tant physiquement à Louis XIV, comme un monarque de la vieille école, c'est-à-dire en authentique capétien, parfois plus en chef de parti qu'en souverain. Ce que reconnaissait amèrement Metternich, avouant le jour où il comprit enfin qu'il fallait, dans l'intérêt des empires, le soutenir et non le combattre : « Je l'ai cru un intrigant, mais je vois bien que c'est un roi. » Doit-on lui contester une réelle habileté alors que, après dix-huit ans de règne, il allait gagner les élections législatives, à la veille de la révolution emportant sa dynastie, paradoxe qui sera aussi celui de Napoléon III – ou celui du général de Gaulle en 1968 – et que Marie-Amélie allait résumer, elle qui vit sa montée sur le trône comme « le tombeau de (son) bonheur », d'un mot, ou mieux d'un cri de désespoir, « celui qui a inventé l'expression heureux comme un roi n'a jamais porté une couronne » ?

Qu'on le veuille ou non, Louis-Philippe était un authentique démocrate, même si sa démocratie était celle de son temps et non du nôtre, limitée aux seuls notables de la fortune et du savoir, ainsi qu'un progressiste convaincu, de surcroît attentif à préserver l'indépendance de la France et même à affermir sa grandeur. Dès le commencement, cet homme de grande expérience, assez imbu de ses capacités personnelles et de la confiance excessive qu'il avait en lui-même – « Il ne se croyait assurément le semblable d'aucun autre homme » note Tocqueville –, se mettait sérieusement au travail pour réconcilier la France d'avant et d'après la Révolution et l'Empire, sans cesse tiraillée entre les légitimistes, groupés dans une opposition d'hôtel particulier, les républicains, organisés en sociétés secrètes, et les bonapartistes, rassemblés en clubs, quitte à jouer au milieu, guidé par sa sœur Madame Adélaïde, à la fois son mentor et son conseiller aulique, le rôle d'une sorte de Joseph Prudhomme vigilant. Soucieux d'enrichir ses sujets et cette France qu'il aimait réellement, il amorçait une politique, souvent audacieuse mais réaliste, développait la construction de routes, de voies navigables et de chemins de fer, imposant l'établissement du fameux réseau en étoile, toujours en vigueur aujourd'hui, sans oublier la place de la nation à l'extérieur, imprimant un nouveau souffle à la diplomatie par une entente avec la Grande-Bretagne, à laquelle ce pacifiste obstiné tenait plus que tout. Cela ne l'empêchait pas de donner de la voix, et parfois du canon, lorsque les intérêts français étaient menacés outre-mer, au Maroc et au Mexique en particulier.

À sa demande, la Charte de 1814 était assouplie, le travail des enfants interdit – on oublie souvent ce détail humaniste ! –, tandis que les derniers résidus de la discrimination envers les juifs étaient abolis puisque leur religion était enfin reconnue au même titre que le catholicisme et le protestantisme, faisant de la France la seule nation d'Europe, avec les Pays-Bas, à pratiquer une telle législation égalitaire pendant presque un demi-siècle. En même temps, le drapeau tricolore était réinstitué, la fleur de lis remplacée par un coq, le catholicisme cessait d'être religion d'État, l'hérédité de la pairie était abolie et la Garde nationale, dont le roi portait l'uniforme, devenait le principal pilier du trône. La gloire nationale était ranimée par la conquête de l'Algérie, premier bastion de ce futur empire colonial qui consolait une génération privée de prestige militaire et qui, sous son règne, allait s'agrandir du Gabon, de Nossi-Bé, des Comores, de Tahiti et de la terre Adélie, tout en donnant un nouveau souffle au trafic portuaire national. Enfin, en interdisant la censure, il laissait croître ce mouvement romantique, auquel sans doute il ne comprenait pas grand-chose, mais qu'il ne cherchait pas à contrecarrer puisqu'il était fondamentalement libéral et que justement, le romantisme, « c'était, à tout prendre, le libéralisme en littérature » comme le lui expliquait Victor Hugo, devenu au fil des années son confident privilégié, le témoin le plus attentif de sa vie privée. N'étaient-ils pas, tous les deux, les grands gagnants de l'époque, l'écrivain parce qu'il avait remporté la bataille d'Hernani le 25 février 1830, le souverain parce que, cinq mois plus tard, il avait ramassé la couronne sur les barricades d'un autre combat, que Delacroix avait si fortement magnifié dans sa *Liberté guidant le peuple* ?

Ainsi, au fil de ses principaux ministères (Casimir-Perier, Broglie, Molé, Soult, Thiers, Guizot,) et du discours du trône, délivré chaque année, sur le modèle britannique, aux deux Chambres réunies, celui qu'on appelait désormais le « roi-citoyen », parce qu'il ne rechignait pas à se promener dans les rues de Paris avec un habit râpé, un vieux haut-de-forme et un parapluie, à recevoir aimablement, aux Tuileries, tous ceux qui se présentaient à lui, et à découper lui-même les volailles à table pour en offrir les bons morceaux à ses invités, finissait par prendre son rythme de croisière en dépit du caricaturiste Charles Philipon qui raillait son toupet un peu ridicule – que le coiffeur Richard venait arranger chaque matin – et sa tête en forme de poire, ou ses rondeurs lui valant d'être représenté par Daumier, en *Gargantua dévorant les ressources de la France* ou en *Monsieur Chose, premier saltimbanque de France* qui, d'ailleurs, finissaient par lasser, comme en témoignait Champfleury rencontrant sur les boulevards Daumier qui lui confiait : « Je suis fatigué des attaques contre Louis-Philippe. Un éditeur m'en commande une série ; je ne peux pas ! » Ce roi, si différent des autres, parvenait à gouverner malgré les complots tramés par les républicains, chez qui Auguste Blanqui et Armand Barbès faisaient leurs premières armes, par les bonapartistes, avec les tentatives de coups d'État à répétition menés par le jeune Louis-Napoléon, et par les légitimistes, avec les aventures romanesques de la duchesse de Berry qui tentait de soulever les provinces de l'Ouest.

Mieux encore, il durait, malgré les attentats le visant à plusieurs reprises et les barricades s'élevant souvent dans un Paris enfiévré pendant presque deux décennies, dont les points d'orgue demeurent le massacre de la rue Transnonain, en 1834, et l'attentat de Fieschi en 1835. Cela lui avait arraché cette constatation très flegmatique : « La chasse au roi est la seule qui soit ouverte toute l'année », manière de mettre les rieurs de son côté ! Haine difficile à comprendre aujourd'hui pour un homme qui, s'il n'était pas parfait, avait, comme son aïeul Henri IV, le désir de bien faire, et seulement justifiée par le fait qu'il avait osé s'asseoir sur un trône dont les Français ne voulaient plus du précédant titulaire, comme le résumait le tsar de Russie dans une formule aussi lapidaire que stupide : « Orléans ne sera jamais qu'un infâme usurpateur. » Car son règne, pendant lequel personne ne fut véritablement malheureux – à l'exception, sur la fin, des victimes de la crise économique –, fut précisément celui de la paix en Europe, **du** formidable démarrage de la presse, des progrès de l'instruction publique, du renouvellement de la pensée catholique et de l'apprentissage français aux institutions parlementaires, ce qui lui vaut de figurer honorablement dans l'Histoire, même si l'opinion publique a toujours tendance à l'oublier. Peut-être parce qu'entre l'écrasante gloire de Napoléon Ier et l'explosion républicaine de 1848, il n'y a guère de place pour en conserver le souvenir.

Et c'est injuste puisque c'est lui qui mit la France sur les rails de l'expansion, en plein accord avec le polytechnicien Charles Dupin, notant avec lucidité, que « ce qui caractérise les idées de la génération actuelle, c'est le respect pour les droits et la sympathie pour nos forces productives et commerciales ». Le temps de Louis-Philippe fut celui de la stabilisation politique, permettant d'un côté de maintenir les acquis de la Révolution et de l'Empire et de l'autre de satisfaire à une forme de restauration monarchique, ce qui, au passage, constitue une belle performance, même si elle s'accompagnait d'un rejet de la montée des classes populaires. Doit-on enfin rappeler un certain nombre d'initiatives, comme le commencement du développement urbain de Paris, à présent doté de sa première gare (Saint-Lazare), la création de l'enceinte de Thiers, l'achèvement de l'Arc de triomphe de l'Étoile, l'aménagement de la place de la Concorde ornée de l'obélisque, de celle de la Bastille dominée par le génie de la Liberté, le percement de cent dix rues, et un certain nombre d'initiatives utiles comme la création de l'inspection générale des Monuments historiques ou l'École française d'Athènes. Au nord de ces boulevards – « les Grandes Indes » disait Musset – qui, à l'époque, étaient la vitrine du romantisme, dans cette partie de « la Nouvelle Athènes » constituant un élément de l'actuel 9e arrondissement, existe toujours l'une des réalisations les plus raffinées de son règne, cette merveilleuse cité d'Orléans où s'installèrent progressivement George Sand et sa fille, Frédéric Chopin, les pianistes Pierre Zimmerman, Alkan, l'écrivain Joseph d'Ortigues, le peintre Dubufe, la danseuse Marie-Sophie Taglioni, le sculpteur Dantan, le compositeur Aubert, Alexandre Dumas et sa maîtresse la comédienne Belle Krelsamer et bientôt la cantatrice Pauline Viardot, constituant une sorte de phalanstère de la création, qu'évoquait le docteur Véron :

> « Depuis lors, n'est-ce pas, ont sonné bien des heures.
> C'était, tu t'en souviens, au sein de ces demeures
> Dont le groupe, évidé par des porches béants,
> Portait le nom de CITÉ D'ORLÉANS…
> Où compagne des arts, l'étude s'installa.
> C'est ainsi que l'on vit tour à tour briller là,
> Alexandre Dumas, aux pompeuses soirées,
> Par les voies de la presse à l'envi célébrées ;
> Garcia, Zimmermann, Tanneur, peintre des eaux,
> Dubufe, dont la soie inspire les pinceaux ;
> Gue ; Sebron ; George Sand, Chopin mort avant l'âge,
> Et qui méritait mieux qu'une amante volage,
> L'aimable amphitryon du sec Paganini ;
> Et toi plus tard aussi, belle Taglioni… »

En fait, ce souverain, assez indéchiffrable et souvent mal compris, enfermé dans son bureau pour lire la presse anglaise à défaut de celle de ses compatriotes qu'il n'ouvrait jamais, et qui finalement n'accordait, à la fin, sa confiance qu'à Guizot, auteur d'une formule lumineuse flattant sa fatuité – « le trône n'est pas un fauteuil vide » –, c'était probablement Victor Hugo qui le comprenait le mieux. Le jeune écrivain s'est très tôt imposé comme un des personnages centraux de la monarchie de Juillet qui, dès 1830, saluait la révolution présidant à son avènement, et composait un *Hymne aux morts de Juillet*, dont il allait être remercié, quelques années plus tard, par un siège de pair de France, au grand dépit de son ami Balzac qui aurait tant aimé siéger sous les ors du palais du Luxembourg. Ami intime des enfants du roi, régulièrement reçu aux Tuileries, il était, selon l'expression d'Hubert Juin, « un monsieur qui mène sa barque comme il faut. Il vit place Royale et son voisin préside la Chambre. Il aurait l'oreille du roi, bien sûr, mais comme le roi est bavard, c'est Hugo qui écoute. Il n'empêche, ce n'est pas si mal ! », d'autant qu'à l'instar de Chateaubriand avec Louis XVIII il se voulait la conscience de ce monarque qu'il pressait de prendre de la hauteur pour tenter de transcender « une monarchie un peu grise, qui a pour armes parlantes le parapluie et le bonnet de coton ». En conséquence, personne mieux que lui, répétant à satiété « le roi m'a dit » n'était mieux placé pour parler du monarque, dont il traçait un remarquable portrait inséré au quatrième tome des *Misérables*, superbe morceau de finesse psychologique qui vaut, à lui seul, les biographies les plus détaillées, car il est manifestement imprimé du sceau de l'authenticité :

« Louis-Philippe était un homme rare. Fils d'un père auquel l'Histoire accordera certainement les circonstances atténuantes, mais aussi digne d'esprit que ce père avait été digne de blâme ; ayant toutes les vertus privées et plusieurs des vertus publiques ; soigneux de sa santé, de sa fortune, de sa personne, de ses affaires ; connaissant le prix d'une minute et pas toujours le prix d'une année ; sobre, serein, paisible, patient, bonhomme et bon prince ; couchant avec sa femme et ayant dans son palais des laquais chargés de faire voir le lit conjugal aux bourgeois ; sachant toutes les langues de l'Europe et, ce qui est plus rare, tous les langages de tous les intérêts, et les parlant ; admirable représentant de la classe moyenne, mais la dépassant, et de toutes les façons plus grand qu'elle ; ayant l'excellent esprit, tout en appréciant le sang dont il sortait, de se compter surtout pour sa valeur intrinsèque, et sur la question même de sa race, très particulier, se déclarant Orléans et non Bourbon, très premier prince du sang tant qu'il n'avait été qu'Altesse sérénissime mais franc bourgeois le jour où il fut Majesté. Diffus en public, concis dans l'intimité ; avare signalé mais non prouvé ; au fond un de ces économes aisément prodigues pour leur fantaisie ou leur devoir ; lettré et peu sensible aux lettres.

« Gentilhomme mais non chevalier ; simple, calme et fort ; adoré de sa famille et de sa maison ; causeur séduisant ; homme d'État désabusé, intérieurement froid, dominé par l'intérêt immédiat, gouvernant toujours au plus près, incapable de rancune et de reconnaissance, usant sans pitié les supériorités sur les médiocrités, habile à faire donner tort par les majorités parlementaires à ces unanimités mystérieuses qui grondent sourdement sous les trônes ; expansif, parfois imprudent dans son expansion, mais d'une merveilleuse adresse dans cette imprudence ; fertile en expédients, en visages, en masques ; faisant peur à la France de l'Europe et à l'Europe de la France ; aimant incontestablement son pays, mais préférant sa famille ; prisant plus la domination que l'autorité et l'autorité que la dignité, disposition qui a cela de funeste que, tournant tout au succès, elle admet la ruse et ne répudie pas absolument les bassesses, mais qui a cela de profitable qu'elle préserve la politique des chocs violents, l'État des fractures et la société des catastrophes.

« Minutieux, correct, vigilant, attentif, sagace, infatigable ; se contredisant quelquefois et se démentant ; hardi contre l'Autriche à Ancône, opiniâtre contre l'Angleterre en Espagne, bombardant Anvers et payant Pritchard ; chantant avec conviction *La Marseillaise* ; inaccessible à l'abattement, aux lassitudes, au goût du beau et de l'idéal, aux générostés téméraires, à l'utopie, à la chimère, à la colère, à la vanité, à la crainte : ayant toutes les formes de l'intrépidité naturelle ; général à Valmy, soldat à Jemmapes, tâté huit fois par le régicide et toujours souriant ; brave comme un grenadier, courageux comme un penseur ; inquiet seulement devant les chances d'un ébranlement européen, et impropre aux grandes aventures politiques ; toujours prêt à risquer sa vie, jamais son œuvre. Déguisant sa volonté en influence afin d'être plutôt obéi comme intelligence que comme roi ; doué d'observation et non de divination ; peu attentif aux esprits mais se connaissant en hommes, c'est-à-dire ayant besoin de voir pour juger ; bon sens prompt et pénétrant, sagesse pratique, parole facile, mémoire prodigieuse ; puisant dans cette mémoire, son unique point de ressemblance avec César, Alexandre et Napoléon ; sachant les faits, les détails, les dates, les noms propres, ignorant les tendances, les passions, les génies divers de la foule, les aspirations, les soulèvements cachés et obscurs des âmes, en un mot, tout ce qu'on pourrait appeler les courants invisibles des consciences. Accepté par la surface, mais peu d'accord avec la France de dessous ; s'en tirant par la finesse ; gouvernant trop et ne régnant pas assez ; son Premier ministre à lui-même ; excellant à faire de la petitesse des réalités un obstacle à l'immensité des idées ; mêlant à une vraie faculté créatrice de civilisation d'ordre et d'organisation, on ne sait quel esprit de procédure et de chicane ; fondateur et procureur d'une dynastie ayant quelque chose de Charlemagne et quelque chose d'un avoué ; en somme, figure haute et originale, prince qui sut faire du pouvoir, malgré l'inquiétude de la France, une puissance malgré la jalousie de l'Europe, Louis-Philippe sera classé parmi les hommes éminents de son siècle, et serait rangé parmi les gouvernants les plus illustres de l'Histoire s'il eût un peu aimé la gloire et s'il eût le sentiment de ce qui est grand au même degré que le sentiment de ce qui est utile.

« Louis-Philippe avait été beau et, vieilli, était resté gracieux ; pas toujours agréé de la nation, il l'était toujours de la foule ; il plaisait. Il avait ce don, le charme. La majesté lui faisait défaut ; il ne portait pas la couronne, quoique roi, ni les cheveux blancs, quoique vieillard. Ses manières étaient du vieux régime et ses habitudes du nouveau, mélange du vieux et du bourgeois qui convenait à 1830 ; Louis-Philippe était la transition régnante ; il avait conservé l'ancienne prononciation et l'ancienne orthographe qu'il mettait au service de ses opinions modernes ; il aimait la Pologne et la Hongrie, mais il écrivait *les Polonois* et il prononçait *les Hongrais*. Il portait l'habit de la Garde nationale, comme Charles X et la Légion d'honneur, comme Napoléon. Il allait peu à la chapelle, point à la chasse, jamais à l'Opéra. Incorruptible aux sacristains, aux valets de chien et aux danseuses ; cela entrait dans sa popularité bourgeoise. Il n'avait point de cour. Il sortait avec son parapluie et ce parapluie a longtemps fait partie de son auréole. Il était un peu maçon, un peu jardinier et un peu médecin ; il saignait un postillon tombé de cheval ; Louis-Philippe n'allait pas plus sans lancette que Henri III avec son poignard. Les royalistes raillaient ce roi ridicule, le premier qui ait versé le sang pour guérir. »

Mais au-delà de ses qualités personnelles, de son habileté politique, de l'originalité de son parcours, c'est aujourd'hui sa famille qui, mieux que tout, lui sert de vitrine, ce que savent parfaitement les peintres, chargés à plusieurs reprises d'en donner l'image, véritable entreprise de propagande nationale, dont témoignent ces douze médaillons de biscuits représentant la famille royale (par Barré), cette grande toile anonyme rassemblant le roi, la reine et leurs enfants, ou cette autre, par Boilly, ce tableau de Joseph Hein, les montrant au Palais-Royal, le jour où Louis-Philippe apprend que les Chambres lui offrent le trône, ce portrait de Marie-Amélie (par François) avec son fils Chartres, ou cet autre avec ses fils Aumale et Montpensier (par Hersent), ce tableau de Féron représentant *La Promenade de Sa Majesté Louis-Philippe et de sa famille*, cet autre montrant *Louis-Philippe et les siens visitant la salle des Croisades à Versailles*, ce dessin d'Alexandre Fragonard représentant Louis-Philippe, Marie-Amélie et leur nichée princière, cette image d'Épinal, réalisée par Pellerin, ou ces innombrables vues de groupe pendant les principaux événements du règne, que la lithographie démultiplie à l'infini, faisant ainsi entrer la monarchie dans chaque maison, comme aujourd'hui les médias, le roi, la reine, les princesses, le prince héritier comme en témoigne Flaubert qui, dans *L'Éducation sentimentale*, fait dire à l'un de ses personnages : « Il se mit à parler d'une lithographie célèbre, représentant toute la famille royale livrée à des occupations édifiantes : Louis-Philippe tenait un code, la reine un paroissien, les princesses brodaient, le duc de Nemours ceignait un sabre ; M. de Joinville montrait une carte géographique à ses jeunes frères ; on apercevait, dans le fond, un lit à deux compartiments. Cette image, intitulée *Une bonne famille*, avait fait les délices des bourgeois, mais l'affliction des patriotes. Pellerin, d'un ton vexé comme s'il en était l'auteur, répondit que toutes les opinions se valaient ; Sénécal protesta. L'art devait exclusivement viser à la moralisation des masses ! Il ne fallait reproduire que des sujets poussant aux actions vertueuses ; les autres étaient nuisibles. » Et, note Mme de Boigne, fidèle observatrice de l'intimité de la monarchie de Juillet, « ces quatre princes, tous distingués par leurs qualités morales, leur belle tournure, leur brillante et valeureuse jeunesse [donnant] du lustre à son trône, [formant] un faisceau bien uni dans les circonstances données ».

Une si jolie famille

Époux fidèle d'une reine discrète, charitable et vertueuse, ne sortant de sa traditionnelle réserve que lorsqu'elle se met à parler le napolitain avec ses amis d'enfance et que Talleyrand a définie joliment comme « la dernière grande dame qui existât en Europe », Louis-Philippe, dont Gros, Scheffer, Gérard, Hersent, Vigneron ou Winterhalter immortalisent le visage serein, offrait au public une certaine idée que les Français attendent de leur chef, sentiment qu'exprimait fort bien Emmanuel Viollet-le-Duc en commentant son portrait par Dubufe : « c'est, à vrai dire, un bon bourgeois dans sa maison, le dos au feu, le ventre à table. Il est assis, en habit brun, pantalon noir ; mais cela ne va pas mal à un roi constitutionnel ». Cependant, mieux que sa femme et lui, le souverain pouvait surtout afficher huit enfants remarquablement élevés, composant autant de branches feuillues d'un arbre solide, ce qu'on n'avait pas vu, dans le royaume, depuis le règne de Saint Louis, puisque la plupart de ses prédécesseurs avaient été soit des orphelins, soit des enfants uniques, soit, à la fin, des rejetons, quelque peu dégénérés, d'un sang trop illustre, ce qu'illustrait naguère le pauvre duc d'Angoulême, fils disgracié de Charles X et falot mari de la hautaine Marie-Thérèse, fille de Louis XVI, rappel faisant ainsi coïncider le faste des souvenirs capétiens à un moment où justement le romantisme redécouvre le Moyen Âge et rejette une bonne partie de l'héritage libertin du XVIIIe siècle, doublant ce sens esthétique d'une vertu historiciste, promesse de regain dans le royaume de France ! Mieux encore, ces mêmes princes, qui ne dissimulent en rien leur appétit de vivre, ne sont pas cachés dans la solitude de leurs palais. Ils sortent dans la rue, saluent les passants et discutent avec eux, formidable nouveauté faisant dire à Paul-Louis Courier : « La jeunesse croît chez nous et voit croître avec elle les princes », d'autant – et c'est bien là le plus important ! – que ces mêmes princes agissent, pensent et aiment comme ceux de leur génération, loin d'un empyrée où naguère leurs prédécesseurs demeuraient confinés.

Par cette abondante et dynamique progéniture qui va faire du roi et de la reine des Français les grands-parents de notre actuelle Europe dynastique puisque chaque maison royale ou princière d'Occident, aujourd'hui – de Juan Carlos d'Espagne à Albert de Belgique, en passant par les familles royales ou princières de Luxembourg, de Bulgarie, du Portugal, de Bourbon-Parme, de Saxe, de Savoie, de Roumanie, de Bavière ou du Brésil –, descend d'eux, la monarchie de Juillet replace la France dans une certaine pérennité du Vieux Continent en ce commencement du XXIe siècle. Mais ce qu'il y a de plus remarquable encore, c'est que les nouveaux enfants de France n'ont rien d'ordinaire, comme l'analyse si bien Victor Hugo, en notant, « cette profonde tendresse de Louis-Philippe pour sa famille, sa famille le méritait. Ce groupe familial était admirable. Les vertus y côtoyaient les talents ». Comme n'importe quel bourgeois comblé par une épouse féconde, le souverain est en effet le chef d'un magnifique clan, où tous s'adorent, se serrent les coudes et possèdent un diminutif affectueux – les enfants, entre eux, appellent le roi « le père » et la reine « la mère » –, un clan dans lequel poussent déjà les petits-enfants, où les princesses, ses filles, l'aident à faire les honneurs de son palais, où les princes, ses fils, remplissent des missions ponctuelles destinées à servir le prestige national, tout en ayant le droit d'être politiquement en avance sur ses idées, ce qui laisse augurer d'un avenir sans nuages.

« Ne l'oubliez jamais, confie un jour le roi à Guizot, mes fils sont d'excellents fonctionnaires », en les utilisant de la même manière que ce qu'on appellerait aujourd'hui des « chargés de communication », dont les sourires et les bonnes manières font passer les décisions politiques les plus amères. Car ce qui est nouveau dans la monarchie de Juillet est précisément ce besoin de communication qui est non seulement consécutif à l'état d'esprit depuis la Révolution, mais encore au mouvement romantique lui-même, si marqué par cette conscience collective anonyme en faveur des grandes idées, conduisant le roi à composer avec une opinion publique dont ses prédécesseurs n'avaient que faire, une opinion exigeante, grande lectrice de presse et de romans, spectatrice d'un théâtre enfiévré et contemplatrice de peinture évoquant, plus que jamais, la destinée de l'homme dans l'espace et le temps. Les enfants du roi sont, de ce fait, en prise directe avec les idéaux intellectuels, moraux et esthétiques de la société française, plus impliqués que ne l'étaient jadis les membres des dynasties royales qui n'avaient de comptes à rendre à personne. Cela explique qu'ils se doivent d'être différents de leur père, homme du XVIIIe siècle avant tout, et qu'ils sont pleinement des femmes et des hommes du XIXe.

Car si le roi-citoyen offre des aspects bourgeois et peu prestigieux – on le surnomme « Harpagon » dès qu'il a le dos tourné –, ses fils sont tout le contraire, ce qui renforce le contraste, un peu comme, dans *Les Illusions perdues*, ce lien unissant Vautrin, à qui Balzac a donné bien des traits de Louis-Philippe, avec Lucien de Rubempré. De tout cela, le roi a parfaitement conscience, qui, non sans cynisme électoral, écrit à sa femme, de Maubeuge, en janvier 1833 : « On dit partout qu'il n'y a pas de famille comme la nôtre et, à Cambrai, j'ai recueilli ce mot, les autres peuples peuvent nous envier notre famille royale, quand ils font des comparaisons ; devant trouver comme nous que la France a gagné le gros lot. » Reste que ce roi, trop soucieux du devenir de ses enfants, compromet un peu la dignité monarchiste en manifestant pour elle – mais c'est d'ailleurs la même chose pour son régime ! – un intérêt étriqué et parfois sordide, agaçant prodigieusement un Parlement qui lui mesure les crédits à l'heure de la constitution des dots et des apanages de sa progéniture, dont les tracasseries pourraient meubler des volumes, comme le confirme son ministre Montalivet, en écrivant que « la question des dotations princières a empoisonné la vie politique de la monarchie de Juillet », avant que la représentation nationale finisse par accorder ce qu'il faut à l'héritier du trône et pratiquement rien aux autres, au nom du principe (effectivement justifié) que le roi possède une fortune suffisante pour les doter.

Tout cela, Victor Hugo à nouveau l'analyse parfaitement : « Louis-Philippe a été un roi trop père ; cette incubation d'une famille qu'on veut faire éclore dynastie a peur de tout et n'entend pas être dérangée », même si Henri Heine croit bon d'ajouter : « Louis-Philippe, ce bon homme et ce bon père de famille, exige une obéissance aveugle telle que le plus fameux despote ne l'a jamais peut-être obtenue à force de cruautés. » Mais qui pourrait lui reprocher de se servir de ce qu'il a de meilleur ? À l'exception, bien sûr, d'un jeune étudiant en droit qui déteste Louis-Philippe, Gustave Flaubert, écrivant à son frère Achille, au printemps 1844, après une visite à Eu : « Il n'est question que de la famille royale, on en est tanné. Un patriote ne saurait vivre longtemps dans un semblable pays. » À l'heure, en effet, où les Bourbons de la branche aînée s'endorment oubliés dans l'exil autrichien, où, à Vienne, l'Aiglon, fils unique du grand Empereur, se prépare à s'éteindre à l'aurore de sa majorité, il ne reste plus en France que les Orléans, et avec eux l'orléanisme, ce curieux système dans lequel un roi, démocratiquement raisonnable, règne pacifiquement sur une nation enfin tranquille, qui, doucement, effectue sa première révolution industrielle, tout en laissant ses écrivains, ses dramaturges, ses peintres et ses sculpteurs se lancer dans un formidable mouvement créatif, mélange détonant d'une société de bourgeois compassés et de gandins à cheveux longs, de boursiers fébriles et de lecteurs de romans de Stendhal, de manufacturiers audacieux et d'auditeurs de Berlioz.

Les caricaturistes ont beau déployer des trésors d'inventivité, rien, pour l'instant, ne semble ébranler ce roi d'un nouveau genre, qui se permet de gracier ceux qui tentent d'attenter à ses jours et parvient à s'imposer à ses concitoyens/sujets, tentant de leur faire avaler la pilule en jouant la carte d'un père attendrissant et d'un grand-père exemplaire. Et c'est pourquoi, qu'on l'aime ou non, chacun ne peut que l'envier d'exhiber, aujourd'hui, ses cinq fils au Salon de 1847 sur un tableau contemplé, observé et admiré, ce que pressent déjà Horace Vernet qui, après les ultimes retouches, se recule une dernière fois pour constater que son œuvre est achevée. Il ne reste plus qu'à signer et à vernir. Louis-Philippe et sa progéniture viennent de passer à la postérité et avec eux toute une génération d'hommes libres, prête à l'expérience romantique, dont ces cinq jeunes hommes et ces trois jeunes femmes vont constituer le fleuron, le paradigme identitaire de la jeunesse, avec ses aspirations généreuses, sa fougue créatrice et ses rêves éternels. Car si le roi vieillissant, selon Tocqueville, « ne goûtait guère les lettres ni les beaux-arts », tel n'est pas le cas de ses enfants, totalement en phase avec un mouvement dont les observateurs constatent qu'il constitue « la contre-valeur » du régime. En témoignent pour toujours les formules de Louis Blanc, les soupirs de Lamartine, les romans de Balzac, les poèmes de Victor Hugo, les révoltes de Lamennais, les couleurs de Delacroix, les émois de Renan, les mélodies de Chopin, les rêves de Lehmann, les secrets d'Eugène Sue, les visions de Michelet, les sarcasmes de Sainte-Beuve, et le tempo un peu fou de Berlioz, rythmant une période singulièrement mobile, créatrice et palpitante, parfois névrotique mais toujours élégante, raffinée et inspirée, en un mot unique, qui mérite, peut-être plus que d'autres, de revivre à travers ses huit principaux protagonistes.

Loin d'être une simple parenthèse bourgeoise, étriquée et conformiste, la monarchie de Juillet, n'en déplaise à ses détracteurs, demeure sans doute une des époques les plus brillantes de l'histoire de l'esprit français, peut-être comparable au règne de

Louis XIV, comme l'a naguère fait observer le duc de Castries dans sa belle biographie de Louis-Philippe, tant dans le domaine littéraire ou artistique proprement dit que dans celui des sciences et de la théorie économique. Du socialisme mystique, et parfois utopique, des saint-simoniens conduits par Bazarf, Enfantin, Chevalier, Buchez, Leroux, jusqu'à la naissance de la pensée marxiste, en passant par le phalanstère de Fourier et le positivisme d'Auguste Comte, jamais les spéculations – accentuées par l'intense développement d'une presse dans laquelle brillent, parmi d'autres, Sainte-Beuve, Girardin, Cousin ou Rémusat – n'ont été aussi loin, répondant à l'explosion d'un romantisme auquel Lamennais, Cabet, Blanqui, Proudhon appartiennent autant que Stendhal, Hugo, Vigny, Lamartine, Balzac, Musset, Gauthier, Sand, Dumas, Sue, Mérimée ou Nerval. Chacun d'eux, à sa manière, s'engageait dans cette « métaphysique de l'action », si visible sur les tableaux de Delacroix, d'Ingres ou de Chasseriau, les sculptures de Rude, de David d'Angers ou de Clesinger, les harmonies de Bellini, de Rossini ou de Donizetti, les découvertes d'Ampère et d'Évariste Galois, de Fresnel et de Daguerre, de Le Verrier ou de Niepce, de Laennec et de Claude Bernard. C'est donc en leur compagnie, dans un romantisme désormais plus pur et plus mûr qui, de ce fait, a partie liée avec le libéralisme, et donc avec le progrès, que renaît l'espoir de toute une époque voulant, après les épreuves, connaître enfin le bonheur d'être elle-même et de se dépasser. Comment, du reste, pourrait-il en être autrement avec les enfants de Louis-Philippe, « l'Ulysse moderne » comme l'a baptisé Henri Heine, ce qui sous-entend que ceux-ci sont des Télémaque en puissance, dont l'aînée, à la manière des mousquetaires d'Alexandre Dumas – « un pour tous, tous pour un » –, trouve le mot de ralliement auquel chacun allait demeurer fidèle : « La gloire de l'un de nous, c'est la gloire de tous. »

DEUXIÈME TABLEAU
Orléans, le rêve brisé

« Un seul être vous manque et tout est dépeuplé. »

ALPHONSE DE LAMARTINE

Naître à Palerme pour régner un jour à Paris

Au mois de juillet de cette année 1830, dans laquelle Berlioz compose sa *Symphonie fantastique*, Mendelssohn ses *Romances sans paroles* et Chopin son premier concerto de piano, dans cette année encore où Balzac publie *Gobseck* et Musset ses *Contes d'Espagne et d'Italie*, tandis que Victor Hugo vient de triompher avec *Hernani*, Paris, une nouvelle fois, est en insurrection et le bruit de la poudre ne tarde pas à être entendu de la province qui, pour être traditionnellement plus calme que la capitale, n'en a pas moins le cœur bouillant. Ainsi à Joigny, un jeune lieutenant de vingt ans, qui ressemble tant au Lucien Leuwen de Stendhal sur le très beau portrait qu'a fait de lui Ary Scheffer dans son uniforme de hussard, apprend que les « Trois Glorieuses » viennent de renverser Charles X et que le duc d'Orléans est devenu lieutenant général du royaume. N'écoutant que son instinct, il demande à son chef de corps l'autorisation de rentrer à Paris et, après acceptation, file sur son cheval à perdre haleine.

À la barrière de Montrouge, les insurgés se méfient de cet officier empressé, croyant que c'est un espion de l'armée royale, et décident aussitôt de le fusiller. Il doit décliner son identité auprès du maire qu'on est allé quérir, après intervention d'un jeune philosophe, Auguste Comte, et d'un jeune critique théâtral, Étienne Arago, qui fort heureusement sont dans les parages. Ce jeune homme se nomme Ferdinand-Philippe d'Orléans, duc de Chartres ; il est le fils aîné du nouveau maître de la France. On s'excuse ; on l'acclame ; on le porte en triomphe jusque sur les Grands Boulevards où flottent les drapeaux tricolores. Une page vient de se tourner. En quelques heures un presque inconnu est devenu l'héritier du trône de France, que son père accueille en personne à cheval, à la barrière du Trône, pour une seconde entrée dans la capitale – et cette fois plus officielle – à la tête de son régiment, le 4 août suivant, comme le représente, une fois de plus Ary Scheffer sur un autre tableau dans lequel Nemours est encore associé. Cinq jours plus tard, au Palais-Bourbon (l'actuelle Assemblée nationale), Louis-Philippe Ier est proclamé roi des Français au cours d'un sacre laïc consistant en une prestation de serment devant une table où ont été déposés à la hâte les attributs de la monarchie, couronne (globe, sceptre et main de justice), apportés par quatre militaires de l'Empire, Macdonald, Oudinot, Molitor et Mortier. Comme il se doit, Ferdinand-Philippe, toujours dans son uniforme de hussard, son cadet Nemours à son côté, se tient près de son père, salué ce jour-là du titre de duc d'Orléans, ce qui n'empêche pas les siens de continuer à l'appeler Chartres dans l'intimité, scène dans laquelle Devéria puis Ary Scheffer le mettent largement en évidence sur ces deux tableaux représentant le moment où le nouveau souverain prête serment devant les députés et les pairs de France, ainsi que ses deux aînés incarnant, ce jour-là, l'avenir de la dynastie enfin parvenue au sommet.

Son histoire, pourtant, avait commencé bien loin de Paris puisque la Révolution et le grand Empire avaient tant modifié la vie des familles royales d'Europe qu'était né en Sicile, le 3 septembre 1810, Ferdinand-Philippe-Louis-Charles-Henri-Rosolin d'Orléans, fils aîné de Louis-Philippe et de Marie-Amélie, alors duc et duchesse d'Orléans, spectateurs impuissants de la gloire napoléonienne qui faisait d'eux des parias exédérés de la zone d'influence française et des parias au regard même de la branche aînée des Bourbons depuis le régicide du feu duc d'Orléans. Cette naissance fit en effet un certain bruit dans le petit monde des cours européennes, puisque le roi virtuel de France, Louis XVIII, frère de Louis XVI, n'avait pas d'enfants et que son frère Charles, comte d'Artois, avait beau en avoir deux (les ducs d'Angoulême et de Berry), aucun ne semblait pouvoir procréer – tout au moins légalement pour le second –, ce qui avait pour conséquence, au vu de la situation politique de l'époque, que le bébé avait sa chance de monter un jour sur le trône de Saint Louis, dont il était désormais un successible. Sa mère, en le portant, pressentait son destin et écrivait à son époux : « Tu vois, mon ami, combien ma grossesse met en mouvement amis et ennemis, combien les premiers comptent sur cet enfant et combien les autres le craignent… Tout le monde calcule que ton fils sera l'héritier présomptif du trône de France et qu'avec la grâce de Dieu et grâce à ses parents, il ne sera pas un sot et pourra faire quelque chose. »

Marie-Amélie, qui avait été, dans son enfance, pressentie pour épouser un jour son cousin germain le petit Dauphin, le fils de Louis XVI et de Marie-Antoinette – qui allait si tristement mourir au Temple en 1795 –, n'avait jamais douté qu'elle serait un jour appelée à porter une couronne et ses enfants avec elle, même quand, délaissée par tous les partis, elle attendait le prince charmant qui viendrait briser sa solitude. En portant le premier héritier du duc d'Orléans, elle commençait à exister dans le paysage puisque, même si Napoléon régnait à Paris, il y avait un roi de France en exil et celui-ci n'avait pas d'enfants. Mais comment savait-elle que c'était un garçon ? Par une vieille paysanne sicilienne qui, après lui avoir tâté le ventre, s'était exclamée : *Sara un bel maschio* (ce sera un beau mâle) ! À Palerme, Ferdinand-Philippe avait passé ses quatre premières années dans le vieux palais Santa Teresa, construit par les Normands sur une ruine arabe et remanié par les Bourbons d'Espagne au XVIIIe siècle, symbole à lui seul de l'étrange destin de cette île où tant de civilisations s'étaient succédé depuis que les Grecs en avaient fait une de leurs colonies. Ses premières émotions avaient eu lieu sous l'éclatant soleil de la Méditerranée, si chère aux peintres paysagistes découvrant ici un morceau d'Antiquité revu par l'esprit baroque, sous la férule de pittoresques grands-parents qui résidaient dans cette capitale annexe depuis que les armées de Murat les avaient chassés de Naples. Lui était surnommé « Nasone » par ses sujets dont il partageait le mode de vie en allant chaque jour pêcher en leur compagnie pour vendre ensuite, vieux requin consommé dans l'art de subsister, son poisson au marché, elle, mégère rompue aux finasseries politiques après avoir passé deux décennies à barouder dans les intrigues tissées avec ses amants, n'attendant plus d'espoir que de la flotte de son ami Nelson et de sa confidente lady Hamilton, avec toute la ténacité d'une Habsbourg sûre de sa légitimité, de ses droits et de son autorité.

Dans ce singulier palais où l'ordonnance des salons était à la française (l'un d'eux était orné du portrait de Louis XVI dont le propre grand-père de l'enfant avait voté la mort !), tout était déjà « romantique » depuis les merveilleux jardins où les palmiers, les orangers et les citronniers poussaient librement, jusqu'à la vue sur la mer, aperçue de partout dans cette ville en amphithéâtre, à la baie délimitée par le capo Zafferano et le monte Pellegrino. La Sicile était habitée par un peuple fier, libre et charmeur qui, plus tard, allait enchanter Alexandre Dumas, futur ami de Ferdinand-Philippe, qui conserva, sa vie durant, cet amour des paysages soleilleux et de l'exubérance méditerranéenne. « Mon fils est à merveille, écrivait alors son père, le faisant dessiner par Dubufe, à un an. Quant aux traits et à la coupe de son visage, c'est de moi qu'il tient et j'espère qu'en tous points il sera bon Orléans. » Mais les impératifs de la géopolitique interrompaient bientôt ces éternelles grandes vacances lorsque la chute de Napoléon permit à la famille de rentrer en France. Le duc d'Orléans était parti le premier, en reconnaissance, et sa famille l'avait rejoint, quelques mois plus tard, en bateau jusqu'à Marseille, au printemps 1814, où Ferdinand-Philippe débarquait avec ses deux sœurs cadettes, Louise-Marie et Marie, nées deux ans et un an plus tôt, et sa mère qui se déplaçait difficilement puisqu'elle attendait son quatrième enfant, le futur duc de Nemours. Et tous avaient remonté la vallée du Rhône, la Bourgogne et l'Île-de-France, où le clan se reconstituait dans les vieux murs du Palais-Royal, jusqu'au retour de l'Empereur qui les chassa en Angleterre. Après la parenthèse des Cent-Jours pendant laquelle les Orléans s'étaient installés dans leur villa de Twickenham, qu'ils ne quittèrent qu'en 1817, la vie reprit son cours, sur le rythme qu'affectionnaient particulièrement Louis-Philippe et Marie-Amélie, familial, décontracté et bourgeois.

D'autres enfants continuant de naître régulièrement, Françoise en 1816, Clémentine en 1817, François en 1818, Charles en 1820, Henri en 1822 et Antoine en 1824, cette efficace succession accroissait chez l'aîné sa responsabilité de futur chef de famille, tandis que ses parents s'occupaient eux-mêmes de leur progéniture, leur mère s'autodésignant comme leur « gouvernante », leur père n'hésitant pas à leur faire la classe, celle d'histoire en particulier, avant de les confier chacun à un précepteur, rémunéré cinq mille francs par an, Dupart puis Boismilon pour Chartres, Larnac pour Nemours, Trognon pour Joinville, Cuvillier-Fleury pour Aumale, Tenant de Latour pour Montpensier et Mlle de Malet pour leurs sœurs, le tout sous l'autorité de leur gouverneur, le général Baudrant. Les neuf ans de son aîné révolus, Louis-Philippe prenait cependant une décision que

Paris et la cour des Tuileries apprirent avec une stupéfaction, indignée chez certains, enthousiaste chez d'autres : son fils aîné allait suivre ses études au collège Henri-IV, initiative jugée inouïe puisque première du genre pour un fils de France. « C'est de la populacerie, monsieur, s'emportait alors Louis XVIII devant son cousin. Si vous êtes venu me demander un conseil, je vous dis de ne pas le faire. Si vous êtes venu me demander une permission, je vous donne seulement celle de l'y mettre comme externe. Si vous êtes venu me faire une simple notification, vous ferez ce que vous voudrez, mais vous pourriez vous en repentir – avant d'ajouter – : C'est à la récréation que j'ai le plus d'objections. Il y aura là des "tu" et des "toi", de la polissonnerie. »

Persuadé que son fils – quel que soit son destin – devait « accorder ses idées avec celles de la nation et de ses contemporains », le duc répondait alors qu'il souhaitait que ce dernier acquît certes toutes les vertus ancestrales de sa race, mais qu'il fallait les unir avec les valeurs de son temps et qu'il devait être résolument tourné vers l'avenir. Il alla jusqu'à répondre : « J'avoue, sire, que dans votre manière de voir, c'est précisément cet état actuel du monde qui, loin de me faire craindre que mon fils participe à l'éducation publique de ses contemporains, me fait désirer qu'il se forme au milieu d'eux ; car c'est le seul moyen pour apprendre à les connaître et pour se faire un système de conduite analogue aux temps où il est destiné à vivre. Que mon fils soit roi ou qu'il ne soit que duc d'Orléans est indifférent, car dans l'un et l'autre cas il convient que ses idées s'accordent avec celles de la nation et de ses contemporains. L'enfance doit être à l'image de la vie et c'est cette ignorance de l'art de se conduire dans le monde qui tient les princes dans un état d'infériorité mentale envers ceux qui les entourent, qui les met dans leur dépendance en les obligeant, en quelque sorte, à les consulter sur tout et à ne jamais ne décider sur rien par eux-mêmes. » Ainsi que le duc pouvait s'y attendre, une notable partie de l'opinion publique approuvait cette décision, résumée par Paul-Louis Courier : « Nos fils, plus heureux que nous, vont connaître leurs princes élevés avec eux, et en seront connus. Voilà le duc de Chartres au collège à Paris, chose assez simple, direz-vous, s'il est en âge d'étudier, mais nouvelle pour les personnes de ce rang. On n'a pas encore vu de princes au collège ; celui-ci, depuis qu'il y a des collèges et des princes, est le premier qu'on ait élevé de la sorte, qui profite de ce bienfait, de l'instruction publique et commune, et de tant de nouveautés écloses de nos jours ; ce n'est pas celles qui doivent surprendre le moins : un prince étudier, aller en classe et avoir des camarades ! »

Aussi, passant outre l'injonction du monarque, à la rentrée de 1819, Chartres, en attendant ses frères qui, naturellement, allaient le suivre pendant les années suivantes, intégrait Henri-IV, tandis qu'Horace Vernet le peignait dans la cour du collège jouant avec un cerceau. Accompagné, chaque matin, par son précepteur – qui avait désormais pour mission d'encadrer le travail des autres professeurs –, Ferdinand-Philippe s'était retrouvé dans la salle d'étude au milieu de quatre-vingts condisciples ayant ordre de ne lui manifester aucune forme de respect et même de le tutoyer, comme le font les adolescents entre eux. Il prenait ensuite ses déjeuners au réfectoire et, le soir, s'en retournait au Palais-Royal, effectuant au fil des années une scolarité sans histoire, plutôt médiocre au début – il se classait trente-cinquième sur soixante-cinq –, meilleure par la suite puisqu'il décrochait, à plusieurs reprises, les prix de version latine, à défaut de ceux de mathématiques, dans lesquelles il ne brillait guère. Parallèlement, il n'était pas le dernier à chahuter ou, à la récréation, s'essayer à la bagarre, ce qui lui valait d'être régulièrement puni et de compter bientôt de nombreux amis, le futur baron Haussmann, Alton-Shée, le fils du prince d'Eckmühl, Laborderie, Bocher, et surtout Alfred de Musset, qui n'était pas un inconnu de la famille d'Orléans, puisque son propre père avait été jadis l'officier d'ordonnance du duc d'Orléans sous la Révolution, celui qui avait précieusement conservé la couronne civique offerte au futur roi lorsqu'il avait sauvé un homme de la noyade.

Un tel sentiment démocratique n'empêchait cependant pas le peintre François d'immortaliser le jeune duc de Chartres, à la même époque, sur ce portrait très officiel le représentant, dans son uniforme rouge, au côté de sa mère vêtue d'une somptueuse robe de cour de velours violet, le peintre donnant au bel enfant blond une expression à la Reynolds, tout à la fois innocente et charmeuse, assez contradictoire avec ce qu'on sait de son caractère à l'époque, qui le conduisait à salir ses habits, à ne pas vouloir se laver et encore moins couper ses ongles ! Le collège ne suffisant pas pour autant, l'enfant, et avec lui ses sœurs et frères, devait travailler avec d'autres professeurs spécifiquement engagés par le duc d'Orléans – et cela allait continuer sous la monarchie de Juillet – pour superviser les études de la nichée, Gérard et Arago pour les mathématiques, Gay-Lussac et Pouillet pour la chimie et la physique, Pasquier pour les sciences naturelles, Marnier pour la littérature, Michelet pour l'histoire, Redouté et Scheffer pour le dessin, le tout sans oublier ce merveilleux pianiste venant parfois, au Palais-Royal, Franz Liszt, et même certains employés de son père, comme son collaborateur l'érudit Jean Vatout ou son bibliothécaire, le dramaturge Casimir Delavigne, qui donnait à la famille la primeur de ces drames. Mais le plus omniprésent des attachés du Palais-Royal était incontestablement cet original secrétaire de la chancellerie du duc d'Orléans, qui racontait si bien des contes échevelés, Alexandre Dumas, lui aussi bien connu de la branche cadette de la maison de France puisque son grand-père maternel avait été jadis maître d'hôtel du feu duc d'Orléans, et que lui-même n'avait pas son pareil pour plier les enveloppes et correctement appliquer les cachets, ce que lui avait appris le duc lui-même, dont le futur écrivain disait qu'il savait sinon tout, du moins un peu de tout. Témoin privilégié de l'entrée en littérature du futur auteur des *Trois Mousquetaires*, la famille princière en suivait l'aventure, le futur Louis-Philippe allant même plaider la cause de son employé auprès de Charles X après l'interdiction de sa pièce *Henri III et sa Cour* – la censure y voyait une allusion entre les relations du roi et celle de son cousin ressemblant un peu trop à celles du dernier Valois et duc de Guise, dans un dialogue savoureux où le duc d'Orléans disait : « Sire, on vous trompe pour au moins trois raisons. La première, c'est que je ne bats pas ma femme ; la seconde c'est que la duchesse ne me fait pas cocu ; la troisième, c'est que Votre Majesté n'a pas de sujet plus fidèle que moi. » Le succès de la pièce ayant été prodigieux, les Orléans n'étaient pas peu fiers de ce triomphe dont l'éclat rejaillissait sur leur propre gloire, attirant dans son sillage toutes les têtes folles de la Jeune-France.

Une intense complicité s'était ainsi établie entre le jeune prince et l'écrivain, témoignant de lui qu'il fut « un charmant enfant comme il a été, depuis, un charmant prince », dont il épaulait la fin de l'adolescence avec la tendresse d'un frère aîné, répondant à ses premières questions, à ses premiers émois, entretiens secrets il va sans dire, jusqu'à ce « au bout d'un instant on entendait M. le duc d'Orléans chantant sa messe ou M. Untel glapissant le nom du duc de Chartres » pour que Ferdinand-Philippe, « qui devenu homme, continuait de trembler devant le roi, se sauvait par quelque porte dérobée en balbutiant, “Oh ! Monsieur Dumas, ne dites pas que vous m'avez vu” ». C'était ainsi Dumas qui intercédait auprès de leur père pour que les princes pussent assister à ses pièces ou à celles de Victor Hugo et peut-être leur prêtait-il aussi quelques livres. Mais leurs lectures étaient toujours supervisées par leur mère qui, sur ce chapitre-là comme sur les autres, les tenait court, comme elle l'écrivait à son gendre dans une lettre touchante d'ingénuité, avant de s'installer chez lui avec ses fils : « Je viens avec toute la confiance d'une mère à un père en vous demandant de ne pas vous moquer de moi, vous prier de faire enfermer vos livres dont je vous inclus la petite note (il s'agit des œuvres de Rabelais, de Brantôme, de Boccace et de Juvénal) qui sont dans votre bibliothèque, car vous connaissez la curiosité des jeunes gens et quelles leçons ils y trouvent, à ce qu'on dit, car j'espère que vous ne croyez pas que je les ai lus. » La reine s'aperçut-elle que, dès leur adolescence, ses cinq fils commençaient à lorgner vers les filles ? C'est certain, à commencer par l'aîné manifestement séduit par tous les jupons qui passent, ceux des princesses comme ceux des bergères.

Mais, en sus de la morale, on attendait encore beaucoup des enfants qui, outre les humanités et les arts d'agrément, devaient tous apprendre l'anglais, l'allemand et l'italien et s'exercer à l'équitation, à l'escrime et à la danse, comme l'écrivait leur père à leur intention : « Vous devez vous tracer un règlement de vie, même les jours de congé, et y tenir tant qu'il est possible ; c'est le canevas sur lequel vous brodez votre existence. » Les activités sportives se faisaient donc sous la conduite du colonel Amoros, dans son école de gymnastique de la plaine de Grenelle, pour la natation à la piscine Deligny – déjà installée sur la Seine – ou, quand il faisait beau, directement dans le fleuve, et pour les activités équestres, au Cirque olympique du boulevard du Temple, sous la direction du célèbre Franconi, tandis que la danse était apprise par Seuriot, de l'Opéra, sans compter les arts d'agrément, chaque enfant ayant le sien, la lithographie étant celle de Ferdinand-Philippe. La pédagogie passait aussi par l'apprentissage des usages du monde, au salon, le soir, quand leurs parents recevaient, du théâtre, ce qui était pratique puisque la Comédie-Française, toujours propriété du duc d'Orléans, était adossée au Palais-Royal, de l'Opéra (bien qu'en version édulcorée lorsque trop d'immoralité y était déployée), du cirque (on vit un jour Ferdinand-Philippe grimper sur l'éléphant) et de la visite régulière d'expositions, comme les serres de M. Boursault, l'atelier de

Delacroix, le Louvre ou le jardin des Plantes, les dioramas de peinture et le guignol pour les petits, points d'orgue d'un emploi du temps chargé dont témoignait le duc de Chartres, écrivant, l'année de ses dix-huit ans : « Aujourd'hui vendredi, en me levant à cinq heures, je suis monté à cheval. Je suis rentré à six heures ; je me suis mis à écrire ce petit billet : sitôt que je l'aurai terminé, je ferai des mathématiques jusqu'à huit heures. De huit à neuf je commencerai un dessin que j'ai promis à Mme Sobanska ; ensuite je travaillerai un peu à la physique jusqu'au déjeuner. Le déjeuner fini, je cours à Paris pour la leçon de M. Guizot ; je reviens en toute hâte pour graver jusqu'à une heure et demie ; à quatre heures trois quarts je pars pour une grande natation ; puis vient le dîner ; puis le salon. »

Tout cela ne les empêchait pas de se détendre, encore que le duc d'Orléans jugeait sévèrement l'oisiveté, se faisant présenter chaque soir le compte rendu de la journée de ses enfants, avec des récréations passées en interminables parties de cache-cache ou de poursuites dans l'immensité du Palais, les aînés traquant au fusil les innombrables rats trouvant refuge jusque sous les combles, sans compter les promenades en forêt, amusements qu'allait évoquer plus tard le prince de Joinville, en écrivant : « Nous étions trois frères et six sœurs, vivant tous ensemble, mangeant ensemble, souvent associés dans les leçons, toujours dans les récréations et les parties de plaisir. » Ces petites folies, pour autant, ne devaient pas occulter une pratique sévère de la religion, sur laquelle veillait personnellement Marie-Amélie, supervisant en personne l'enseignement du catéchisme, la préparation des communions et les exercices de piété. Comme il se doit, les vacances n'étaient pas oubliées, l'été, lorsque la famille princière au grand complet s'entassait dans une grande voiture à douze places, tractée par six chevaux, qu'elle appelait « la ménagerie ambulante », pour se rendre, soit au château de Randan, en Auvergne, chez Madame Adélaïde, la sœur célibataire du duc d'Orléans et son conseiller politique le plus écouté, soit, le plus souvent, au château d'Eu, en Normandie, ancien fief des Guises blotti entre la forêt et la mer, constituant le séjour favori de la maison princière, ce qui permettait à Ferdinand-Philippe et ses frères de se baigner au Tréport, de faire du bateau ou de galoper interminablement sur la grève, malgré l'éternelle crainte de leur mère qu'il arrive quelque chose à ses chers petits, comme le raconte le docteur Blache, médecin des enfants puis petits-enfants du roi (et futur président de l'Académie de médecine). Celui-ci notait, pendant une partie de pêche aux crabes sur la côte, « les princes avaient revêtu le costume de matelot, les jambes nues, le pantalon retroussé, aussi étaient-ils des plus hardis et, au milieu de la pêche, ils ont été faire une partie de natation, après avoir mis bas leurs chemises de laine, en ne conservant que le pantalon. La pauvre reine avait une peur horrible de les voir ainsi se baigner, quand la mer était des plus houleuses… mais il est impossible de voir des jeunes gens moins douillets et plus gais que ces jeunes princes ».

Enfin quand la famille ne résidait ni au Palais-Royal, ni à Randan, ni à Eu – c'est à dire le week-end –, elle était généralement à Neuilly dans un beau domaine de deux cent cinquante hectares, restauré par Fontaine, qui, jadis, avait appartenu à Murat et dont il ne reste plus qu'une fabrique, ce temple de l'Amour dans l'île de la Grande-Jatte, face à l'actuel quartier de la Défense, et son allée centrale devenue le boulevard Bineau. Là, les princes et leurs sœurs galopaient furieusement après quelque partie de pêche ou de canotage sur le fleuve – un tableau d'Adolphe Roehn en témoigne. Les garçons s'initiaient à leur future carrière d'officiers devant le polygone d'artillerie, avant, comme le racontera Joinville, de se livrer à toutes les joies de cet âge, « faire les foins, grimper sur les meules, récolter les pommes de terre, monter aux arbres fruitiers, gauler les noix », le plus souvent avec les camarades qu'on leur permettait d'inviter, tel Alfred de Musset qui, un soir où il rentrait chez lui, en tira l'inspiration de son poème *Ballade à la lune*, avant d'évoquer ce temps heureux de sa jeunesse, dans un des tendres sonnets dont il avait le secret :

> « Neuilly, charmant séjour, triste et doux souvenir
> Illusions d'enfants, à jamais envolées !
> Lorsqu'au seuil du palais, sous de vertes allées
> La reine, en souriant, nous regardait courir. »

Marie-Amélie, cependant lucide, même si, comme Lamartine, elle n'était pas insensible à un garçon « resplendissant d'une grâce juvénile », l'avait particulièrement à l'œil, veillant à ce qu'il ne s'approchât pas trop de ses trois filles pour qui, manifestement, il montrait un intérêt dépassant largement ce qu'autorisait la simple camaraderie entre d'authentiques princesses promises à de grands établissements et cet être « aux yeux rêveurs, deux étoiles plutôt que de flammes, au menton byronien, au large front modelé par le génie ».

Une famille aussi moderne ne pouvait qu'engendrer la sympathie des Parisiens contemplant au grand jour cette marmaille princière si proche d'eux et par là même si populaire, ce qui avait le don d'exaspérer les Tuileries où l'on se demandait s'il n'y avait pas quelque risque à voir un jour monter sur le trône un de ces fiers, sportifs et sympathiques gaillards. On constatait que l'avenir de la monarchie s'incarnait dans un roi déjà moribond, Louis XVIII, n'ayant pour successeur qu'un vieillard, son frère Charles X, et après lui ses deux fils, le duc d'Angoulême, bientôt assassiné, et son frère le duc de Berry, lui-même sans enfants. La situation devenait dangereuse pour la branche aînée des Bourbons, se disant qu'après l'assassinat du duc d'Angoulême, neveu de Louis XVIII, le trône allait inévitablement revenir au fils du duc d'Orléans. Pourtant un petit miracle se produisait en 1820, la naissance d'un fils posthume du duc de Berry, le comte de Chambord. Entendant tonner le canon, le petit Chartres se serait exclamé : « S'il y a un vingt-deuxième coup, je saurai si c'est ma femme qui vient au monde ou mon roi », avant d'être quelque peu dépité par le vingt-deuxième. Il n'empêche, si le royal bébé faisait l'objet de toutes les attentions – mais qui pouvait affirmer qu'il allait vivre longtemps ? –, c'était davantage sur le beau collégien de la branche cadette que se portaient les regards de la ville, même s'il était loin d'être aussi parfait que le souhaitait son père, constatant chez lui les effets d'une adolescence parfois difficile, souvent impatiente, distraite et même frondeuse – en matière religieuse en particulier, lui faisant dire qu'il était athée – mais qui allait s'arranger avec le temps, comme dans n'importe quelle famille, fût-elle princière.

Chacun du reste finissait par s'en apercevoir lors de sa présentation officielle dans le monde, ce 2 mars 1829, au bal costumé, offert à la cour par la duchesse de Berry, dans lequel le duc de Chartres, habillé en François II tandis que son hôtesse l'était en Marie Stuart, tint impeccablement son rôle, ce qui conduisit les dames à lui confier, l'année suivante, la présidence du comité des dames patronnesses du bal de l'Opéra donné au profit des indigents. Au-delà de ces mondanités, Ferdinand, ses humanités enfin achevées, ne songeait guère à pousser plus loin ses études. Moins intellectuel que Louis-Philippe et que ses frères cadets, Aumale et Montpensier, il commençait à rêver d'aventure en assistant, au côté de son père, aux multiples revues des troupes dans le bois de Boulogne, au Champ-de-Mars ou au Carrousel, où il faisait montre d'un intérêt probablement plus soutenu qu'en compagnie de ses professeurs. Il n'y avait donc rien d'étonnant à ce qu'il prît, à sa majorité, la décision de servir dans l'armée, conformément à son état de futur chef de la branche cadette et à l'esprit d'une époque où chaque adolescent, fasciné par les années de gloire napoléonienne, ne pouvait imaginer son destin qu'assis sur un cheval, un sabre à la main. Après une courte formation à l'École polytechnique, dispensée par le colonel Marbot et le général Baudrand, il recevait sa première affectation de sous-lieutenant au

1er régiment de hussards en garnison à Lunéville, bouclait son paquetage et, avec émotion, grimpait dans la malle-poste qui l'entraînait vers la Lorraine, loin d'une famille certes particulièrement affectueuse mais quelque peu envahissante, hors de laquelle il allait vivre – permissions exceptées – pendant cinq années de garnison.

L'itinéraire d'un enfant du siècle

Tout au long de cet apprentissage militaire, le duc de Chartres se révéla comme un officier modèle, bûchant le soir la tactique et la stratégie, avouant un jour que, « chaque fois que j'endosse un uniforme, je sens battre plus vite mes artères », et ne cessant, jusqu'à son dernier jour, de se passionner pour la question militaire et l'entraînement des troupes, comme il le confiait à l'un de ses amis : « Je tâche autant que possible de prendre l'esprit troupier et de sympathiser avec les militaires. Je n'ai pas encore manqué une manœuvre ni une théorie. » Il en était là lorsque, au mois de juillet 1830, la révolution le surprit à Joigny. La mise en place du nouveau régime ne le concernant guère – à l'exception de son fauteuil à la Chambre des pairs (l'actuel Sénat) où il ne va guère au début –, il reprend aussitôt sa place dans l'armée avec laquelle, au mois d'août 1831, il reçoit le baptême du feu en Belgique, lorsque la France envoie un corps expéditionnaire commandé par le maréchal Gérard contre les troupes du roi des Pays-Bas persistant à occuper Bruxelles, alors que les patriotes de cette ancienne province autrichienne, stigmatisés par la révolution de Paris, viennent d'en proclamer l'indépendance.

« Mon Cher Ami, lui écrit alors son père, il y a aujourd'hui quarante ans de la bataille de Valmy ; c'est un bon anniversaire pour la nouvelle que j'ai à te transmettre, qui est la résolution de l'Angleterre, que nous réunissions un corps d'armée de vingt-cinq mille hommes et qu'il lui fût donné les ordres d'entrer en Belgique. » En fait, il ne s'agit là que d'une simple promenade militaire – quoique le danger de s'y exposer n'en soit pas moins réel –, vite couronnée de succès, et qui rappelle celle du duc d'Angoulême en Espagne, huit ans plus tôt. Le jeune duc, à présent élevé au grade de général, y revient l'année suivante, au côté de son cadet Nemours, pour la prise d'Anvers, que célèbre une lithographie de Van Genck, exaltant le rôle des deux frères, si fiers de leurs exploits sur le terrain, ce qui n'empêche pas à la sensibilité très littéraire de l'aîné de s'exprimer dans une lettre à leur mère où, évoquant une halte dans un cimetière, il écrit : « Joignez à cela la lune qui venait parfois éclairer cette scène mélodramatique et vous aurez un tableau de Victor Hugo. Si vous aviez pu recueillir les réflexions des soldats, elles auraient pu servir de pendant aux conversations des clowns de Shakeaspeare. »

Envoyé dans la foulée à Lyon, avec cette fois le maréchal Soult pour parrain, il a pour mission de ramener la ville au calme après la révolte des Canuts, et son sens de la modération lui est sans doute dicté par une réelle lucidité face à ce premier véritable conflit social du XIXe siècle provoqué par le prix de la journée de travail et que résument admirablement ses protagonistes par un slogan éloquent, « Vivre en travaillant ou mourir en combattant ». Cela lui vaut de gagner l'amitié des deux camps, les patrons d'un côté, les ouvriers de l'autre qui, au début, le sifflent, avant de l'applaudir à la fin, ce qui vaut à son mentor une lettre du roi : « Vous avez admirablement secondé mon cher fils à déployer son beau caractère et ses excellentes qualités, je vous en remercie de tout cœur. » Devenu le spécialiste des missions difficiles, il regagne Paris où sévit l'épidémie de choléra morbus décimant des populations mal nourries et entassées dans des quartiers sordides, et, non sans courage – Alfred Johannot peint la scène –, il accompagne Casimir-Perier dans sa visite de l'Hôtel-Dieu, ce qui est dangereux puisque ce dernier, contaminé le même jour, en meurt quelques semaines plus tard et, avec lui, presque treize mille victimes dans la capitale. Ce geste, très admiré, n'empêche pas le parti révolutionnaire de se déchaîner et d'afficher cette proclamation : « Le choléra est un fléau moins cruel que le gouvernement de Louis-Philippe qui envoie son fils à l'Hôtel-Dieu pour voir de plus près la misère du peuple. Le peuple vous rendra vos visites, comme au 10 août, comme au 29 juillet. »

L'hostilité n'est pas propre aux révolutionnaires, mais aussi au faubourg Saint-Germain qui, depuis la Révolution, boude la nouvelle dynastie au nom des intérêts légitimistes qu'il soutient, ironisant aujourd'hui sur celui qu'il appelle « le Grand Poulot », surnom traditionnellement donné à l'aîné, dans les fermes normandes. Loin de constituer un simple détail anecdotique, cette défiance prend des proportions considérables dans l'organisation des bals, obligeant les douairières à ne pas inviter les orléanistes si elles veulent compter sur les légitimistes et inversement, ce qui conduit l'ambassadeur d'Autriche, qui ne veut se brouiller ni avec les uns ni avec les autres, à annuler les siens, tandis que telle femme du monde ayant accepté de danser avec l'héritier du trône se voyait rejetée par les siens s'ils appartenaient à l'autre camp. Exaspéré par ce combat ridicule, dans lequel il n'a pas le beau rôle puisque, lorsqu'on l'insulte, il ne peut riposter, n'ayant pas le droit de se battre en duel, il préfère quitter pour un temps Paris et ses misérables petites ligues pour donner la pleine mesure de lui-même dans un espace moins vicié, rêvant à des combats d'une autre trempe, à l'Algérie où il obtient la permission de servir sur ce qu'il estime être le seul théâtre d'opérations à sa mesure.

La conquête de l'Algérie, en effet, constitue, pour la jeunesse romantique des années 1830, une sorte de brèche dans les traités de 1815 ayant, au lendemain de la geste napoléonienne, enseveli l'Europe en général, et la France en particulier, sous une véritable chape d'inaction. Si Charles X, pourtant promoteur de la conquête, n'avait retiré aucun bénéfice de la prise d'Alger, puisque la révolution de Juillet l'avait éliminé, il n'en va pas de même de Louis-Philippe, bien décidé à rendre à la nation, mais aussi à sa dynastie, une partie de son prestige, tout en essayant de diminuer la prépondérance de la Grande-Bretagne en Méditerranée. Mais si la conquête avait été relativement facile, la colonisation, elle, se révélait plus complexe avec la résistance conduite par l'émir Abd el-Kader, jeune chef charismatique de l'arrière-pays, qui avait proclamé le *Djihad* et entreprit de soulever les populations contre la France, avec l'aide d'une importante confrérie religieuse, les qadarites. Le roi ayant chargé Clauzel, successeur de Bourmont, d'entreprendre l'assaut contre le Constantinois, décide de lui adjoindre l'héritier du trône pour bien manifester combien celui-ci est intéressé par la question algérienne, tout en le laissant montrer ses talents militaires qui seuls, à l'époque, peuvent légitimer l'exercice du pouvoir qu'il devra un jour assurer.

C'est pourquoi, au printemps 1835, le duc d'Orléans, après avoir serré une dernière fois dans ses bras sa jeune maîtresse Léontine Fay, que lui avait refilée Alexandre Dumas, embarque à Toulon, en compagnie de son cadet Nemours, à bord du *Castor*, bien décidé à parer le règne de son père d'une gloire indispensable à l'image de marque de la nouvelle dynastie, consubstantielle à cet irrésistible élan de découverte qui caractérise la sensibilité du premier XIXe siècle et ce désir d'exotisme dans lequel, de Decamp à Delacroix, toute une génération de peintres se plonge en découvrant le contraste entre les paysages désertiques et les couleurs éclatantes des villes du Maghreb. Faisant escale à Ajaccio, les jeunes gens ne manquent pas d'aller visiter la maison natale de Napoléon auquel ils ont voué toute leur vie une réelle admiration. Ferdinand-Philippe, à l'heure de gagner le désert, songe à cette campagne d'Égypte que lui ont longuement racontée ses précepteurs, lui qui, né face à cette

Méditerranée, rêve de cet Orient de légende. En fait le prince effectue plusieurs séjours en Algérie, parmi lesquels se placent les deux campagnes de 1837 et de 1839, effectuées avec discipline et conscience. Désireux de partager le sort de ses hommes dans une contrée hostile, il ne bénéficie d'aucun traitement de faveur et d'aucune mesure de protection particulière, ce qui le rend très populaire au sein de la troupe, les soldats de son époque, habitués depuis la Révolution et l'Empire à être conduits par de véritables chefs, exigeant des généraux qu'ils ne soient pas d'opérette. « Marcher tous les jours de sept heures du matin à sept heures du soir, écrit-il à la comtesse Lalaing d'Audenarde, ne jamais trouver un abri, ne boire que de la boue salée, n'avoir ni pain, ni eau, ni légumes ; souffrir du froid et du chaud, de la pluie alternativement et par-dessus le marché, être escorté à coups de fusil et même à coups de canon, voilà la vie que j'ai menée pendant vingt jours. » Ainsi se comporte-t-il courageusement, avec ce mélange de risque pris à chaque escarmouche et de goût scientifique car, sur le modèle de ce qu'avait été, trente-huit ans plus tôt, la conquête de l'Égypte, celle de l'Algérie se double d'une exploration méthodique et scientifique.

On admire donc régulièrement son panache au front, comme ce 3 novembre 1837, où il seconde talentueusement Clauzel à la prise de Mascara, victoire plus symbolique que véritablement stratégique, mais dont l'effet psychologique est considérable. On le voit encore, bien que blessé à Habrah, particulièrement actif au combat d'el-Affroun, au Tenia de Mouzaïa et surtout, en octobre 1839, au fameux défilé des Portes de fer, point d'orgue d'une expédition qu'il dirige seul, les colonels Changarnier, Corbin et de Gueswiller sous ses ordres, aventure périlleuse dans un site aussi grandiose qu'inquiétant, qui se traduit par un incontestable succès. En témoignent un célèbre tableau de Dauzats, ou un autre de Philippoteaux le représentant faisant grâce aux maraudeurs africains. De cette expérience, intensément vécue, il ne tarde pas à tirer des souvenirs publiés par ses fils quarante ans plus tard, rédigés dans une langue claire et concise, qui transparaît dans les nombreuses lettres qu'il adresse à sa mère, lui racontant un jour qu'un de ses soldats africains lui a offert la tête d'un ennemi, dont « l'expression est inimaginable quand on ne l'a pas vue et inoubliable quand on l'a vue », à laquelle elle répond : « Depuis hier, ma tête et mon cœur sont bien malades. Abd el-Kader a une nombreuse cavalerie. On craint les pluies, on craint les marais. Je ne vois que de vilains manteaux blancs. Je te vois, je te sens, je te plains. L'on me gronde et je me réfugie aux pieds de Dieu que j'implore pour toi et la réussite de l'expédition. Je ne vis plus qu'à Oran et à Mascara. » Mais qu'importent les angoisses de sa mère ! L'héritier du trône montre sa valeur et toute l'armée d'Afrique peut en témoigner, ce qui finit par faire taire les salons légitimistes du faubourg Saint-Germain avec leurs bals ridicules. Sur les mêmes lieux, un peu plus d'un siècle plus tard, son descendant direct, le prince François d'Orléans, cadet des fils du comte de Paris, lieutenant au 7e chasseurs alpins, allait mourir le 11 octobre 1960 en Grande Kabylie en conduisant une manœuvre risquée pour sauver un de ses harkis blessé. Bon sang ne saurait mentir !

À son retour en France, un véritable triomphe l'attend, magnifié par les douze tableaux qu'Horace Vernet – une fois de plus ! – consacre à la conquête à la demande de Louis-Philippe pour le musée de Versailles. Paris n'admire pas chez l'héritier du trône sa seule valeur militaire, mais encore la simplicité de ses manières, dont témoignent ses relations avec Musset trop déférent à son endroit, à qui il écrit : « J'attendais de vous autre chose que du respect », ou avec Ary Scheffer qu'il vient voir un jour et devant la porte duquel il rencontre un blanchisseur. Ce dernier, ne l'ayant pas reconnu, lui demande alors s'il peut remettre au peintre un costume que le maître attend avec impatience, commission dont il se tire très naturellement. Mais ce sont aussi sa prestance, son élégance et sa beauté virile – on le surnomme en famille « le beau » ou « le bion » – qui frappent ses contemporains et qu'ont su immortaliser Mirbel, Winterhalter ou Ingres, les derniers en particulier sur ces deux tableaux officiels le représentant debout, en uniforme de général, son bicorne sous le bras, grand, mince, élancé, la taille bien prise dans sa tunique noire contrastant avec le pantalon rouge, l'ovale parfait du visage, souligné par les favoris blonds et la courte barbe – que déteste sa mère ! –, le nez parfaitement droit, le regard bleu, un peu guindé toutefois, comme le veut cette nouvelle mode des dandies très soigneux de leur apparence vestimentaire – c'est lui qui lance à l'époque le parfumeur Guerlain –, à l'image de ces gentlemen britanniques donnant alors le ton à l'Europe entière. Cette apparence – que même les caricaturistes flattent, et qu'Alfred de Dreux idéalise – compose un savant dosage de désinvolture et de distance, d'énergie contenue et d'affabilité nonchalante, de vivacité sportive et de séduction masculine, le tout accompagné d'un flegme total qu'il manifeste aussi bien au front que lors des multiples attentats perpétrés contre son père. Eugène Lami saisit très bien cet ensemble sur le portrait équestre qu'il trace de lui, caracolant impassiblement dans le parc de Saint-Cloud ou en Algérie avec tout son panache au combat.

Auréolé par ses succès militaires et le goût très sûr avec lequel il aménage, en artiste, son appartement du pavillon de Marsan, Ferdinand-Philippe est désormais très en vue dans les annales d'une vie mondaine à qui il semble donner le ton, donnant des soupers servis par des valets à la française, plus raffinés que ceux de son père, chassant en grand équipage, à Valençay, chez Talleyrand, participant à la fondation de la Société d'encouragement pour l'amélioration de la race chevaline en France, devenue, un an plus tard, le Jockey Club, et promenant sa distinction sur les champs de courses – importées de Grande-Bretagne depuis le règne de Charles X –, ce qui a le don d'agacer son père, qui déteste tout autant la chasse que les manifestations hippiques. Mais il accentue son prestige dans les cercles de la capitale. N'est-il pas en train d'inventer un nouveau style de grand seigneur qui ira perdurant jusqu'à la Belle Époque de Marcel Proust, mélange de virilité, d'élégance, de décontraction, de générosité et d'humour, dans lequel nombre d'amis se perfectionnent à son image, comme ce jeune comte de Morny, fils naturel de la reine Hortense et du général de Flahaut (ami personnel et premier écuyer du duc d'Orléans) avec lequel il fait les quatre cents coups, au Café Anglais, chez Tortoni, au théâtre des Italiens, au Vaudeville ou aux Variétés, en compagnie de jolies femmes et de camarades complices – parmi lesquels le fils du maréchal Ney – que toute une génération de jeunes mâles n'a de cesse de copier ?

Son frère Joinville, du reste, le souligne : « C'était un charmeur, charmeur de soldats, charmeur d'artistes, qui trouvaient chez lui encouragement et protection, charmeur aussi de femmes », ce que confirme encore Alexandre Dumas : « Je n'ai jamais retrouvé chez personne, même chez la femme la plus séduisante, rien qui se rapprochât de ce regard, de ce sourire et de cette voix. Dans quelque disposition qu'on eût abordé le prince, il était impossible de le quitter sans être entièrement subjugué par lui. » Cet aspect-là n'échappe pas aux lorettes de Paris qu'il ne faut guère pousser pour tomber dans les bras vigoureux d'un jeune étalon qui ne se prive pas de les recevoir régulièrement, pour des exercices dans lesquels ses frères ne vont pas tarder à briller, sitôt leur adolescence achevée. Ce n'est guère du goût de leurs parents, même si, avec une touchante naïveté, la reine Marie-Amélie croit bon de dire qu'« il faut bien que ces petits prennent quelque distraction », ignorant que, dans les cercles où ses fils fument le cigare et ne reculent pas devant les liqueurs fortes, il s'en passe de belles avec les comédiennes de l'Opéra ou du Théâtre-Français. En témoigne cet échange de billets entre le duc d'Orléans et l'actrice Rachel, à qui il écrit : « Où ? Quand ? Combien ? » et reçoit cette réponse : « Chez toi, ce soir, pour rien ! »

Ayant commencé son éducation sentimentale dans les bras de la jolie (et très experte) comtesse Sobanska – avec la complicité de sa mère estimant qu'à tout prendre « mieux valait une femme du monde qu'une danseuse de l'Opéra » –, Ferdinand la poursuit avec Mme de Louré, qui, selon la tradition, aurait initié ses quatre frères après lui, et avec quelques autres, comme cette mystérieuse inconnue chez qui il passe une nuit avant de la quitter au petit matin, s'apercevant que des insurgés sont en train d'édifier une barricade. Prié par eux de les aider, il s'exécute dans la bonne humeur, retourne aux Tuileries se changer et, une fois passé son uniforme, revient avec son unité détruire ladite barricade. Plus soutenues sont les liaisons qu'il entretient avec la ravissante Léontine Fay, comédienne au Gymnase – qu'il partage du reste, en toute fraternité, avec Alexandre Dumas –, avec la non moins séduisante Fanny Le Hon, dont le jeune fils, dit-on, serait le sien – avant qu'il ne la laisse à Morny –, ainsi qu'avec l'irrésistible Adèle Hommaire de Hell, à laquelle il aurait aussi fait un fils. Mais c'est avec la divine Harriet d'Orsay, fille de lord Blessington et épouse du célèbre Alfred, principal dandy de l'époque, qu'il connaît sa plus grande passion, ce qui inquiète Louis-Philippe écrivant à sa femme : « Habitué comme je le suis par les cachotteries ordinaires à ne rien savoir de ce qu'ils méditent et de ce qu'ils font, je crains quelque anguille sous roche à ce projet de Trianon et à ce voisinage de Versailles. » Victor Hugo, du reste, conclut de son côté : « Le Palais-Royal a servi aux fredaines et aux mystères des princes avant leur mariage. Il y a une petite porte avec une portière expressément préposée à cela. »

Une union de convenance mais un mariage d'amour

Une telle opiniâtreté vaut au roi d'être plus impliqué. Après une explication en tête à tête avec son aîné, il confie à sa femme : « Il n'y a pas de temps à perdre, d'après certaines confidences qu'il m'a faites sur l'état d'épuisement où il est. C'est cette maudite femme qui l'épuise, comme elle l'affiche, et il n'a pas le courage de s'en éloigner. » Tant pour modérer son zèle que pour assurer au plus vite la continuité dynastique, le roi et la reine se mettent en quête de trouver à Ferdinand, à présent âgé de vingt-quatre ans, une épouse, de préférence choisie dans le cercle des princesses européennes, chose moins aisée qu'il n'y paraît car, aux yeux des vieux trônes, Louis-Philippe passe toujours pour un usurpateur dont l'action pourrait menacer l'ordre immuable imposé au continent par la Sainte-Alliance, ce qui justifie la mise en place d'un véritable blocus matrimonial contre son fils. Pressentie, la cour d'Autriche, qui a pourtant nombre d'archiduchesses à caser, ne donne pas suite, sous la pression d'un Metternich pour qui tout ce qui vient de France sent le soufre – malgré un voyage, plutôt réussi, en 1836, du prince, avec Nemours, à Berlin et à Vienne –, opinion partagée par la cour de Russie à qui Talleyrand demande en vain une grande-duchesse. Les princesses de Saxe-Altenbourg, de Wurtemberg, de Hesse et de Bade n'ayant pas fait l'affaire – bien que l'une d'entre elles, Marie, soit une véritable beauté –, de même que les infantes d'Espagne et les cousines de Naples, le choix se porte sur un rejeton d'une dynastie peu connue mais qui avait contracté maintes alliances avec les principales cours de l'Europe du Nord, Hélène de Mecklembourg-Schwerin, née à Ludwigslust le 24 janvier 1814, au foyer du grand-duc Frédéric-Louis et de sa deuxième épouse Caroline de Saxe-Weimar.

Aussi surprise d'être sollicitée pour devenir un jour reine des Français que ne le fut, au siècle précédent, Marie Leszczyńska, lorsque le duc de Bourbon fit demander sa main pour Louis XV, la jeune femme accepte avec un mot marqué par la sincérité : « J'aime mieux être un an duchesse d'Orléans en France que de passer ma vie ici à regarder par la fenêtre. » Grande, blonde, avec de beaux yeux bleus, distinguée, cultivée et bonne musicienne, elle allait bientôt se révéler une épouse douce, aimante et d'autant plus complice qu'elle partage avec son mari ces idées libérales qui ne sont pourtant pas celles de l'Allemagne de son enfance. Après les négociations d'usage, le 15 mai 1837, la princesse quitte son château natal pour Potsdam, où elle prend congé du roi de Prusse, son oncle, et, sous la conduite du grand-duc de Saxe-Weimar, gagne Fulda, Hanau, Francfort puis Sarrebruck, avant de pénétrer officiellement en France le 24, où elle est accueillie par le duc de Choiseul, le baron Gourgaud et le préfet de la Moselle. Après la rencontre officielle avec son promis à Châlons-sur-Marne où, très ému, Ferdinand-Philippe se trompe en embrassant la dame d'honneur de sa fiancée, l'accueil réservé par sa belle-famille au château de Fontainebleau est des plus chaleureux. Le mariage, chef-d'œuvre diplomatique du comte Molé – et symbole de tolérance œcuménique puisque la princesse refuse d'abjurer le protestantisme –, peut alors être célébré le 30 mai 1837 à Saint-Germain-l'Auxerrois, face au Louvre, et non à Notre-Dame, officiellement parce que Mgr de Quélen, archevêque de Paris, condamne ce mariage entre un catholique et une protestante, officieusement parce que, légitimiste fanatique, il déteste la maison d'Orléans. Ce mariage donne un excellent prétexte à Louis-Philippe d'inaugurer enfin son Versailles, remis à neuf ou presque, puisque les peintures du musée ne sont pas encore sèches, bien que les ouvriers aient travaillé nuit et jour. Certes, seuls les invités personnels du souverain sont conviés au dîner et au grand bal suivant la cérémonie, mais quels invités ! Tous les peintres à la mode, presque tous les dignitaires et maréchaux rescapés de l'Empire, sans compter Alfred de Musset, Honoré de Balzac, Alphonse Karr, Alexandre Dumas et Victor Hugo. Encore que ces deux derniers ont failli ne pas venir, le premier parce qu'il s'était vu évincé de la dernière promotion de la Légion d'honneur, le second par solidarité avec son camarade. Mais Ferdinand-Philippe étant intervenu à temps, l'auteur des *Trois Mousquetaires* et celui de *Notre-Dame de Paris* sont bien là, dans leur uniforme de garde national, souriant aux dames, à toutes les dames, prodiguant mille amabilités aux princes et aux princesses de la maison de France, chacun présidant une table dans les salons composant l'ancien appartement de Louis XIV. Une représentation du *Misanthrope* étant ensuite proposée aux invités, se déroule une périlleuse traversée tant les parquets sont cirés, ce qui occasionne maintes chutes de maréchaux que les écrivains tentent de ramasser comme ils peuvent.

Ce mariage, auquel Justin Ouvrié consacre onze dessins, Auguste Meyer dix et François Bonhomé six, crée l'occasion de décréter une amnistie en faveur de tous les détenus pour crimes ou délits politiques, mesure pacificatrice que le duc d'Orléans complète d'un don de cinq cent mille francs aux œuvres de bienfaisance, correspondant à la moitié de la dotation que la Chambre des députés venait de voter pour son établissement, ce qui est aussi politiquement habile qu'humainement généreux. Ce n'est pas une union prestigieuse – aucun des enfants de Louis-Philippe n'en connut pour cause de suspicion diplomatique –, mais la France se console en se persuadant, comme l'écrit Mme de Boigne, que « le duc d'Orléans est assez grand prince pour faire de sa femme une grande princesse », et qu'au moins, avec elle, on évitera les complications d'une archiduchesse, comme ce fut le cas avec l'infortunée Marie-Antoinette, et Saint-Aulaire de conclure qu'il n'est pas certain que « plus eût valu mieux ». Enfin livré à lui-même, le nouveau couple s'installe au pavillon de Marsan, remis à neuf pour la circonstance par les meilleurs ébénistes de Paris, selon le goût du jour qui allait triompher, deux ans plus tard, à l'Exposition des produits de l'industrie, avec des boiseries sombres, des pastiches de mobilier néogothique, néo-Renaissance ou arabomaghrébin, dont témoigne toujours, au château de Fontainebleau, ce somptueux serre-bijoux en porcelaine de Sèvres, peint par Develly, qui retrace les épisodes de la venue en France de la princesse Hélène.

Un peu d'intimité étant nécessaire, le roi met à disposition de son fils et de sa bru tantôt le Petit-Trianon, tantôt le château de Meudon, où tous deux passent leur lune de miel, et dans lequel Hélène importe à Noël un rituel appelé à connaître un grand succès : décorer un sapin de boules et de figures de papier dont l'usage va se généraliser dans toutes les familles de France. Cette année où le premier train entre en service sur la ligne Paris-Saint-Germain – inaugurée par l'héritier du trône –, où Daguerre met au point l'extraordinaire invention qu'est la photographie – ce qui fera bientôt de Louis-Philippe le premier souverain dont on possède des clichés –, la France semble emportée par le vent d'une modernité dont l'éclat rejaillit sur le couple royal, si heureux d'apprendre, le 24 août 1838, la naissance de leur premier petit-fils, Louis-Philippe. Son grand-père lui donne un titre inusité jusque-là, comte de Paris, à la fois pour rappeler les lointaines origines de sa dynastie, mais surtout pour innover puisqu'on avait renoncé à celui de Dauphin, trop impopulaire depuis 1830, ce qui n'empêche pas son père, dans sa correspondance privée avec sa femme, d'appeler le nouvel héritier du trône… « le môme ».

Et tandis qu'un superbe tableau de Winterhalter représentant la duchesse d'Orléans avec son fils dans ses bras triomphe au Salon d'automne et qu'un autre, de Sebron, montre le grandiose baptême à Notre-Dame de Paris, un second fils suit, deux ans plus tard, Robert, né le 9 novembre 1840, qui, conformément à la tradition familiale, reçoit le titre de duc de Chartres, événement que célèbre Granet, le jour de son baptême, célébré dans la chapelle des Tuileries. L'avenir dynastique étant assuré, une page se tourne, constate l'opinion publique, après une série de voyages triomphaux du jeune couple dans le Sud-Ouest (Bordeaux, Pau, Toulouse, Perpignan, Poitiers, etc.), lorsqu'elle aperçoit le vieux roi assisté de son fils de trente ans, enfin assagi, et de sa jeune épouse, dont chacun apprécie le ton. La duchesse de Dino témoigne : « C'est une vraie trouvaille que cette princesse ; elle a ravi le Conseil d'État, les pairs, les députés, ajoutant une phrase aimable aux réponses faites par son mari aux différentes harangues ; elle a parlé à chaque pair individuellement, jamais de banalités ; ils sont tous enchantés. » Gérard de Nerval lui dédie *Le Vieux Palais attendant la princesse saxonne*, et il n'est pas jusqu'à Victor Hugo qui ne soit sous le charme lorsque, présenté à la nouvelle duchesse d'Orléans, il l'entend lui dire, pour qu'il comprenne qu'elle a lu *Notre-Dame de Paris*, « le premier édifice que j'ai visité à Paris, c'est votre église ». En grandissant, ses deux fils deviennent le point de mire de tous les artistes, et Alfred de Dreux les représente sur leurs poneys dans le parc de Neuilly, insouciants comme des enfants mais graves comme des princes.

Les états d'âme d'un prince en quête d'identité

À la manière d'une presque transmission, le couple princier semble alors incarner les promesses de l'avenir puisqu'il est notoire que le duc d'Orléans passe pour être bien plus libéral que son père. Il a confié à sa sœur Louise : « Je suis de ceux pour qui la révolution de Juillet n'a pas produit tout ce qu'ils en avaient attendu, fort à tort sans doute, et quand, après cinq ans, la fumée qui nous entourait s'est peu à peu dissipée, que chacun a quitté son masque et que j'ai vu clair, alors j'ai été profondément pénétré de dégoût. On s'attache à briser cet élan qu'avait la nation ; les idées les plus étroites ont seules accès dans la tête de nos législateurs. » Cette idée, aussi audacieuse que franchement émise, le prince royal la partage avec Victor Hugo, dans le droit fil de son poème consacré à la Jeune-France qui, magnifiant les combattants de Juillet, fait désormais coïncider l'idéal romantique avec un idéal politique. Celui-ci prend en compte le règlement de la grande pauvreté (que Napoléon III reprendra), la liberté d'opinion (incarnée par

Armand Carrel), les aspirations nationalistes ou l'importance de la femme dans l'évolution de la société (qu'illustrera George Sand), tous allant dans le sens de cette « révolution romantique » qui veut émanciper l'homme individuel combattant son mal de vivre par la foi dans de grands principes rompant avec un passé éternellement figé.

Mais avec ce singulier flair politique qui séduit tant ses proches, le prince, peut-être en écho à la célèbre expression lancée par Lamartine, « la France s'ennuie », livre clairement ses sentiments personnels en s'écriant, lors de son voyage en Allemagne : « Je saurais signer de mon sang, s'il était nécessaire, la rupture des traités de 1815 et une nouvelle organisation de la société européenne. » À Scheffer, il écrit : « L'époque actuelle est prospère et paisible, mais elle est trop plane pour ne pas devenir bientôt stagnante et partant corrompue. D'innombrables petits intérêts vulgaires et mesquins grouillent sous la surface unie que ne sauraient rider peut-être les plus ardentes bourrasques. Ne suis-je donc pas appelé à donner une nouvelle impulsion, un nouvel essor à l'époque ? N'ai-je pas mission de poétiser l'œuvre de mon père ? J'ai déjà l'œil sur les individus qui me seconderont, je juge le chemin qu'ils ont fait déjà et, probablement mon choix étonnera le monde. Je fais d'abord mon éducation morale en amassant à grands labeurs les matériaux nécessaires en fait de recherches, d'analyses de combinaisons, d'observations. Je posséderai ma statistique personnelle. »

Certes sa loyauté envers son géniteur, à qui l'unit une réelle affection, ne fait aucun doute, mais il commence à souffrir de cette situation si caractéristique des héritiers du trône que tant d'autres ont connue avant lui, faite d'une attente usante lorsqu'on est jeune et qu'il semble que le temps passe trop lentement. Il sait parfaitement que nombreux sont ceux qui attendent son avènement, des progressistes rêvant de réformes sociales et économiques en faveur des plus humbles, ouvriers et paysans, ces oubliés d'une monarchie trop bourgeoise, démocratique en apparence, mais où les notables seuls dirigent, confisquent le droit de vote et n'envisagent aucun partage de la prospérité manufacturière. Il n'est que de lire cet extrait de son testament, rédigé dans ses années-là, pour mesurer combien il est en phase avec son temps, lorsqu'il prodigue à son fils ces lignes si révélatrices : «… que le comte de Paris soit un de ces instruments brisés avant qu'il eût servi ou qu'il devienne l'un de ces ouvriers de cette génération sociale qu'on n'entrevoit encore qu'avec tant d'obstacles, qu'il soit roi ou qu'il demeure défenseur inconnu et obscur d'une cause à laquelle nous appartenons tous, il faut qu'il soit avant tout un homme de son temps et de la nation, serviteur passionné, exclusif, de la France et de la révolution. » On retrouve l'impatience de Stendhal, quand il s'écrie : « Elle n'a rien à continuer, cette génération, elle a tout à créer. »

Son cadet Joinville écrit de son côté : « Depuis dix ans, nous tous et avec nous la France entière, considérions mon frère comme le chef de demain, le chef des grands jours à venir. Sans doute nous avions pour le roi la plus grande affection, le plus entier dévouement, le plus profond respect, mais celui vers lequel nous nous tournions pour avoir une direction, c'était lui. » Avant d'ajouter : « Que de fois n'avions-nous pas discuté avec lui toutes les chances de l'avenir au-dedans comme au-dehors et ne nous avait-il pas distribué à chacun les rôles qu'il nous destinait, rôles que nous sentions marqués au coin du bon sens, de la connaissance profonde des choses et de cette griffe du chef qui s'impose. » Il est à présent évident que l'héritier du trône, en partie influencé par le général de Flahaut, Thiers et Rémusat, mais aussi par ses deux voyages en Grande-Bretagne, en 1829 et en 1833, a des idées très personnelles sur la manière de conduire l'action politique, critiquant certaines initiatives de son père, émettant l'idée d'une révision du procès du maréchal Ney, raillant les idées conservatrices des ministres ou proposant de prêter main-forte aux Polonais opprimés par les Russes, aux Italiens du Nord asservis par les Autrichiens, aux Grecs tyrannisés par les Turcs. Des heurts deviennent inévitables avec sa tante, Madame Adélaïde, à qui il lance : « Après tout, j'ai quelque droit à me mêler des affaires ; j'y suis aussi intéressé que vous », et naturellement avec le roi lui-même qui, à plusieurs reprises, le convoque pour critiquer ses prises de position, oubliant qu'il est naturel qu'un homme de son âge, en pleine possession de ses moyens, souffre de devoir ronger son frein. Une fois de plus, il s'en plaint à sa sœur Louise : « Ce n'est pas en faisant que je ne sois rien aujourd'hui que l'on me prépare à être tout demain. »

Alors, pour tromper son inaction, le prince continue de cajoler ces soldats auxquels il est si attaché, veillant sur eux comme un père pendant les grandes manœuvres – « je me regarde comme l'avocat et l'homme d'affaires de l'armée d'Afrique », annonce-t-il à son frère Aumale –, repartant combattre en Algérie en 1839 pour s'illustrer dans de nouveaux exploits, avec, à ses côtés, Changarnier et Lamoricière, avant de rentrer à Paris, au début de l'année 1841, où, remarquablement secondé par sa femme, il soigne son image de marque en donnant de somptueuses réceptions, où, selon la duchesse de Dino, on rencontre « les parures les plus fraîches, les diamants les plus beaux et les fleurs les plus nouvelles ». Il insiste sur le raffinement qui fait de son logis le mieux fréquenté d'un Tout-Paris se ruant chez lui, accueilli par d'impeccables domestiques en livrée de drap rouge et velours violet à galons d'argent, qui effectuent un service discret mais efficace. Ce prestige mondain ne l'empêche pas de s'intéresser à la situation des plus démunis, en donnant beaucoup plus que nombre de grands seigneurs aux œuvres de charité. Il est toujours disponible, comme le note Victor Hugo, apportant chez lui maintes requêtes, toujours satisfaites, ce qu'il exprime si bien dans cet extrait des *Chants du crépuscule*,

> « Jeune homme au cœur royal ; soyez toujours ainsi
> La porte qui fait dire aux pauvres, c'est ici.
> La main, toujours tendue au bord de cet abîme
> Où tombe le malheur, d'où remonte le crime. »

Mais plus que tout, il s'impose comme le principal protecteur du romantisme français. En accueillant au pavillon de Marsan la plupart des créateurs de son temps avec lesquels il sait tisser de solides liens d'amitié, parmi lesquels ses vieux complices Alfred de Musset et Alexandre Dumas, certes, mais aussi Victor Hugo, Edgar Quinet, Théophile Gautier, Charles Nodier, Jules Michelet et Augustin Thierry, dont il fait son bibliothécaire personnel, il amorce des entretiens, parfois érudits, parfois politiques, mais toujours dans une grande confiance réciproque, à laquelle Hélène prend toute sa part, car elle a beaucoup lu dans son château de Ludwigslust. Tout cela se fait sans ostentation aucune, comme le raconte Alexandre Dumas, qui lui avait lancé après une conversation particulièrement étincelante :

— Mon Dieu, monseigneur, comment se fait-il donc qu'étant un des hommes les plus spirituels que je connaisse, vous ayez si peu la réputation d'un homme d'esprit ? et s'entendant répondre dans un rire :

— Vous êtes charmant ! Est-ce que vous croyez que je me permets d'avoir de l'esprit avec tout le monde ?

— Mais, monseigneur, vous en avez bien avec moi, et du meilleur même.

— Parbleu ! Parce que je sais que tout cela vous est égal, à vous. Vous en aurez toujours autant que moi, et même davantage, mais avec les imbéciles, mon cher Dumas, j'ai assez de peine à me faire pardonner par eux d'être prince sans avoir encore à me faire pardonner par ceux-là d'être un homme d'esprit. Ainsi, c'est convenu. Quand vous voudrez, non pas me faire plaisir mais me rendre service, vous direz que je suis un imbécile !

Véritable artiste, Ferdinand-Philippe possède non seulement un style élégant, largement déployé dans les livres qu'il consacre à l'Algérie, mais encore se révèle, sous l'autorité de Scheffer ou de Gielding, un dessinateur de talent, bon graveur et lithographe, signant de nombreux croquis animaliers et s'adonnant régulièrement à l'aquarelle avec, pour sujet préféré, ces vues de ports et ces marines qu'il affectionne, se permettant même une fois – c'est toujours Dumas qui le raconte – de caricaturer son père en Gulliver confronté aux parlementaires représentés en lilliputiens, tout en remplissant ses nombreux albums – on en conserve onze – de paysages, de portraits ou de vues de toutes sortes. Bibliophile renommé et grand collectionneur (en particulier de littérature, de philosophie et d'histoire), son excellent goût marque nettement ses contemporains. Arsène Houssaye : « Si le duc de Nemours aimait les arts, le duc d'Orléans les adorait. N'était-il pas l'ami de tous les peintres dignes de sa sympathie car il faut lui savoir gré de son dédain pour les médiocres ? » Balzac ne s'y trompe pas, en l'évoquant dans *La Cousine Bette* par une remarque de Mlle Hulot qui vient d'acquérir une sculpture de Steinbock : « Oh ! J'y tiens trop pour la céder à qui que ce soit, pas même au prince royal. » Passionné de jardins, encore, il n'a de cesse de s'intéresser à l'horticulture, faisant venir un paysagiste anglais pour recomposer ceux des Tuileries et du château d'Eu, à qui il donne des instructions très personnelles. Sa femme, fille d'une princesse artiste qui fut une excellente dessinatrice et la protectrice du peintre Jakob Haeckert, prend aujourd'hui des leçons de Huet pour seconder son mari dans ses créations.

Ami personnel des peintres Ary Scheffer, Dominique Ingres, Eugène Lami ou Horace Vernet, Ferdinand-Philippe collectionne leurs œuvres avec passion, mais aussi celles de Meissonier, Rousseau, Delaroche, Boulanger, Gudin, Raffet, Huet, Jadin, Granet, Roqueplan, Lehmann, Corot, de même que celles des sculpteurs Barye, Triqueti, Frastin, Barre ou Pradier, ce dernier laissant de lui un superbe buste, ainsi que les pièces d'orfèvrerie de Durand. Ainsi, au fil des années, sa résidence devient-elle une sorte de musée privé de la création romantique, dont Alexandre Dumas est une des chevilles ouvrières, s'entremettant le plus souvent auprès des peintres pour céder leurs œuvres à l'héritier du trône qui, avec sa traditionnelle élégance, lui laisse carte blanche pour le paiement, ces derniers seuls fixant leurs prix. Certains résistent, comme Delacroix, à qui le prince envoie Dumas pour négocier l'achat de son *Marino Faliero* afin de l'offrir à Victor Hugo pour le remercier d'un volume de poésie adressé par ce dernier à sa femme. Aussitôt Dumas débarque tout essoufflé chez Delacroix, et amorce le dialogue suivant :

— Vous voilà ! me dit-il, pourquoi diable avez-vous monté si vite ?

— J'ai une bonne nouvelle à vous annoncer.

— Laquelle ?

— Je viens vous acheter votre *Marino Faliero*.

— Ah ! dit-il d'un air plus contrarié que satisfait.

— Tiens, cela n'a pas l'air de vous réjouir !

— Est-ce pour vous que vous voulez l'acheter ?

— Si c'était pour moi, combien vaudrait-il ?

— Ce que vous aurez envie d'en donner : deux mille francs, quinze cents francs, mille francs.

— Non, ce n'est pas pour moi ; c'est pour le duc d'Orléans. Combien pour le duc d'Orléans ?

— Quatre mille, cinq mille, six mille francs, selon l'endroit de la galerie où il sera placé.

— Ce n'est pas pour lui.

— À qui ?

— Je ne suis pas autorisé à vous le dire ; je suis seulement autorisé à vous en offrir six mille francs.

— Mon *Marino Faliero* n'est pas à vendre.

— Comment, il n'est pas à vendre ? Mais vous vouliez tout à l'heure me le donner pour mille francs.

— À vous, oui.

— Au prince pour quatre mille !

— Au prince, oui ; mais au prince et à vous seulement.

— Pourquoi cette préférence ?

— À vous parce que vous êtes mon ami ; au prince parce que c'est un honneur d'avoir sa place dans la galerie d'un artiste royal aussi éclairé qu'il est, mais tout autre que vous deux, non.

— Oh ! la singulière idée !

— Que voulez-vous, c'est la mienne.

— Mais enfin, vous avez une raison !

— C'est probable.

— Vous vendriez tout autre tableau dont on vous donnerait le même prix ?

— Tout autre, mais pas celui-là.

— Et pourquoi pas celui-là ?

— Parce qu'on m'a tant dit qu'il était mauvais que je l'ai pris en affection, comme une mère prend en affection un pauvre enfant chétif, malingre, contrefait.

Les compositeurs ne sont pas oubliés. Le duc d'Orléans protège Hector Berlioz, qui lui dédie sa *Symphonie funèbre et triomphale*, ce qui conduit un musicologue a suggérer que, s'il eût vécu et régné, leur relation eût ressemblé à celle unissant Louis II de Bavière à Wagner ! Mais il s'intéresse aussi à Meyerbeer et Aubert, dont il fait son directeur musical, jusqu'à son remplacement par Fromental Halévy, sans compter Franz Liszt et Fréderic Chopin venant régulièrement jouer chez lui ou participer à l'un de ces grands bals, tel celui, costumé, qu'il donne au mois de janvier 1842, dans lequel son frère Joinville, note que « le Tout-Paris élégant, artiste, était là, revêtu de costumes historiques fidèlement copiés dans nos musées, ou d'habillements fantaisistes qui faisaient surtout voir la beauté des femmes ». Il remarque avec amusement, qu'« Eugène Sue, Henriquel-Dupont, Tony Johannot et Louis Boulanger avaient pris leurs modèles à l'époque de Louis XIII » ; qu'« Eugène Delacroix était en Marocain, Horace Vernet en Arabe et Winterhalter en Florentin du XIVe siècle », tandis qu'Amaury-Duval, Jadin, Eugène Lami, Gudin, Raffet, Barye, Pradier, Klagman, Moine et Delaroche déployaient, de leur côté, des trésors d'inventivité.

Véritable incarnation de l'enfant du siècle, si cher à Musset – « il est le roi de mes enfants », dit Louis-Philippe ! –, c'est vers lui que la société française porte ses regards, elle qui, depuis si longtemps, n'avait pas eu l'occasion de voir quotidiennement un héritier du trône adulte et parfaitement accompli, le dernier étant, trois siècles plus tôt, Henri II, fils de François Ier, et elle se persuade qu'elle tient là le roi idéal, seul capable de séduire autant l'État que l'armée, le peuple que la bourgeoisie, l'industrie que l'art. Cet avis général, Charles de Rémusat l'exprime parfaitement : « Je n'ai jamais vu quelqu'un qui fût plus fait pour monter sur un trône », et après lui Victor Hugo, s'exclamant dans les précieuses *Choses vues* : « Âme haute, calme, sereine, ferme et douce ! Noble intelligence au niveau de tous les talents. Fils de Henri IV par le sang, par la bravoure, par l'aménité cordiale et charmante de sa personne. Fils de la Révolution par le spectacle de tout droit et l'amour de toute liberté ; entraîné vers la gloire militaire par l'instinct de sa race, capable et avide de grandes choses, on peut dire que tous les gemmes d'un grand roi se manifestaient déjà dans ce prince. » Mais au-delà de l'hommage, l'écrivain pourrait songer à devenir le mentor du futur maître, en un mot le ministre du futur roi. C'est sans doute le sens qu'il faut donner, lors de sa réception à l'Académie française – à laquelle assistent Ferdinand-Philippe et sa femme –, à son discours dans lequel il assigne au poète la mission de « civiliser les hommes par le calme rayonnement de sa pensée sur leurs têtes », et cite l'exemple de Malesherbes, « grand ministre et bon citoyen » !

Tout cela ne contribue-t-il pas à ce que le prince royal se démarque de son père ? Sans doute. Reste qu'en agissant ainsi il trouve son style personnel, que le mariage et la paternité ont visiblement mûri, chacun le jugeant désormais plus épanoui, plus gai, plus disponible aux autres qu'il ne le fut jamais. Cela sonne comme une promesse d'avenir, à ses amis, à sa famille, à chaque Français qui pense que le vieux roi n'en a probablement plus pour longtemps et que bientôt un nouveau règne comblera toutes les espérances, ce que confirme Alexandre Dumas dans une lettre venant de Suisse : « Vous, monseigneur, qui après avoir été notre camarade de collège, serez aussi notre roi, vous qui du trône où vous monterez un jour toucherez d'une main à la vieille monarchie et de l'autre à la République, vous qui hériterez des galeries où sont renfermées les batailles de Taillebourg et de Fleurus, de Bouvines et d'Aboukir, d'Azincourt et de Marengo ; vous qui n'ignorez pas que les fleurs de lys de Louis XIV sont les fers de lance de Clovis ; vous qui savez si bien que toutes les gloires d'un pays sont des gloires quels que soient le temps qui les a vues naître et le soleil qui les a fait fleurir ; vous enfin qui, de votre bandeau royal, pourrez lier deux mille ans de souvenirs et d'en faire le faisceau consulaire des licteurs qui marcheront devant vous. » Avant de conclure : « Car, monseigneur, l'avenir serein et azuré de la France qui a accompli son œuvre révolutionnaire est gros de tempêtes pour tout le monde. Nous avons tant semé de liberté dans nos courses à travers le monde que la voilà qui, de tous côtés, sort de terre comme les épis au mois de mai, si bien qu'il ne faut qu'un rayon de soleil pour mûrir les plus lointaines moissons. »

Un stupide accident aux conséquences incalculables

Ferdinand-Philippe, duc d'Orléans, prince royal et héritier du trône, en est là de ses réflexions lorsque, le 12 juillet 1842, il achève de dîner chez ses parents, à Neuilly, la veille des grandes manœuvres prévues à Saint-Omer. Comme à son habitude, l'ambiance familiale est intime et chaleureuse, et même particulièrement affectueuse puisque le prince n'a pas oublié d'apporter à sa mère un grand bouquet de fleurs à l'occasion de sa fête. Au moment du départ, celle-ci lui fait promettre de revenir déjeuner le lendemain puisqu'il est seul – la duchesse Hélène et ses enfants prennent les eaux à Plombières – et de presser ses audiences pour lui donner un peu de son temps. Le 13, à midi, Ferdinand-Philippe quitte son appartement des Tuileries et grimpe dans un petit cabriolet attelé à deux chevaux que conduit le cocher de service, un Anglais prénommé John, à qui peut-être il demande de ne pas perdre de temps car il est en retard. Un beau ciel de printemps illumine Paris et accentue la bonne humeur du prince qui, une demi-heure plus tard, atteint le chemin de la Révolte, à la lisière de la capitale et de Neuilly, ainsi nommé en souvenir d'une émeute qui y avait éclaté sous Louis XV, où à présent se groupent les guinguettes dans lesquelles, le dimanche, les Parisiens aiment se détendre. Soudain, les chevaux s'emballent, ce qui oblige le cocher à se dresser sur ses étriers, en s'agrippant vigoureusement aux rênes, tandis que le duc d'Orléans lui crie : « Tu n'es plus maître de tes chevaux. » Le rythme s'accélère, le prince pense que la course peut devenir dangereuse et, croit-on, décide de sauter en marche, à moins qu'une secousse plus forte que les autres ne le fasse tomber de ce phaéton léger et facilement déséquilibré. Quoi qu'il en soit, il s'enferre dans le marchepied et tombe de tout son long. Sa tête se fracasse sur le pavé. Il est treize heures, ce 13 juillet, face à la borne 13, vont noter les superstitieux, lorsque l'aubergiste Cordier, témoin de l'accident, et les rares passants se précipitent et transportent le corps inconscient dans la boutique de l'épicier où on l'étend sur un grabat de fortune, tandis que le cocher, ayant enfin maîtrisé ses chevaux, s'aperçoit que son passager a disparu et effectue piteusement le trajet en sens arrière, espérant jusqu'au dernier moment qu'il s'en est sorti indemne. La famille royale, après que Froissart eut annoncé la nouvelle au général Gourgaud, est enfin prévenue, et arrive, suivie par les membres du gouvernement et les dignitaires de la cour.

À genoux sur le sol, la reine Marie-Amélie prie, tandis qu'anéantis Louis-Philippe et sa sœur Adélaïde sont soutenus par Joinville, Aumale et Montpensier, la duchesse de Nemours et la princesse Clémentine, le ministre Guizot, les maréchaux Soult et Gérard. À ce moment-là, le roi et la reine ressemblent à n'importe quels parents confrontés à la perte de leur enfant. Le duc n'a pas repris connaissance, les médecins n'ont guère d'illusions et tentent de faire discrètement comprendre que, face à une fracture du crâne, il n'y a plus rien à espérer. Alors, comme Louis XIV et Louis XV avant lui, le roi regarde son héritier s'éteindre sous ses yeux, après que l'abbé Delau, curé de Neuilly, lui a administré les derniers sacrements. À quatre heures de l'après-midi, au terme d'une agonie de trois heures, dans laquelle, croit-on, il a appelé sa femme en allemand, tout est fini et le prince, couché sur une civière, curieusement placée au-dessous d'un portrait lithographié de... Napoléon, cesse de vivre à la fin de sa trente-deuxième année, tandis que Louis-Philippe articule : « Oh ! Mon Dieu, pourquoi est-ce lui et pas moi ? » L'assistance est hébétée, à commencer par le chef du gouvernement, Guizot, qui note : « J'ai été là pendant trois heures, dans ce grabat de cabaret. J'ai vu mourir le prince à côté du roi, le fils entouré de son père, de sa mère, de ses frères et sœurs... Je l'ai accompagné à pied, du cabaret à la chapelle royale. Au moment où le brancard est sorti, un long cri de "Vive le Roi !" a retenti au milieu du peuple, pur peuple qui accourait là. »

Transportée à Neuilly, que Mme de Boigne, témoin de la détresse générale, appelle « le palais de la mort, peuplé de fantômes », la dépouille du duc d'Orléans, dont on a le plus grand mal à détacher sa mère en pleurs, est alors embaumée par les soins du docteur Pasquier, après que le sculpteur Pradier eut effectué un moulage du visage et des mains, puis déposée dans un cercueil plombé où elle demeure jusqu'au 2 août, pour prendre le chemin de Notre-Dame de Paris, encadrée par les frères du défunt. Dans la cathédrale, tendue extérieurement et intérieurement de voiles noirs, comme le montre une photographie de l'époque – une des premières, ce qui démontre l'importance de l'événement –, un somptueux service funèbre, aux accents du *Requiem* de Mozart éclairé par trente mille bougies, est célébré par Mgr Affre et deux cents prêtres, rassemblant la famille royale, le gouvernement, le Parlement, les corps constitués et l'ensemble des diplomates en poste dans la capitale, sous le regard affligé de la foule immense des Parisiens, frappés par l'image de cette dynastie accablée par la disparition de son héritier. Ce rassemblement spontané constitue du reste le plus grand qu'on vit jusque-là dans la capitale au XIXe siècle, avec le transfert des cendres de Napoléon Ier. *Le Journal des débats* en tire la conclusion que « la France est identifiée à la royauté et que le salut de la France n'est pas dans la France mais dans la royauté ». Ce sentiment, Victor Hugo, venu présenter au roi les condoléances de l'Institut de France, l'analyse parfaitement : « Sire, la France qui vous consacrait, il y a douze ans, par l'unanimité de son adhésion, vous consacre aujourd'hui par l'unanimité de sa douleur... Votre sang est le sang même du pays ; votre famille et la France ont le même cœur ; ce qui frappe l'un blesse l'autre. » Il comprendra mieux que quiconque la douleur du souverain puisque, un an après, il perdra sa fille Léopoldine.

Si Henri Heine est sensible au nombre de femmes pleurant dans les rues, un homme en particulier ne peut retenir ses sanglots sur le parvis même de la cathédrale, Alexandre Dumas, grand ami du prince défunt dont il a appris la mort à Florence, par la bouche même d'un autre prince de ses amis, Jérôme-Napoléon Bonaparte, le neveu de l'Empereur. Terrassé par la nouvelle, il est aussitôt revenu à Paris pour témoigner de son indéfectible fidélité, non pas à la monarchie, car il est républicain dans l'âme, mais à cet incomparable convive qui goûtait tant ses bons mots et qui – faut-il le souligner ? – n'avait jamais manifesté de préjugé racistes à son endroit, contrairement à beaucoup d'autres. L'écrivain rappelait son charme par cette question : « Était-ce son esprit ? Était-ce son œuvre qui vous séduisait ? C'était son cœur et son esprit, car son esprit, presque toujours, était dans son cœur », avant d'ajouter « une partie de mon cœur est enfermée dans le cercueil sur lequel j'écris ces lignes ». Mais Dumas – qui va conserver, dans un reliquaire d'argent, la serviette sur laquelle la tête du prince avait reposé en s'éteignant (offerte par sa veuve) – n'est pas seul à le pleurer. Berlioz ne peut contenir sa tristesse, ni Musset qui s'écrie : « Le sort ne veut pas que notre pauvre France ait un seul jour d'avenir ; quant au mien, il n'existe plus. Je ne vois plus qu'ennui et tristesse et je n'ai qu'à souhaiter de m'en aller le plus vite possible. » Le peintre Ingres, après avoir envisagé de composer une allégorie sur la mort du duc d'Orléans, qu'il n'aura pas le courage d'achever, confie : « Ma juste douleur ne peut rien ajouter au tableau déchirant de cette situation, de la douleur profonde de cette si admirable famille royale et de ma propre douleur à moi, qui ait éprouvé, mieux que tout autre, ce que valait ce cœur bon, tendre et généreux. Aussi suis-je anéanti et découragé ; je ne fais que pleurer et je le pleurerai longtemps. » L'émotion générale est telle que même ceux qui s'opposent au régime la ressentent, comme Gustave Flaubert écrivant à sa sœur : « Après Mme Lafarge (l'empoisonneuse de Tulle) et la mort du duc d'Orléans, je ne connais rien de plus embêtant. »

La cérémonie terminée, le cercueil prend le chemin de la nécropole de Dreux, où se trouvent les cendres de tous les Orléans, sous un gisant de Loison et Chapu. Un an plus tard, le 13 mai 1843, un décret du gouvernement baptise la ville d'el-Asnam, en Algérie, Orléansville, en sa mémoire, et donne son nom au bataillon des chasseurs à pied créé à son initiative, qui n'est autre que l'ancêtre de la Légion étrangère. Cette même année, la boutique de l'épicier ayant été rasée, Louis-Philippe et Marie-Amélie assistent à la consécration de la chapelle funéraire qui la remplace, édifiée par les architectes Fontaine et Lefranc, avec des vitraux exécutés à Sèvres sur des cartons d'Ingres signant un de ses plus grands chefs-d'œuvre qui consacre les saints patrons de la famille royale auxquels il donne leurs traits, faisant de saint Ferdinand, le duc défunt, de sainte Hélène la duchesse son épouse, de saint Philippe le roi, de sainte Amélie la reine, de saint Raphaël Nemours, de saint Henri Aumale, etc. Le petit sanctuaire de style romano-byzantin, en forme de croix grecque, abrite le cénotaphe de Ferdinand, représenté gisant par Triqueti d'après un dessin d'Ary Scheffer, avec, à son côté, un ange de pierre qui est la dernière œuvre de sa sœur, la princesse Marie d'Orléans, morte deux ans plus tôt. Tous deux sont veillés par l'image de la France étreignant une urne qu'elle caresse de ses pleurs tandis que, d'une autre main, elle brandit un drapeau tricolore. Démontée pour satisfaire aux impératifs de l'urbanisme contemporain, la chapelle a été remontée quelques centaines de mètres plus loin en 1971 et se dresse aujourd'hui à l'angle de la porte des Ternes et du boulevard d'Aurelle-de-Paladines.

Le 28 octobre 1843, la statue équestre de Ferdinand-Philippe, par Barye, est inaugurée à Alger ; face au port, où elle allait demeurer jusqu'à l'indépendance – sa restitution à la France faisait partie des accords d'Évian – avant d'achever sa course à Neuilly. Une réplique, d'abord déposée dans la cour Carrée du Louvre en 1845 puis à Versailles après 1848, orne depuis 1972 le parc du château d'Eu. Ces manifestations honorifiques ne satisfont guère la reine, vieillie de dix ans par l'épreuve, et le roi écrivant à Guizot : « Mon Cher Ministre, je suis bien touché de votre lettre. J'ai besoin de vous voir, de causer avec vos collègues, soit ensemble, soit séparément. Hélas, il n'y a plus de repos pour moi. Je vous attends quand vous voudrez, mais outre vous et vos collègues, je ne reçois personne. » Louis-Philippe réalise-t-il qu'il s'est marié un peu tard ? Comme le fait remarquer Georges Poisson, s'il avait donné suite, dans sa jeunesse, à un projet d'union avec une princesse d'Angleterre, il serait aujourd'hui en âge d'avoir un petit-fils majeur et d'envisager son départ avec sérénité, la succession étant prête. Alors, tandis que le cocher responsable de l'accident s'accable tant de reproches qu'il en devient fou, tout semble désormais figé dans l'intimité de la famille royale, qui laisse l'appartement de Ferdinand-Philippe disposé de la même manière qu'il l'a quitté – y compris l'eau de la cuvette dans laquelle il s'était pour la dernière fois lavé les mains ! –, chacun chuchotant désormais dans un étouffant huis-clos où les plus avisés commencent à entrevoir la fin programmée de la monarchie de Juillet.

Ferdinand Ier ou Louis-Philippe II – quel patronyme eût-il choisi ? – ne régnera jamais, à la douleur de tout le courant libéral français qui rêvait d'un orléanisme modernisé, dont chacun sait qu'il l'aurait incarné à la perfection, répondant aux vœux de tous ceux qui ne supportaient plus le vieux roi que dans l'espoir de le voir remplacé par son fils. Comme le disait si bien sa jeune veuve éplorée, quittant Plombières : « J'ai tout perdu et la France aussi ; elle a perdu celui qu'elle idolâtrait, celui qui la comprenait si bien. » Victor Hugo notant que Ferdinand « était capable et avide de grandes choses, populaires audedans, nationales au-dehors » ; son frère Aumale confiant à un ami : « nous étions quatre mais nous n'étions qu'un ; aucun de nous n'avait une pensée individuelle, nous travaillions tous pour Chartres » ; Joinville, enfin, soulignant, désabusé : « Désormais, le navire allait errer sans chef, sans but, sans boussole, exposé à tous les orages », avant de conclure : « les hommes, comme les principes faisant défaut à la fois, nous retombions dans les gouvernements éphémères. » N'allait-on pas observer, pendant la révolution de 1848, que lors du saccage du palais des Tuileries par les émeutiers, nul n'allait oser forcer la porte du pavillon de Marsan où se trouve l'appartement, demeuré intact, de Ferdinand-Philippe ?

Les conséquences de la mort de l'héritier du trône sont, en effet, catastrophiques pour la monarchie de Juillet, comme allait encore le dire Nemours, trois décennies plus tard, en confiant au cours d'un dîner : « Ce jour-là je compris que le régime était condamné. » Entre Louis-Philippe, qui va sur ses soixante-dix ans, et son petit-fils le comte de Paris, son héritier âgé de quatre ans, il n'y a plus qu'un grand vide, que le Parlement tente de combler, dans les mois qui suivent, pour savoir à qui confier la Régence, en cas de disparition du roi, sa veuve (c'est l'opinion d'Odilon Barrot et de Lamartine), son frère Nemours (c'est celle de Guizot), ou une autre personnalité à élire le moment venu (c'est celle de Ledru-Rollin), tous oubliant que le principe même d'une dynastie, ne procédant plus de Dieu, mais du suffrage de la Chambre, condamne à l'avance un souverain dont on ne sait s'il pourra offrir les garanties nécessaires. Il ne fait plus aujourd'hui de doute qu'Orléans le libéral aurait incontestablement incarné le recours pendant la révolution de 1848 et que, lui régnant, la France serait peut-être restée une monarchie parlementaire, sur le modèle de la Grande-Bretagne ou des royaumes du nord de l'Europe, comme il l'appelait de ses vœux et, avec lui, sa femme, ce que traduisent, à leur manière, Palmerston, chef du cabinet britannique, et Metternich, chef du cabinet autrichien, s'écriant, pour le premier : « C'est une calamité » et, pour le second : « C'est une catastrophe », puisqu'ils commencent à réaliser que, fût-elle contestable, la monarchie de Juillet vaut mieux, pour les vieux trônes, qu'une Seconde République ! Après la duchesse de Dino, supposant que « son règne aurait eu beaucoup de ce qui manque trop à celui-ci, le ressort, l'aiguillon, l'enthousiasme », le poète Bérenger, considérant, comme presque tous les observateurs, que la mort du duc d'Orléans a pour conséquence d'interrompre toute relation de la couronne avec l'élite intellectuelle de la nation, trouve alors le mot de la fin en confiant à son ami Chateaubriand : « Je trouve que la Providence se fait furieusement républicaine. »

Le charme était brisé et justifiait la formule d'Alfred de Vigny : « Quand les princes passent, ils passent toujours trop vite », et celle de Marie-Amélie qui, au lendemain de la révolution de 1848, s'arrêtant à Dreux sur la tombe de son fils avant de quitter la France pour l'Angleterre, s'écria : « Sa mort a été notre ruine ! » De son côté, la veuve inconsolable de Ferdinand-Philippe, qui allait porter le deuil jusqu'à son dernier jour, forte des mots du testament de son mari – « Mon dernier mot sera pour mes enfants et pour ma chère Hélène » –, va désormais se consacrer à deux choses, entretenir le souvenir de son cher disparu en collectionnant, d'une manière quelque peu maniaque, tous ses souvenirs personnels, et éduquer elle-même ses deux fils, le comte de Paris et le duc de Chartres, quitte à s'opposer à son autoritaire beau-père, bien que tous deux soient, au fond, d'accord avec le principe défini par Ferdinand de faire des enfants des lumières, « dans un siècle où il n'y a pas d'autre hiérarchie possible que celle de l'intelligence et de l'esprit ». En marge de la cour, la jeune duchesse n'effectue que de rares apparitions en public, et cultive une aura de mystère à laquelle est sensible un tout nouveau journal, *L'Illustration*. Dans son premier numéro, le 10 septembre 1843, il offre à ses lecteurs son portrait avec son fils aîné, accompagné du récit de sa vie conclu par un hommage à « cette jeune femme qu'un grand devoir soutient entre un deuil éternel et un espoir puissant, entre sa douleur d'épouse et ses conciliations maternelles, entre le respect du passé et les promesses de l'avenir ».

Au lendemain de la révolution de 1848, après avoir tenté, sans succès, d'empêcher Louis-Philippe d'abdiquer puis de soutenir les droits de son aîné au Palais-Bourbon, Hélène s'exile à son tour chez elle, en Allemagne, d'abord à Cobourg, près de sa belle-sœur Clémentine, puis à Ems et enfin à Eisenach, château que la famille de Saxe-Weimar met à sa disposition car ses moyens financiers sont particulièrement réduits. C'est là que cette jeune veuve – « une femme rare » dit d'elle Victor Hugo ! – cultive ses nostalgies, en effectuant quelques séjours en Grande-Bretagne où – joli symbole ! – elle est hébergée par la veuve de Byron. Elle rend visite à Louis-Philippe la veille de sa mort, puis à sa belle-mère au printemps 1858 pour un ultime séjour à Claremont, durant lequel elle s'oppose à ses beaux-frères qui désiraient, comme l'avait voulu Louis-Philippe, se réconcilier avec le comte de Chambord. Elle ne le souhaitait pas, pour ne pas compromettre les chances de son aîné, le comte de Paris, au nom de sa fameuse sentence qui avait scandalisé les légitimistes de l'époque : « Mon fils n'a peut-être pas de droits mais il a des titres et cela suffit », ce qu'elle confirmera dans son testament : « Mes fils se souviendront toujours des principes politiques qui ont fait la gloire de leur maison, que leur aïeul a fidèlement servis sur le trône et que leur père avait adoptés avec ardeur. »

Ayant contracté une mauvaise grippe en soignant son cadet, elle s'éteint à Richmond, au petit matin du 17 mai de cette même année, à l'âge de quarante-quatre ans, et rejoint son mari dans le silence de la chapelle de Dreux, tel un ange qui n'avait fait que traverser l'Histoire, n'emportant pour tout bagage que son amour éternel pour un jeune homme trop tôt disparu et auquel elle ne pouvait survivre, dans la hâte qu'elle éprouvait à le retrouver. Son gisant de la chapelle de Dreux tend la main vers celle de Ferdinand-Philippe, à l'image de cet amour absolu qu'elle lui avait voué dès le premier jour et jusqu'à son dernier souffle. Au tout début de son veuvage, elle avait confié à Mme de Boigne : « J'avais beaucoup pensé, beaucoup raisonné, je me croyais préparée à toutes les éventualités. Il n'y a qu'une chose que je n'avais pas prévue, c'est que je serais la femme la plus malheureuse qu'il y eût au monde. »

Le crépuscule d'une dynastie

Comme le duc d'Orléans l'avait envisagé en rédigeant son testament, son fils aîné, Louis-Philippe, comte de Paris, n'allait jamais régner sur cette France qui lui était pourtant aussi chère qu'à son père, et ce malgré les multiples tentatives de ses partisans et les efforts loyaux de ses oncles, les princes du romantisme. Candidat officiel au trône depuis l'abdication de son grand-père en 1848, mais surtout candidat légitime depuis la mort du comte de Chambord, petit-fils de Charles X, en 1883 qui, n'ayant pas d'enfants, l'avait reconnu pour successeur, il n'était Philippe VII que dans l'exil. Lors de la réception donnée pour le mariage de sa fille aînée, à l'hôtel Matignon, certains invités avaient crié « Vive le Roi ! » et une loi inique avait été votée en 1886 condamnant désormais les chefs des dynasties ayant régné à vivre hors des frontières nationales (jusqu'à ce qu'en 1950 un décret présidentiel l'abolisse au profit de leurs descendants). Malgré la présence d'une foule chaleureuse qui, du château d'Eu au Tréport, l'avait accompagné jusqu'à son embarquement sur un vapeur anglais, il ne devait plus jamais revoir la France.

Pourtant, en digne fils de son père, Philippe ne manquait ni d'allure, ni de courage, ni de panache. Pendant la guerre de 1870 il avait demandé en vain à servir sur le front, comme du reste son frère le duc de Chartres. Très cultivé, passionné de sciences – il fut, sa vie durant, un botaniste et un chimiste distingué –, ce grand et séduisant jeune homme qui avait hérité de la beauté germanique de sa mère, Hélène, ne manquait ni d'idées ni de principes et aurait sans doute pu devenir un excellent roi constitutionnel si les circonstances avaient été différentes et s'il avait vécu davantage, lui qui avait réfléchi sur les problèmes de son temps, notamment ceux de la condition ouvrière à laquelle il avait consacré deux ouvrages. Ce ne furent pas les fils de Louis-Philippe qui disparurent les premiers, mais lui-même, dont la mort, le 8 juillet 1894, à l'âge de cinquante-quatre ans, portait un coup fatal au rêve de rétablissement de la monarchie en France qu'avaient déjà compromis les exigences dérisoires du comte de Chambord, dont la plus célèbre fut le rétablissement du drapeau blanc, dont ni le peuple ni les Orléans ne voulaient, eux qui s'étaient battus depuis un siècle pour les trois couleurs. Mais il ne voulait pas rompre la parole donnée à un homme qui n'en avait guère, négociant par-devant et confiant par-derrière à ses proches : « Je ne veux pas que mon cercueil serve de pont aux Orléans ! »

En fait, la loyauté du petit-fils de Louis-Philippe envers le petit-fils de Charles X se révéla à la longue être un piège abolissant toute chance de restauration, à une époque où elle était envisageable, tant par la composition de la Chambre des députés que par l'appui d'Ernest Renan, s'y déclarant favorable dans son livre sur *La Réforme intellectuelle et morale*, et avec lui une bonne partie de l'opinion publique française. Les Orléans n'avaient pratiquement rien gagné de la chute du Second Empire, à l'exception de la restitution de leur immense fortune – sauf ce qui avait été vendu et qu'ils eurent l'élégance de ne pas réclamer, leurs deux cents hectares de Neuilly composant aujourd'hui le cœur de la commune – et l'autorisation de transférer les cendres de Louis-Philippe et de Marie-Amélie à la nécropole de Dreux où allaient les rejoindre tous leurs descendants, protégés par un splendide parc et le souvenir d'un temps où, sous leurs auspices, la France romantique s'épanouissait comme un enfant protégé par une mère aimante.

De son mariage avec sa cousine germaine, Marie-Isabelle d'Orléans (1848-1919), fille de son oncle Montpensier – car les Orléans, comme les Bonaparte, avaient fini dans l'exil par se marier entre eux –, le comte de Paris laissait quatre filles : Marie-Amélie (1865-1951), reine du Portugal par son mariage avec Carlos Ier (1863-1908), qui mourut dans ses bras, assassiné à Lisbonne ; Hélène (1847-1951), duchesse d'Aoste, par son mariage avec Emmanuel-Philibert de Savoie (1869-1931) ; Isabelle (1878-1965), mariée à son cousin le duc de Guise ; Louise (1882-1958), mariée à Charles de Bourbon, prince des Deux-Siciles (1870-1949). Il laissait aussi deux fils ; Louis-Philippe, duc d'Orléans (1869-1920), marié à l'archiduchesse Marie-Dorothée d'Autriche (1867-1932), et Ferdinand d'Orléans, duc de Montpensier (1884-1921), marié à Marie-Isabelle Gonzalez de Olaneta y Ibarreta (1895-1958). L'aîné, Philippe, duc d'Orléans – Philippe VIII pour ses partisans –, désireux, en 1890, d'effectuer son service militaire, comme tous les conscrits de France, se présenta dans une caserne parisienne, ce qui lui valut d'être arrêté pour avoir enfreint la loi d'exil, incarcéré à la Conciergerie, condamné à deux ans de prison et finalement expulsé du territoire de la République, après avoir glané dans cette aventure le surnom de « prince-gamelle » parce qu'il avait répondu à toute la noblesse de France qui se proposait de lui porter en prison les mets les plus raffinés : « Je me contenterai de la gamelle ! »

À défaut de son pays d'origine, ce prince, très beau comme son père et grand coureur de jupons – il comptait parmi ses conquêtes la célèbre cantatrice Brigitte Melba –, décida de servir dans l'armée britannique, après ses études à l'Académie militaire de Sandhurst, et commença une carrière d'officier qui allait le conduire à servir aux Indes puis en Grande-Bretagne. Devenu par la suite un grand voyageur, à bord de son yacht le *Maroussia*, et surtout un grand chasseur devant l'Éternel – c'était un des meilleurs tireurs de son temps –, il trompa sa frustration de prétendant au trône en s'imposant comme un incontestable spécialiste de la faune mondiale, dont il faisait naturaliser chaque espèce, et constitua une extraordinaire collection, d'abord exposée dans sa résidence de Woodnorton, mais qu'il légua au Muséum de Paris, qu'on peut voir en partie dans la grande galerie, récemment restaurée. Comme ses grands oncles, il n'avait, en s'éteignant à Naples, le 27 mars 1926, plus aucune illusion sur ses chances de monter un jour sur le trône pas plus que sa femme l'archiduchesse Marie-Dorothée d'Autriche qui, ayant un jour demandé au général de Gallifet si elle allait devenir reine, s'entendit répondre : « Oui, madame, si vous divorcez pour épouser le président Carnot. » Quant à son frère Montpensier, officier de la marine espagnole, il consacra lui aussi sa vie à l'exploration du monde, mena nombre d'expéditions en Extrême-Orient, et devint si passionné par cette activité qu'il refusa la couronne d'Albanie que les Alliés lui avaient proposée pendant la Première Guerre mondiale, ou certains avaient – un temps – envisagé de mettre sur le trône un Bonaparte.

Le second fils du duc d'Orléans, le duc de Chartres, qui s'était particulièrement distingué sur le front de la guerre de 1870, sous le pseudonyme, à peine transparent, de « Robert le Fort » qu'avait porté un de ses plus anciens aïeux, laissait à sa mort, en 1910, de son mariage avec sa cousine Françoise d'Orléans (1844-1925), quatre enfants : deux filles, Marie d'Orléans (1865-1907), épouse du prince Waldemar de Danemark (1858-1939) – laquelle fut, non seulement un peintre de grand talent, mais aussi un dynamique capitaine des pompiers de la ville de Copenhague ! –, et Marguerite d'Orléans (1869-1940), épouse de

Patrick de Mac-Mahon, duc de Magenta (1855-1927), propre fils du président de la République, ce qui constitua la plus surprenante union des contraires, ainsi que deux fils.

Le premier, Henri d'Orléans (1867-1901), est connu pour avoir été l'un des nombreux amants de Liane de Pougy mais aussi, dans l'histoire des sciences, un des grands explorateurs de la fin du XIXe siècle, spécialiste, entre autres, du Tibet et de certaines contrées d'Afrique et de l'Extrême-Orient, ce qui lui valut de recevoir, en 1897, la grande médaille d'or de la Société de géographie, avant de succomber du paludisme à Saïgon. Le second, Jean d'Orléans, titré duc de Guise (1874-1958), après son service militaire au Danemark, épousait sa cousine Isabelle d'Orléans (1878-1961) et s'installait en 1909 à Larache, au Maroc, où tous deux exploitaient un domaine agricole en bordure de l'océan. En 1914, comme tous les hommes de la famille d'Orléans, ce dernier fit savoir au gouvernement français qu'il était prêt à servir au front, mais, à l'instar de ce qui s'était passé en 1870, n'obtint qu'un refus du gouvernement républicain. Il n'en retourna pas moins en Europe, pour mettre son château de Nouvion à la disposition de la Croix-Rouge, qui en fit un hôpital militaire, puis il s'engagea comme simple brancardier, tandis que sa belle-mère, la comtesse de Paris, revenait d'Espagne pour ouvrir son château de Randan à tous les blessés. Le duc, par la suite, installa à ses frais une baraque en lisière des champs de bataille, sorte de bistrot gratuit dans lequel il distribuait café, thé, gâteaux, tabac, vivres et vêtements aux poilus qui, ignorant son identité, venaient le visiter entre deux combats, en criant à l'entrée : « Hé, le bourgeois, un jus ! », dévouement qui lui valut de recevoir, en 1918, la croix de guerre des mains de Raymond Poincaré, président de la République.

À la demande du gouvernement français, il conseilla en vain à son cousin le tsar de Bulgarie d'intégrer le giron des Alliés et repartit pour le Maroc où, en 1926, la mort de ses cousins n'ayant laissé aucun héritier mâle fit de lui, par ordre de primogéniture, le prétendant au trône, Jean III. Ce grand timide ne détestait rien autant que les rôles de premier plan et entendait continuer à mener une existence discrète, essentiellement consacrée à l'étude de l'histoire militaire, fort de sa bibliothèque de six mille volumes qu'il allait léguer au musée de l'Armée. Le Maroc lui étant désormais fermé comme tous les territoires de la République, de par la loi d'exil, il s'installa au manoir d'Anjou, dans les Ardennes belges, où il se retira avec sa femme et ses quatre enfants : Isabelle (1900-1983), mariée au comte Bruno d'Harcourt puis au prince Pierre Murat ; Françoise (1902-1953), mariée au prince Christophe de Grèce ; Anne (1906-1986), mariée à Amédée d'Aoste, duc des Pouilles ; et Henri d'Orléans, né en 1908. Recevant, avec son épouse, la plupart des militants royalistes français ou des journalistes venus solliciter ses avis sur la situation politique ou internationale, il ne se priva pas de prendre progressivement ses distances avec l'Action française, qui délaissait la cause du trône pour en servir une autre bien plus sulfureuse, et s'attira de Charles Maurras, cette remarque amère : « J'ai à défendre l'héritage contre l'héritier ! »

Sage entre les sages, ce grand seigneur un peu distant, qui préférait tant l'étude au combat politique, laissant progressivement son fils prendre l'initiative à sa place, s'éteignait le 25 août 1940, jour anniversaire de la mort de son ancêtre Saint Louis. Titré comte de Paris à sa majorité en 1929, son fils unique devenait à son tour prétendant officiel à la couronne de France – Henri VI pour ses partisans –, dans ce temps de débâcle générale où, ne pouvant servir dans les troupes régulières françaises, il s'engagea dans la Légion étrangère sous le pseudonyme d'Orliac qu'avait souvent porté son père. Plus impliqué dans la vie politique que celui-ci, il avait, bien avant la guerre, pris ses distances avec le conservatisme et, renouant

H. Vernet, Musée du Chateau, Versailles. Photo coll. Roger-Viollet

1830. Louis-Philippe, duc d'Orléans, domine la révolution de Juillet, et devient le premier roi des Français à la plus grande satisfaction de la bourgeoisie parisienne et de la génération romantique.

H. Vernet - Musée du Chateau, Versailles. Photo Josse

Le Roi vu par son complice et ami le peintre Horace Vernet, par ailleurs auteur du portrait collectif de Louis-Philippe et de ses cinq fils à cheval, quittant le château de Versailles le jour même de l'inauguration du musée dédié à toutes les gloires de la France.

La reine Marie-Amélie et ses deux derniers fils, Aumale et Montpensier. Elle est, selon Talleyrand, « la dernière grande dame d'Europe ».

V. A. Faure - Musée du Château, Versailles. Photo F. Raux/RMN

Devant le Palais-Royal, fief parisien de la Maison d'Orléans depuis Louis XIV, Louis-Philippe caracole avec ses deux aînés, Chartres et Nemours, image incarnant la légitimité du passé et les promesses de l'avenir.

Le château de Neuilly, thébaïde des Orléans où les enfants de Louis-Philippe et de Marie-Amélie sont élevés dans l'intimité d'une famille moderne et unie.

H. Sebron - Musée du Château, Versailles. Photo RMN

La blonde Louise-Marie d'Orléans, cultivée, raisonnable et réservée, a déjà ce maintien de reine qu'elle va bientôt offrir à ses futurs sujets lors de son mariage avec Léopold Ier, roi des Belges. Sa brève destinée interrompue par la tuberculose fait d'elle une figure éminemment romantique dont le peuple belge conservera un tendre souvenir.

A. Scheffer - Musée de Condé, Chantilly. Photo Bridgeman Giraudon

La brune, expansive, rebelle et sensible Marie d'Orléans est tout le contraire de sa sœur aînée, elle qui se prépare à devenir une authentique artiste aussi créative que passionnée, comme sa future consœur Camille Claudel.

L. Isabey - Musée du Château, Versailles. Photo Josse
P. Lafaye, Musée du Château, Versailles. Photo RMN

Surprise dans son appartement-atelier, au rez-de-chaussée du palais des Tuileries, la princesse Marie y modèle non seulement ses sculptures, mais encore y lance la mode si romantique du néogothique et même du goût de la brocante, à l'instar de son contemporain Honoré de Balzac, appelant, lui, ce violon d'Ingres : la « bricabracomanie ».

Très cultivée comme sa sœur Louise-Marie, un peu artiste comme Marie mais infiniment plus mondaine, la très belle Clémentine d'Orléans, devenue princesse de Saxe-Cobourg-Gotha, se prépare à régner sur l'Europe des salons.

Musée de la Coopération, Blérancourt. Photo F. Raux/RMN
F. X. Winterhalter. Coll. particulière. Photo Josse

A. van Ysendyck - Musée du Château, Versailles. Photo Bridgeman Giraudon

Sanglé dans son uniforme de hussard, le très jeune duc de Nemours, à l'élégance irréprochable, offre déjà à la postérité son apparence de prince-chevalier, tel un héros d'Alfred de Vigny dans *Servitude et Grandeur militaire*.

Avec cinq fils et trois filles, la famille de Louis-Philippe semble bénie des dieux et le Roi sait fort bien en jouer, qui utilise cette image de bonheur à des fins politiques.

A. Scheffer - Musée de Condé, Chantilly. Photo Bridgeman Giraudon

Héritier du trône, Ferdinand-Philippe, duc de Chartres, apparaît bien aux yeux de ses contemporains comme le Prince charmant par excellence à cause de sa beauté, de son charme, de son courage au feu, de sa culture, et plus encore de la modernité de ses idées politiques.

À nouveau réuni avec ses fils, Orléans et Nemours, sous les arcades du Palais-Royal, Louis-Philippe incarne avec eux les vertus militaires tant à la mode depuis la fin du règne de Napoléon.

avec la tradition libérale des Orléans, fondé une première revue, *Questions du jour*, puis une seconde, *Le Courrier royal*, tout en tentant de ranimer les réseaux monarchistes français. Il finit par rompre avec l'Action française, ce qui lui valut le surnom de « prince rouge ». Retourné au Maroc en 1942, il tenta de jouer un rôle en s'opposant à l'amiral Darlan et en soutenant le général de Gaulle, avec lequel il allait entretenir pendant de longues années des relations complexes, faites d'admiration réciproque et de défiance, peut-être parce qu'il croyait que « l'homme du 18 juin » lui céderait un jour sa place.

Après avoir successivement résidé en Espagne, au Portugal, au Brésil et en Belgique, la loi d'exil le frappant ayant été enfin abolie, le 22 juin 1950, à l'initiative de Vincent Auriol, il revint enfin en France qu'il n'allait plus quitter jusqu'à la fin de ses jours, jouissant du statut de prétendant légitime qui lui donnait une place symbolique dans les institutions, à la plus grande satisfaction de l'opinion publique qui admettait parfaitement que celui qui aurait pu être le roi de France, ou des Français, pût vivre avec les siens dans son pays et même figurer, dans certaines cérémonies, aux côtés des présidents de la République. Il le fit lors des fêtes célébrant le millénaire capétien, au cours desquelles il sembla si bien s'entendre avec François Mitterrand qu'il connaissait personnellement depuis bien longtemps. Un temps président de la Croix-Rouge, promoteur de la fondation Saint-Louis, le comte de Paris, auteur d'intéressants *Mémoires*, maintes fois grand-père et arrière-grand-père, s'éteignait en 1999, laissant de son mariage avec sa cousine Isabelle d'Orléans, morte en 2003, onze enfants parmi lesquels Henri d'Orléans, actuel comte de Paris, chef officiel de la maison de France et, comme tel, légitime prétendant au trône des lis, comme le fut jadis son ancêtre Chartres, pour qui battit si fort le cœur de certains Français.

TROISIÈME TABLEAU

Louise-Marie, la reine morte

« La gloire est le deuil éclatant du bonheur. »

GERMAINE DE STAËL

Une mariée bien réticente

Le 9 août 1832, en cette année marquée par la publication de *Stello* de Vigny, du *Colonel Chabert* de Balzac, d'*Indiana* de George Sand et de *Spectacle dans un fauteuil* de Mérimée, alors que la monarchie de Juillet effectue ses premiers pas, la cour de France se réunit au château de Compiègne où chacun arbore grande toilette, brillants uniformes pour les hommes, comme on les aime depuis l'Empire, robes amples pour les dames, avec ces manches en gigot si caractéristiques de l'époque et ces chapeaux relevés de plumes d'autruche, avant de se rendre en grand cortège à la chapelle à présent bourdonnante de monde, de murmures et de regards. Chacun installé à sa place, le roi Louis-Philippe, en grand uniforme de général de la Garde nationale, paraît alors en dernier, avec, à son bras, sa fille aînée de dix-neuf ans, en robe lamée d'argent, puisque ce jour est celui où il vit, selon la jolie expression de son Victor Hugo, « ce bonheur désolant de marier sa fille », qui plus est à Compiègne, parce que Mgr de Quélen, légitimiste obstiné, a naturellement refusé de prêter sa cathédrale, pour la même raison qu'il allait invoquer plus tard lors du mariage du duc d'Orléans.

Ému comme n'importe quel père, le roi conduit sa fille à l'autel où l'attend son fiancé, le roi des Belges Léopold Ier, martialement sanglé, le visage grave derrière ses amples favoris blonds, scène qu'immortalisent à la fois Court et Mathieu, sans représenter les pleurs de la jeune fille, ceux de sa mère et ceux de ses dames, désolées de voir la chère enfant les quitter pour un petit royaume, peu éloigné de Paris, mais dont on ignore s'il va survivre à ces révolutions qui, un peu partout en Europe, sèment le vent de la liberté avec son cortège de barricades, de drapeaux déployés et de pavés lancés à la face des dynasties pour réclamer le progrès social et l'affranchissement des peuples. Imaginer que, dans quelques heures, la pure Louise, jeune fille si attachée à ses parents, ses sœurs et ses frères, va être brutalement jetée dans le lit d'un séducteur patenté les chagrine aussi. Si le roi des Français, toujours imbu du prestige personnel de sa famille, est enchanté de faire de sa fille aînée une reine, celle-ci est beaucoup moins enthousiaste à l'idée d'épouser un homme de vingt-deux ans son aîné, grand barbu aux traits froids, au caractère rigide et pontifiant, et qui a la réputation d'être un coureur de jupons.

Cependant, on ne l'a pas forcée puisque jamais Louis-Philippe et Marie-Amélie n'auraient contraint celle qui, avec Ferdinand-Philippe, est probablement leur enfant préféré – dans l'intimité, ils la surnomment Love ou Babonne – à conclure une union qui lui aurait brisé le cœur. En digne princesse de France, elle connaissait son devoir et avait acquiescé, pensant qu'elle devait cette compensation aux siens, en particulier à son frère cadet Nemours, qui avait dû refuser le trône sur lequel elle allait s'asseoir. Pourtant, jusqu'au dernier moment elle hésite, et le public déjà massé à la chapelle ignore que, quelques jours avant la cérémonie, le roi et sa fille en larmes ont eu une franche explication, au cours de laquelle Louis-Philippe lui lançait : « Louise, je veux que tu me parles sincèrement : est-ce que Léopold te répugne ? Ou est-ce parce que tu as peur du mariage ? Je sais bien que l'affaire est assez avancée, mais enfin si tu ne veux pas l'épouser, tu ne l'épouseras pas. Personne ne te le reprochera. Ta mère et moi, s'il le faut, prendrons sur nous tout le blâme de cette affaire. Quant à la politique, eh bien, si tu ne veux pas de Léopold, peut-être que Marie ou Clémentine l'accepteraient. » Il avait ajouté : « Toutefois, il faut que tu comprennes, il faut que tu saches que, si tu refuses Léopold, tu seras très difficile à marier. »

Alors l'Iphigénie romantique s'était armée de courage, ce qui la conduisait aujourd'hui à prononcer un oui timide d'abord devant Mgr Gallard, évêque de Meaux, ensuite devant le révérend Goepp, le pasteur, puisque son mari est de confession protestante, au grand soulagement du comte Le Hon, ambassadeur de Belgique en France et artisan de cette union, dont l'épouse Fanny échangea ce jour-là un regard complice avec le duc d'Orléans, frère de Louise, puisqu'elle est une de ses maîtresses. La jeune épouse, dans ses voiles, ne le remarqua pas, elle qui confiera à son journal qu'elle offrait, ce jour-là, à son mari, « un cœur entièrement pur qu'aucun autre attachement n'a captivé ni même ému », ce qui n'était pas le cas de Léopold, vers qui, pendant la représentation théâtrale qui suivit le dîner, *Picaros et Diego* de Dupaty, le comédien principal s'avança pour débiter,

> « Oui c'en est fait, je me marie.
> Je veux vivre comme un Caton
> Il fut un temps pour la folie,
> Il en est un pour la raison. »

Ce quatrain fit pouffer de rire tout le parterre, à l'exception de la jeune épouse rougissante qui, terrorisée le premier soir par l'idée de passer sa nuit dans le même lit qu'un inconnu qui avait l'âge d'être son père, appelle la reine au secours. Le roi des Français fait patienter celui des Belges, lui expliquant que cela passerait et qu'il ne fallait pas s'inquiéter. Le lendemain, tout Paris s'en amuse, à l'exception d'un des plus fervents admirateurs de Louise, Alfred de Musset, naguère si sensible au charme de la princesse, et qui s'inspire de son mariage pour *Fantasio* où le vieux prince de Mantoue épousant sa donzelle n'est autre que Léopold II croqué par le poète.

Lorsque les fêtes d'épousailles se terminent enfin, après que Louis-Philippe eut bien promené son gendre dans la forêt de Compiègne et régalé ses invités de concerts, de théâtre, de bals et de soupers, parmi lesquels une grandiose réception donnée aux Tuileries, dont un grand tableau d'Atthalin conserve le souvenir, la tribu des Orléans regagne Paris, éplorée d'avoir vu partir, le 13 août, dans leur berline de voyage attelée à six chevaux, les souverains belges vers leur terne palais de Bruxelles – à la belle saison, Laeken était plus gai. Marie leur écrit : « Je n'oublierai jamais que c'est dans la tristesse que je vous ai quittés, ainsi que tout ce qui m'est cher au monde, emportant pour toute compensation à mon douloureux sacrifice l'espoir d'un bonheur que je ne comprends pas encore. » Mais – divine surprise ! – une autre lettre arrive, quelques jours plus tard, dans laquelle Louise fait savoir qu'elle est infiniment comblée et qu'elle ne regrette rien, précisant : «... je suis si heureuse... je l'aime et je l'estime surtout profondément... Mon cœur eût choisi qu'il n'eût pas choisi autrement », mettant ainsi en application cette remarque de Balzac, si attentif aux évolutions du cœur : « La femme comprend tout par l'amour ; quand elle n'entend pas, elle sent ; quand elle ne sent pas, elle voit ; quand elle ne voit, ni ne sent, ni n'entend, cet ange de la terre vous devine pour vous protéger et cache ses protections sous la grâce de l'amour. »

Consolider l'amitié de la France avec ce petit État placé à la frontière nord du pays, la plus traditionnellement menacée, n'était pas une si mauvaise idée, et apportait une aura de gloire bien nécessaire à la dynastie d'Orléans, si mal perçue dans le gotha européen, comme l'écrivit Alexandre Dumas : « La fille aînée de Louis-Philippe épousait le roi des Belges. Il est vrai que c'était un roi de plus nouvelle création encore que Louis-Philippe ; il est vrai qu'il régnait sur un mince royaume ; mais enfin, c'était un roi ! » Louise-Marie est-elle vraiment aussi heureuse qu'elle le dit, ou s'en persuade-t-elle en idéalisant sa nouvelle existence ? Il est difficile de comprendre cet être secret qui semble se résigner à une couronne dans laquelle la notion de bonheur n'a pas cours, comme un tabou qu'elle ne saurait jamais effacer, même si elle écrit, dans une lettre à ses parents cette phrase en demi-teinte : « Il me semble que c'est un rêve. Je ne puis croire que je sois la femme, le bien d'un homme, qu'il m'aime, que je suis mariée et que toute ma substance est changée. » Quelle plaie d'être une princesse et de sacrifier sa vie au devoir, quelle difficulté d'abandonner son état de petite-fille d'une famille nombreuse pour celui de reine, point de mire de tous les regards, quand il serait si délicieux de se cacher dans un trou de souris pour observer le monde et non l'incarner, qu'il est difficile, en un mot, de devenir adulte et dans ces conditions !

La si raisonnable cadette de la maison d'Orléans

Née le 12 avril 1812 à Palerme où elle avait passé sa petite enfance entre oliviers et orangers, Louise-Marie-Thérèse-Charlotte-Isabelle d'Orléans avait reçu une éducation particulièrement soignée, dans laquelle la religion tenait une place prépondérante. Sa mère raconte dans son journal la communion de ses filles : « Elles avaient des blouses d'organdi et des pèlerines brodées de fil plat. Sur la tête, des petits bonnets et des voiles imitant la dentelle, travaillés par moi. C'est l'abbé Guillon qui a célébré la messe à l'église paroissiale. À leur recueillement, leur modestie, leur tendresse, on eût pris mes petites filles pour deux petits anges. Louise, qui est faite pour le ciel, n'a fait que pleurer pendant toute la cérémonie. » Cela n'empêchait pas cette enfant digne de figurer dans un des romans de la comtesse de Ségur d'avoir aussi du caractère et de tenir tête, à quatre ans, à son aîné Chartres, lorsqu'il s'écriait, à l'annonce de la défaite française de Waterloo qui consacrait pourtant la chute de leur adversaire Napoléon :

— Ne vous affligez pas, maman, quand je serai grand, j'irai à Berlin et je battrai ces vilains Prussiens qui ont fait tant de mal à la France. Et je vous enverrai les armes et les drapeaux que je leur aurai pris pour que vous les mettiez au Palais-Royal.

Entendant ces fortes paroles, Louise renchérissait :

— Chartres, tu me donneras des armes à moi aussi pour que je batte ces vilains Prussiens.

— Non, Louise, je ne t'en donnerai pas parce que tu es une fille et que tu devras rester avec maman !

— La belle affaire ! Est-ce que Jeanne d'Arc n'était pas une fille ? Elle a eu l'épée et le drapeau ; je puis donc bien les avoir aussi.

Très cultivée et quelque peu artiste, comme toute sa famille, Louise-Marie avait appris sans difficulté l'anglais, l'allemand et l'italien, l'histoire, la littérature, la harpe et le dessin, dans lequel elle excellait sans prétention mais avec une sensibilité reconnue. On souhaitait déjà lui trouver un jour une haute position, même avant que son père n'accédât au rang de souverain, l'ayant depuis longtemps promise à son cousin germain, le duc de Calabre, héritier du trône de Naples, voire à quelques autres princes des dynasties italiennes, mais sans que les tractations matrimoniales pussent aboutir, en raison des prétentions de la cour de Naples. Le destin cependant avait interrompu ce projet lorsque en janvier 1830, le prince Léopold de Saxe-Cobourg la demandait en mariage. Fils de François, prince héréditaire de Saxe-Cobourg, et de sa deuxième épouse Caroline de Reuss zu Ebersdorf, celui-ci, né à Cobourg, le 16 décembre 1790, était à l'origine l'héritier de la principauté de ses ancêtres, mais sa famille ayant été chassée par la Révolution française, il s'était engagé dans l'armée russe. Cela lui avait donné l'occasion de combattre les armées de Napoléon qui, après l'avoir rencontré, l'avait taxé d'un qualificatif flatteur : « Le plus beau prince d'Europe. » Naturalisé anglais, il avait épousé, en 1816, la princesse Charlotte, fille unique de George IV, héritière du trône de Grande-Bretagne, mais elle s'était éteinte l'année suivante en donnant naissance à un enfant qui n'avait pas survécu.

Frustré d'abandonner un destin national et pensant que toute influence lui était à présent refusée, il s'était consacré à sa vie privée et avait conclu un mariage morganatique avec la danseuse Karoline Bauer, dont il était épris depuis plusieurs années, et avec qui il menait une existence discrète. L'actualité politique le ramena bientôt sur la scène. D'abord les chefs de la révolution grecque s'étaient entichés de lui, jusqu'à lui proposer le trône d'Athènes, qu'il avait refusé avant de s'en repentir par la suite. Puis la révolution belge éclatait car les Wallons, enflammés par les émeutiers de Paris soumis depuis le congrès de Vienne à l'autorité du roi des Pays-Bas, Guillaume, se révoltaient à leur tour. Profitant de ce que l'Autriche, la Russie et la Prusse ne pouvaient apporter au roi des Pays-Bas l'aide qu'il leur réclamait, au motif qu'ils étaient trop occupés par la révolte de la Pologne au nord et des États italiens au sud, un immense mouvement patriotique liguant aussi bien les ouvriers que la jeunesse estudiantine, l'armée, les fonctionnaires et les intellectuels, avait raflé la mise, sous le regard bienveillant de Londres, qui regardait d'un bon œil l'instauration d'une monarchie constitutionnelle à Bruxelles.

Or précisément le 4 juin 1831, le nouveau Congrès national belge élisait Léopold, en remplacement du duc de Nemours qui n'avait pas accepté la couronne. Il dut rompre son mariage avec Karoline Bauer puisqu'il lui fallait désormais une reine à ses côtés. Pourquoi pas cette princesse française pour équilibrer les bonnes relations internationales avec un Saxe-Cobourg protégé de Londres sur le nouveau trône et une Orléans protégée par Paris ? Ce mariage, qui scellait l'amitié entre les deux nations, constituait une première puisque cette dynastie était nouvelle et qu'on comptait sur Louise-Marie pour lui imprimer son style personnel, dès lors qu'elle était française et que, pour les Belges, c'était de France que venaient les idées progressistes, eux qui venaient de demander à un Français – Alexandre Dedret – de composer leur hymne national, *La Brabançonne*. C'est dire si le nouveau roi connaissait bien celle qu'il avait choisie puisqu'il l'avait fait sauter, enfant, sur ses genoux, ayant pu, au fil des années, apprécier sa beauté un peu froide, sa réserve naturelle, son chic « inné » ainsi que son inépuisable sollicitude envers les autres.

Le style d'une reine

Installée au palais royal donnant sur le parc de Bruxelles, ancienne résidence de l'archiduchesse Christine jadis régente des Pays-Bas, ou dans le plus bucolique château de Laeken, décoré d'un superbe mobilier français offert par son père – naguère celui de l'impératrice Joséphine à Saint-Cloud –, Louise-Marie sait mêler l'autorité et la simplicité, les vertus familiales et le contact privilégié avec le peuple. Elle y ajoute un catholicisme de bon aloi et la stricte observance d'une étiquette minutieuse. Son élégance apparaît sur les portraits d'elle par Court, Dubufe, Winterhalter – une fois en robe blanche, une autre en robe noire –, Keyzer, Fournier, Saunders et même, à cheval, par Wappens et Verboeckoven. Bien décidée à aider son mari, roi démocrate entre tous, elle prend un réel plaisir à tenter de concilier les contraires, de reconstruire Bruxelles et de moderniser l'économie nationale, en particulier grâce à l'installation du chemin de fer en 1835 qui fait de la capitale le principal nœud ferroviaire d'Europe. Elle reçoit dans son palais, avec une bonne grâce reconnue de tous, les députés, sénateurs, ministres, diplomates, chefs d'État et, avec eux, la nombreuse parenté du souverain qui peuple les cours d'Europe. Au bout de quelques années, sa timidité naturelle se mue en une aisance placide qui finit enfin par en imposer, voire à consolider ce trône au départ si fragile.

Son sens aigu du devoir ne l'empêche pas de manifester un certain humour quand elle dit : « Tout va lentement en Belgique, excepté le chemin de fer », ou encore : « Léopold compte que ses années passées en Belgique seront décomptées de ses années de purgatoire », à quoi son mari rétorque : « Pas de propos légers, madame ! » Malgré tout, dans le secret de son intimité profonde, le monde de la cour l'ennuie. Elle préfère de romantiques randonnées à la campagne, la découverte des vieux monuments du plat pays, comme la cathédrale d'Anvers, ou de longues promenades sur la grève, ponctuées de bains de mer, à Ostende de préférence, où le roi possède une villa, dans le Langestraat, Ostende où, dit-elle, « je nage, je flotte, je m'amuse royalement », ce qui ne nuit nullement à sa popularité, ses sujets appréciant sa modestie, sa discrétion et sa tolérance politique et religieuse. Ce n'est pas rien dans une capitale ouverte à toutes les influences, accueillant chaleureusement les proscrits de l'Europe, les anciens conventionnels régicides, les insurgés italiens aujourd'hui, les opposants au coup d'État de Louis-Napoléon

Bonaparte demain, qui se croisent au café des Mille Colonnes, devenu, de Buonarotti à Karl Marx, en passant par Giuseppe Manzini et Victor Hugo, le plus intense laboratoire idéologique du XIXe siècle.

Destinée à pérenniser la nouvelle dynastie belge, la reine remplit très consciencieusement ses devoirs en donnant quatre enfants à son mari, malgré un dégoût évident pour ces grossesses qui minent peu à peu sa santé, l'empêchant de surcroît de se livrer à son seul véritable plaisir, l'équitation, tout en passant sa vie à imaginer qu'elle va mourir en couches. Un premier enfant, mort en bas âge, est suivi de Léopold – « Léopish » en famille –, titré duc de Brabant, né le 14 juillet 1833, de Philippe, comte de Flandre, né le 27 mars 1837 et de Charlotte, née le 7 juin 1840, qu'elle va élever avec cette tendresse et cette rigueur, parfois très stricte, apprise chez ses parents. Peu à peu, elle se transforme en une seconde Marie-Amélie, et Victor Hugo constate que « la reine des Belges ressemble à la reine des Français, à l'âge près ». Cela est bien visible dans le tableau de Decaisne qui la représente tenant son aîné dans ses bras sur la terrasse du palais de Bruxelles, si fière d'exhiber à la postérité celui qui allait devenir un jour le deuxième roi des Belges.

Cette similitude de vues et de comportement se renforce par l'échange d'une volumineuse correspondance entre la mère et la fille, presque quotidienne. La famille finit par trouver excessif, pour ne pas dire pathologique, ce courrier qui montre surtout que, malgré l'amour sincère qu'elle porte à son mari, Louise éprouve le plus grand mal à couper le cordon ombilical avec les siens, demeurant, au fond, plus la fille de celui-ci que son épouse. Léopold semble être pour elle une sorte de père de substitution, comme elle l'écrit, non sans lucidité : « J'ai craint de le gêner ; je ne redoute rien plus que de l'ennuyer, de le fatiguer, de lui être à charge… par la crainte de paraître bien enfant et bien déraisonnable. » Outre ces centaines de lettres dans lesquelles la jeune reine raconte longuement ce qu'elle fait et ce qu'elle ne fait pas, ce qu'elle pense et ce qu'elle ne pense pas, ce qu'elle aime et ce qu'elle n'aime pas, il lui faut appeler sans cesse la famille à son secours. Les visites de la reine de France à Bruxelles se succèdent au rythme des années, le plus souvent avec Marie ou Clémentine, ce qui ne doit pas aider Louise à mûrir.

« Je n'ai rien de transcendant, rien qui me fait remarquer du commun des femmes. » Un tel complexe d'infériorité est pourtant totalement infondé quand on connaît son évidente créativité, sa sensibilité artistique, sa culture et ses jugements politiques avertis. Louise-Marie s'est constitué une remarquable bibliothèque dans laquelle les classiques voisinent avec la littérature contemporaine dont elle fait ses délices, commente avec pertinence les *Mémoires* de Mme de Staël ou celles de Bourrienne, le *Chatterton* de Vigny ou le *Jocelyn* de Lamartine, les œuvres de Milton, de Goethe, de Manzoni et même de Proudhon qu'elle connaît aussi bien qu'une Delphine de Girardin ou une Marie d'Agoult. Elle est ainsi en phase avec une époque où les femmes s'émancipent intellectuellement, quitte à signer leurs livres de pseudonymes masculins, possèdent des bibliothèques personnelles sans se croire obligées de demander conseil à leur mari et ouvrent leurs propres salons dont le rayonnement éclipse ceux de la vieille noblesse. Sans aller jusqu'à George Sand qui appelle ses consœurs à la révolte contre le fait que « le monde trouve tout naturel que les femmes ne comptent ni dans l'ordre social ni dans l'ordre moral » et que leur état est celui d'un « imbécile et ignoble métier de dupes ».

Très éprise d'art, comme tous les siens, la jeune reine acquiert des tableaux pour lesquels elle éprouve une véritable passion – « J'ai le coup d'œil assez juste, note-t-elle, leurs défauts et leurs beautés me frappent » –, allant jusqu'à les copier parfaitement, à la plus grande satisfaction de son ancien professeur, Redouté, qui, en 1836, lui dédie son album *Choix des plus belles fleurs*, ou à transcrire, dans son album de cuir au fermoir de bronze ciselé, ses aquarelles et ses dessins les plus personnels. Enfin, secondant dans sa passion pour la musique son mari, à qui Berlioz dédie sa *Marche des pèlerins* et plus tard, César Franck, trois de ses trios, elle organise des concerts au palais, l'accompagne à l'Opéra et reçoit les compositeurs ou interprètes de passage, parmi lesquels Paganini ou Johann Strauss. Parlant le néerlandais, ce qui est indispensable dans ce royaume coupé en deux par la barrière linguistique, elle le fait apprendre à ses enfants par l'écrivain Henri Conscience. Rien ne lui échappe de la vie politique belge, et elle avoue sans embarras – il est vrai qu'elle a coutume de préciser « je dis tout sans me gêner » – : « Ce que je veux, c'est un ministère de gauche ou, si le mot vous effraie, de centre gauche, avec une nuance plus forte vers la gauche. »

La fille aînée du roi-citoyen a donc la fibre démocratique et sociale et, de ce fait, n'oublie pas les plus déshérités, fondant en 1833 une école catholique pour des jeunes filles des familles ouvrières, ainsi qu'une institution pour former et loger les jeunes dentellières. Elle préside quantité de bonnes œuvres et, en un mot, devient plus belge que française, ce que regrette Mme de Boigne notant : « La reine Louise a été obligée d'adopter les habitudes de son mari, mais elle les tempère par la bonne grâce de ses formes personnelles. Néanmoins, la raideur commence à la gagner, et cela est inévitable. » À vrai dire, Louise-Marie ne se désintéresse pas de sa patrie, parcourt avec avidité la presse parisienne et tremble à l'annonce de chacun des attentats perpétrés contre son père. Elle n'est jamais aussi heureuse que lorsqu'elle effectue un voyage officiel en France ou lorsque son frère, Ferdinand, vient la voir à Bruxelles, avec sa jeune épouse. Avec eux, elle amorce d'interminables entretiens politiques, tous trois étant persuadés que le libéralisme constitue la seule solution offerte aux monarchies, ce qui la pousse à reprocher à son père le transfert des cendres de Napoléon qu'elle appelle un coup de bluff, à railler Thiers, qu'elle baptise « l'odieux nain », et à s'intéresser particulièrement aux affaires algériennes auxquelles, selon elle, ses frères accordent trop d'importance.

Le couple royal de Belgique et celui de France entretiennent des relations privilégiées, une vieille amitié unissant Louis-Philippe à Léopold. Ce dernier conseille son beau-père et favorise les relations qu'il tente d'amorcer avec sa propre nièce, la reine Victoria. Le processus de rapprochement diplomatique entre la Grande-Bretagne et la France s'accélère et cela sert l'intérêt de la Belgique qui passe par de bonnes relations entre les deux nations phares de l'Europe. Le roi Léopold est l'oncle du prince consort Albert et tous deux – qui se ressemblent d'une manière stupéfiante – s'entendent à merveille, ce qui conduit leurs épouses, Victoria et Louise-Marie, qui ont de nombreux points communs, à devenir les meilleures amies du monde. Le couple royal britannique séjourne régulièrement à Bruxelles et le couple royal belge fait de même à Windsor, quand ils n'échangent pas maintes correspondances et petits cadeaux. Témoin ce secrétaire orné de camées en porcelaine, réalisé par la manufacture de Sèvres et offert par la reine des Belges à la reine de Grande-Bretagne et d'Irlande, toujours conservé à Buckingham Palace.

Cette assistance mutuelle est très nécessaire, puisque Léopold, après être parvenu habilement à réunir dans ses combinaisons ministérielles les catholiques et les libéraux, joue un rôle diplomatique très actif sur la scène européenne.

Celle-ci occupe le centre du continent et il lui faut un bouclier contre les visées expansionnistes de ses voisins, en particulier la Prusse. C'est pour cette raison que le couple fait tout ce qui est possible pour réconcilier la Grande-Bretagne et la France. Il arrive que Louise-Marie se transforme en éminence grise. Pour préparer la rencontre des deux chefs d'État, elle écrit à sa mère : « Il sera bien nécessaire, je pense, d'endoctriner l'excellent père sur plusieurs points, et de lui recommander de ne pas parler politique à Victoria... Victoria ne parle jamais de politique. Elle est naturellement défiante et craint toujours d'être entreprise ou de s'engager en parlant... D'ailleurs, si j'ose dire, c'est encore plus le père de famille que le roi que Victoria veut voir. Vous comprendrez cette nuance. L'excellent père doit donc être naturel, paternel, patriarcal, dans ses façons, comme il l'est toujours. »

Ainsi est-ce tout naturellement qu'ils se trouvent au château d'Eu, le 2 septembre 1843, lorsque se produit cet événement si extraordinaire : la visite de la reine Victoria au roi Louis-Philippe, événement exceptionnel et ressenti comme tel puisque aucun roi d'Angleterre n'avait posé le pied en France depuis... Henri VIII, reçu par François Ier au Camp du Drap d'or. Plusieurs tableaux réalisés par une équipe de peintres (Dauzats, Johannot, Couder, Fort, Isabey, Biard, Le Poitevin, Girardet, Lami) embauchés par le roi fixent ces cinq journées mémorables où la famille d'Orléans est sur le pied de guerre pour accueillir avec faste le couple royal britannique et le séduire, à coups de promenades dans le parc, de soupers au château, de représentations théâtrales ou musicales, dans lesquelles chacun prend sa part : Joinville, Aumale et Montpensier multiplient les attentions, la duchesse d'Orléans et Clémentine prodiguent les amabilités, Louise-Marie guide leurs hôtes dans les méandres de l'esprit français. Point d'orgue diplomatique de la monarchie de Juillet, la visite de

Victoria à Eu est un grand succès pour Louis-Philippe et sa famille, malgré les fausses notes du corniste Vivier, de l'Opéra, qui font pouffer de rire les invités, et malgré la déception du docteur Blache quand il regarde la reine de Grande-Bretagne : « Elle a beau être couverte d'une robe à fleurs d'or et avoir des diamants à profusion, sa tournure est commune et elle est loin d'avoir l'air aussi grande dame que notre reine ! Sa figure, généralement gracieuse, a pourtant besoin d'être animée par le sourire, car au repos, quand elle est un peu sérieuse, elle a deux sillons (naso-labiaux) qui lui donnent l'air disgracieux ; ensuite quand elle rit ou qu'elle parle, elle relève sa lèvre supérieure si haut qu'on aperçoit les gencives d'une manière désagréable ! »

Quelques années plus tard, Louise sert encore d'intermédiaire pour préparer le voyage officiel du roi des Français à Londres et conseille à Victoria : « Mon père est une de ces personnes qu'il est très facile de contenter. Sa vie si mouvementée l'a habitué à tout et fait qu'il trouve toutes les installations parfaites pour lui. Il n'y a qu'une chose qui lui soit très difficile de faire, c'est d'être prêt de bonne heure. Il vaudrait mieux pour lui de ne paraître qu'au lunch ou au dîner, si vous aviez l'amabilité de le dispenser du déjeuner. Quant à ses appartements, un lit très dur et une grande table pour ses papiers sont les seules choses qu'il demande. Il dort généralement sur un matelas de crin de cheval avec une planche de bois dessous. Ayez la bonté de lui commander du bouillon de poule – avant de la prier de lui éviter de "faire le jeune homme, monter à cheval, aller et venir comme s'il avait vingt ans et de ne trop manger". » Ces différents échanges enfin permettent à Léopold, plus lucide que son beau-père, de lui faire part, à de nombreuses reprises, de ses inquiétudes devant les mécontentements sporadiques de la rue envers la monarchie de Juillet. Le roi n'y prête aucune attention : « Rassurez vous, mon gendre, ce ne sont ni les banquets de veau froid, ni les Bonaparte qui me désarçonneront ;

je suis trop ferme sur mon cheval. » Ces propos ne convainquent pas le roi des Belges qui confie au duc de Saxe-Cobourg : « Mon beau-père sera chassé sous peu comme Charles X. La catastrophe éclatera inévitablement en France et, par suite de cela, en Allemagne ! » Mauvais présage qui assombrit chaque jour davantage son épouse, soucieuse de ce qui peut arriver à ses parents, à ses frères, à ses belles-sœurs et à leurs enfants, et qui se demande toujours ce que les Parisiens peuvent bien reprocher à une famille si simple, si patriote et si fortement désireuse de travailler au bonheur public, comme elle le fait elle-même à Bruxelles et comme le fait sa chère amie Victoria à Londres !

Les solitudes de la première dame de Belgique

C'est que la reine des Belges se sent bien seule depuis qu'elle a compris que son mari a pris l'habitude de rechercher loin d'elle les consolations affectives et sexuelles qu'il ne trouve plus dans la chambre conjugale. Léopold, comme son fils après lui, est un grand amateur de femmes, qui eut parmi ses conquêtes, outre la très belle Karoline Bauer, Dolly de Ficquelmont et lady Ellenborough. Depuis le début de son règne, il ne manque jamais de déshabiller, du regard d'abord, dans la réalité plus tard, tout joli minois qui, pour une raison ou une autre, pénètre dans son palais. Tel est, parmi d'autres, le cas de la charmante Arcadie Claret, qu'il s'est arrangé pour marier à un de ses amis de Cobourg, qu'il a installée dans un hôtel discret, à qui il a fait deux fils, Georges et Arthur, malgré l'hostilité de Bruxelles, huant la favorite à chacun de ses déplacements en calèche, avant de l'élever au rang de baronne von Eppinghoven. Louise-Marie, une fois de plus, se résigne et, « si accoutumée à être seule », comme elle le répète souvent, se contente, dans sa fierté blessée, de prendre de la hauteur, restant chez elle à lire mélancoliquement un livre ou à terminer un tableau, tandis que Léopold chasse, se promène dans les villes d'eaux ou s'amuse avec Arcadie. Seule la romancière Charlotte Brontë, très experte en psychologie, remarque la détresse de la jeune souveraine et observe au cours d'une cérémonie officielle son « regard très singulier [qui] reflétait la pitié, la bonté et une affectueuse douceur nimbée d'une lumière divine », ce que remarque encore la princesse Metternich notant que « la reine Louise n'a pas l'air d'être heureuse ».

Encore ignorent-t-elles l'une et l'autre que celle-ci continue d'écrire à sa mère : « Pauvre Palais-Royal ! Je le pleure autant que Neuilly, et j'en rêve toujours », et de lui confier que si tout était à refaire, elle choisirait de demeurer célibataire. Qu'est-ce que la gloire d'un trône quand le bonheur en est absent ? Un peu Mme de Staël, un peu Mme Bovary, Louise-Marie n'en finit pas de traîner son inutile féminité sur ce trône de l'époque romantique où personne ne se soucie de son être intime et ne devine que sous le personnage de la reine bat un cœur de femme moderne qui méprise les préjugés conventionnels de la bourgeoisie bruxelloise, que ne comprennent ni son père traitant son gendre d'égal à égal – ne sont-ils pas rois tous les deux ? – ni sa mère qui, elle, a fait du devoir l'axe principal de son être, ce qui lui évite de se poser la question du bonheur. N'y aurait-il pas quelque chevalier servant de belle figure qui lui ferait oublier son mal-être ? La reine ne les voit pas. Fidèle et dévouée, elle n'imagine pas une seule seconde qu'elle pourrait rendre à son mari la monnaie de sa pièce ! À ces déboires conjugaux s'ajoute la révolution de 1848 mettant fin à la monarchie de Juillet et l'angoisse de savoir ce que ses parents sont devenus jusqu'à leur arrivée en Grande-Bretagne. Le roi des Belges met à la disposition de ses beaux-parents exilés son propre manoir de Claremont dans lequel l'un et l'autre vont s'éteindre. Pendant cette période particulièrement dépressive elle apprend que le vieux roi Louis-Philippe vient de rendre son âme à Dieu, le 26 août 1850.

Comprend-elle qu'elle n'est guère destinée à lui survivre, elle qui traîne une santé toujours chancelante, ponctuée de quintes de toux dans lesquelles son incapable médecin anglais ne sait pas diagnostiquer la tuberculose pulmonaire puis intestinale qui va l'emporter, malgré les fumigations au genièvre, les emplâtres et les cataplasmes ? Que n'a-t-elle eu recours au docteur Blache qui observait onze ans plus tôt : « La reine des Belges ressemble à sa mère et à son frère le duc d'Orléans, mais Dieu qu'elle est maigre et chétive ! » Deux mois après la disparition du roi, l'affection dont elle souffre fait des ravages et conduit sa dynamique mère à venir en personne la soigner à Ostende. Ses médecins pensent que l'air y est meilleur qu'à Laeken, bien que cet automne soit particulièrement glacial, malgré les feux de bois allumés en permanence dans cette villa modeste que son mari avait fait construire pour y passer des vacances bourgeoises. C'est là que le 13 octobre elle reçoit, de l'abbé Guelle, les derniers sacrements avec la même résignation qu'elle a manifestée pendant sa courte vie, annonçant aux siens « le malheur est mon existence ; je vis avec », puis « j'ai voulu être prête à partir et je ne me désespère pas », avant de s'éteindre doucement, à huit heures du matin, en présence du roi, de sa mère et de sa sœur Clémentine, à l'âge de trente-neuf ans. Ostende est-il un lieu prédestiné par la mort ? Il y a un an, mourait ici, dans les bras de son mari, la femme du général Sutter, conquérant de la Californie pour le compte des États-Unis, l'homme dont Blaise Cendrars allait faire le héros de son livre, *L'Or*.

Les funérailles de la reine Louise-Marie se déroulent, quelques jours plus tard, à Laeken, au désespoir de ses sujets qui, en son honneur, transforment Bruxelles en ville morte. Les commerces restent fermés comme les théâtres, l'Administration et les manufactures, tandis que son mari pose la première pierre de l'église Notre-Dame, qui sera construite à sa mémoire par Poelaert, mais seulement achevée en 1872, et dans la crypte de laquelle elle est enterrée. Après que Léopold Ier eut survécu quinze ans à sa femme – il meurt le 16 décembre 1865 –, leurs trois enfants allaient connaître des destins très différents. L'aîné, devenu le roi Léopold II, s'imposa rapidement comme le grand souverain moderne et inventif d'une nation à qui il a apporté la prospérité économique et industrielle, tout en lui permettant d'accéder au rang de puissance coloniale, grâce à la conquête de l'immense Congo – représentant une superficie huit cents fois supérieure à celle de son royaume ! –, Congo dont le congrès de Berlin lui assure la possession, à titre personnel, le 26 février 1885. Très intelligent, habile et ambitieux, ressemblant donc à son grand-père maternel, le roi Louis-Philippe, dont il avait hérité des traits physiques, il achève ses jours le 10 septembre 1909. Il laissait de son épouse, l'archiduchesse d'Autriche Marie-Henriette de Habsbourg (1836-1902) – copieusement trompée tout au long de son existence, en particulier avec celle qui allait devenir sa seconde femme, Blanche Delacroix, titrée baronne de Vaugham (1883-1948) – un fils, Léopold, mort en bas âge et trois filles. La princesse Louise (1858-1924) se maria au prince Philippe de Saxe-Cobourg-Gotha (1844-1921) – qu'elle abandonna pour suivre un bel aristocrate hongrois – ; la princesse Stéphanie (1864-1945) épousa l'archiduc Rodolphe de Habsbourg, prince impérial d'Autriche (1858-1889), qui allait se suicider à Mayerling avec sa maîtresse Marie Vetsera – et qui, par la suite allait convoler en secondes noces avec, elle aussi, un baron hongrois –, et la princesse Clémentine (1872-1955) qui attendit la mort de son père, réfractaire à ce projet, pour se marier avec le prince Victor-Napoléon (1862-1920), mêlant le sang des Orléans à celui des Bonaparte. Conséquence : l'actuel chef de la maison impériale descend, via Louis-Philippe, autant de Louis XIV que de Charles Bonaparte et Laetizia Ramolino, les parents de l'Empereur !

Son cadet, Philippe, comte de Flandre (1837-1905), ne fit guère parler de lui et laissa, en s'éteignant quatre ans avant son aîné, quatre enfants à sa femme, Marie de Hohenzollern (1845-1922). Le prince Baudouin, mort en bas âge, la princesse Henriette (1870-1948), mariée à son cousin Emmanuel d'Orléans, duc de Vendôme (1872-1935), la princesse Joséphine (1877-1958), mariée à son cousin le prince Charles de Hohenzollern-Sigmaringen (1868-1919), et le roi Albert Ier de Belgique (1875-1934) qui, par son mariage avec la princesse Élisabeth de Bavière (1876-1965), allait devenir le père du roi Léopold III (1901-1983) et le grand-père des actuels souverains de Belgique Baudouin Ier (1930-1993) et son successeur, Albert II (né en 1934). Mais le plus fascinant des enfants de Louise demeure la benjamine des petits-enfants belges de Louis-Philippe et Marie-Amélie, la princesse Charlotte, mariée en 1857 à l'archiduc d'Autriche Maximilien de Habsbourg, frère cadet de l'empereur François-Joseph. Ce grand garçon mélancolique confiné aux seconds rôles trompait son inaction dans sa sublime villa de Trieste en écrivant des livres sur la marine, avant qu'un singulier destin ne l'appelât. À la demande de Napoléon III, il devint empereur du Mexique en 1864, ce qui arrachait à la vieille Marie-Amélie cette exclamation singulière et prophétique : « Ils seront assassinés ! » Malgré son évidente bonne volonté, sa valeur morale et ses qualités de cœur, le nouveau souverain ne parvenait pas à séduire ses sujets plus attirés par Juárez que par lui, et, trois ans plus tard, lâché par les troupes françaises, trahi par ses proches, il était arrêté et fusillé, avec ses généraux Mejia et Miramont, le 14 janvier 1867. Revenue entre-temps en Europe pour tenter de gagner en vain les gouvernements européens à leur cause, la malheureuse Charlotte, petite-fille de Louis-Philippe, finissait par perdre tout à fait la raison et se voyait internée à Boudout, près de Bruxelles, tout au long d'une interminable claustration qui allait durer presque un demi-siècle, puisqu'elle ne s'y éteignit que le 19 janvier 1927, sans avoir pu, un seul instant, écarter les fantômes hantant sa tragique destinée.

QUATRIÈME TABLEAU

Marie, le sculpteur de l'âme

« Rien n'est si grand qu'une grande douleur. »

ALFRED DE MUSSET

Une silhouette glacée dans l'Italie romantique

À Gênes, en cet hiver de l'année 1839, au cours de laquelle Stendhal publie *La Chartreuse de Parme*, Lamartine ses *Recueillements* et Dickens *Nicolas Nickleby*, tandis que les grands États d'Europe, constitués en puissances souveraines, affirment leur penchant nationaliste, l'Italie, refuge de toutes les émotions, demeure cette mosaïque de pays différents que la génération romantique, conduite par Guiseppe Mazzini, rêve d'unifier, aux prémices de ce qu'on appellera bientôt le *Risorgimento*. En attendant l'accomplissement de cet irrésistible mouvement politique, les cités de la péninsule continuent d'être ce merveilleux musée à ciel ouvert où les peintres, les sculpteurs, les écrivains et les compositeurs viennent apprendre, rêver et méditer, dans une inspiration toujours renouvelée qui apaise l'âme fébrile de toute une génération. Comment, aujourd'hui, cette jeune et jolie femme qui se promène, mélancolique, dans la cité ligure, joyau du patrimoine de la couronne de Savoie, ne s'enthousiasmerait-elle pas en flânant devant la cathédrale San Lorenzo ou via Porta Soprana, dans le cloître San Angela ou dans l'église du Gesù, devant ces merveilles de la Renaissance qui, du port aux palais de la via Balbi, se déroulent comme une fresque, elle qui est une artiste authentique ? Pourtant, cette séduisante silhouette sait bien que cette promenade sera courte, elle qui attend le plus tragique des rendez-vous que, toute princesse qu'elle soit, elle ne peut éviter, celui avec la mort contre qui elle se bat, comme dans le trio de Schubert, d'une manière irrémédiable. Elle incarne l'esprit même du romantisme, fille de roi, désespérée et gravement malade dont peut-être aucun écrivain n'aurait imaginé le destin, par crainte de n'être pas cru.

La si attachante jeune fille

C'est en effet dans cette Italie où elle a vu le jour, il y a à peine vingt-cinq ans, que va bientôt s'éteindre Marie-Christine-Caroline-Adélaïde-Françoise-Léopoldine d'Orléans, troisième enfant du couple ducal à être né à Palerme, le 2 avril 1813, avant que la famille ne se réinstalle en France, où elle fut élevée avec sa sœur – toutes deux n'ont qu'un an de différence, ce qui en faisait presque des jumelles – et s'entendant si bien que, lorsque l'aînée fut enceinte du roi des Belges, elle alla demander à sa cadette, si les choses tournaient mal, d'épouser son mari pour prendre soin de l'enfant qu'elle portait. Si complices étaient-elles elle n'en étaient pas moins très différentes, Louise, blonde, avec de beaux yeux bleus et, Marie, brune, avec de grands yeux noirs, comme en témoignent les beaux portraits qu'Ary Scheffer et Paul Kiewert ont laissés d'elle, ou mieux cette aquarelle de Millet les représentant ensemble, Marie tenant dans sa main une guitare. Mais à ces différences physiques s'ajoutaient de grandes différences de caractère, Louise était réservée et docile, tandis que Marie était turbulente, espiègle et indisciplinée, tourmentant volontiers son petit frère Aumale à table et s'arrangeant souvent pour le faire punir à sa place.

En fait, cette enfant indisciplinée, mais terriblement attachante et sensible, souffrait depuis l'enfance d'une santé fragile, si pâle et si chétive qu'on avait cru d'abord la perdre rapidement. Mais le dévouement de sa gouvernante, Mme de Malet, la ramenait bientôt à la santé, à défaut de pouvoir la rendre aussi raisonnable que son aînée, la turbulence étant souvent la manifestation existentielle de ceux qui se sentent menacés, comme le comprenait si bien Mme de Boigne, notant qu'elle faisait ainsi « le désespoir et la gloire de ses maîtres, dont, en fin de compte, elle restait la favorite ». Vive, parfois brutale mais généreuse, Marie, qui fondit en larmes en apprenant que les émeutiers de juillet 1830 voulaient proposer la couronne à son père, se révéla rétive à l'étude – l'anglais et la musique en particulier –, mais très douée pour le dessin, ainsi que pour la littérature qui servait d'exutoire à cette petite âme exaltée et fragile, dévorant Le *Magasin des enfants* de Mme Leprince de Beaumont, recueil où figure *La Belle et la Bête*, et qui, dans son lit, le soir, se coulait volontiers dans les personnages de cette merveilleuse femme de lettres, dont le petit-fils, Prosper Mérimée, allait un jour reprendre le flambeau. En parfaite communion avec Louise dont elle partageait les secrets, les deux sœurs – qu'on appelait la blonde et la brune – devenaient, au fil des années, inséparables, tant au Palais-Royal qu'à Neuilly, tant à Eu qu'à Randan, où elles grandissaient aux côtés des autres enfants princiers.

Sa réelle beauté, sombre et tourmentée, si conforme aux critères de la mode romantique, que ne tarderait pas à immortaliser Winterhalter, allait lui valoir l'admiration de tous les visiteurs reçus chez leurs parents, et même de ceux qui n'étaient pas favorables à la cause orléaniste, comme Alfred de Vigny – il est vrai grand amateur de femmes – la décrivant « charmante de traits, de grâce et de maintien », vantant « son profil grec, d'une finesse athénienne, une taille délicate, élancée, élégante, l'aisance de son bon goût, l'abandon de maintien des femmes accoutumées aux hommages, l'attention dans le regard qui décèle une supériorité d'intelligence exercée au travail des arts et des pensées ». Le poète, opposant mais séduit, qui échangeait quelques espiègleries avec la cadette des filles du futur roi des Français, entre deux services au sein de la Garde nationale de Paris, avait décelé la nature profonde de la princesse. Et Mme de Boigne, toujours lucide, l'analysait, en notant qu'elle était atteinte « de cet esprit artiste qui est en réalité un certain mécontentement de toute chose terrestre, du monde tel qu'il existe, de la société telle qu'elle est faite », ce qui, plus d'une fois, lui donnait l'occasion de choquer le petit monde du Palais-Royal – où, toutes proportions gardées, on était pourtant progressiste – en se disant « républicaine convaincue », en affectant de mépriser les bals, dans lesquels elle ne voyait qu'une corvée, en négligeant l'étiquette princière régissant la maison d'Orléans, en passant aussi facilement du rire aux larmes, lorsque sa sensibilité se voyait confrontée à quelque événement imprévu, en cherchant « la distraction qu'on veut, à l'heure où elle convient, n'en prendre que ce qui plaît », et tout cela, peut-être, parce que « longtemps avant qu'on ne s'en doutât, elle se sentait profondément malheureuse d'être née princesse, et d'être astreinte à ce qu'elle appelait une vie de déceptions ».

La réprobation que sa conduite provoquait était du reste partagée par sa sœur aînée, quelque peu choquée de la voir se baigner dans la Seine, à Paris, l'été, ou de tomber amoureuse d'un jeune homme (à l'identité toujours inconnue) que, dans leurs confidences, elles désignent, l'une et l'autre, sous le sobriquet de « Pantalon », elle qui écrivait encore à sa mère : « Marie est une excellente enfant, un cœur noble et capable de généreuses résolutions, un esprit élevé, mais malheureusement un mauvaise tête, étourdie, légère. » Ne s'étourdissait-elle pas de la lecture de Shiller et de Walter Scott ; s'identifiant au personnage de Diana Vernon et cultivant, la nuit, l'enthousiasme débridé du romantisme ambiant mêlant la poésie contemplative et la fougue tragique d'une génération obnubilée par la quête spirituelle de la transcendance, dont témoigne, parmi bien d'autres, cette lettre où elle écrivait : « Quand on galope au milieu de la campagne, entouré du bruit et du vent, il semble qu'on ait jeté derrière soi le monde et ses entraves, qu'on soit emporté l'on ne sait où. » En partie héroïne des sœurs Brontë, en partie de George Sand, elle aurait pu réclamer qu'on la laissât respirer ou protester, comme cette dernière, que « les femmes ne sont pas propres aux emplois que jusqu'ici les lois leur ont déniés, ce qui ne prouve nullement l'infériorité de leur intelligence, mais la différence de leur éducation et de leur caractère ».

Fantasque et artiste

En fait, ce que Marie voulait faire admettre, comme sa sœur, mais avec une révolte bien plus soutenue, est qu'elle n'était pas seulement une princesse, mais aussi une femme artiste, dont on ne devait pas chercher à dégoûter la vocation afin de lui laisser le loisir de s'exprimer à son aise. Depuis son tout jeune âge, la jeune fille avait manifesté, plus encore que ses autres frères et sœurs, d'excellentes dispositions pour le dessin et l'aquarelle, comme l'avait déjà constaté Gérard, ce qui avait poussé Ary Scheffer à devenir son professeur de peinture, à superviser la série de vitraux dont elle fut l'auteur pour l'église Saint-Saturnin de Fontainebleau ou la réalisation d'un surtout de table ciselé offert à son frère aîné Ferdinand-Philippe. La jeune fille, qu'Henrique Dupont dessinait en train de reproduire un profil de Napoléon, signait déjà quelques toiles, le plus souvent inspirées de Van Dyck, de Véronèse et, plus contemporain, de Géricault, dont elle admirait, selon sa propre expression, « ces miracles de patience, ces imitations merveilleuses d'une nature sans âme », par lesquelles elle trouvait son propre style, que Mme de Boigne trouvait « remarquable par l'intelligence des sujets » et la précision documentaire, essentiellement tournée vers un Moyen Âge idéalisé qui était furieusement à la mode.

Mais, progressivement, elle délaissait cet art pour la sculpture à laquelle elle s'adonnait avec passion, ses dix-huit ans révolus, sous la conduite de David d'Angers puis de Barye, signant ses premiers chefs-d'œuvre comme cet ange en prière qu'on allait déposer par la suite, près du gisant de son frère, dans la chapelle Saint-Ferdinand des Ternes. Il était manifeste que, pour Marie d'Orléans, la pratique de l'art avait pour but de combler le mal de vivre qui, dès son adolescence, la minait et qui s'était singulièrement accru avec le mariage de sa sœur Louise et son départ pour Bruxelles. De ce jour, les deux sœurs s'écrivaient presque quotidiennement, comme la reine des Belges le faisait aussi avec leur mère, et ces longues missives constituaient pour la cadette l'épanchement naturel de ses angoisses, dont on pourrait donner maints extraits. « Que je suis malheureuse de t'avoir quittée, pauvre amie ! Je t'aime tant ! Je ne jouis de rien sans toi. C'est comme si l'on avait passé une éponge sur ma vie ; toutes mes sensations sont effacées… laisse-moi te répéter, mon Dieu ! Avec quelle passion je t'aime, et tout ce que j'ai perdu… Je tombe dans une espèce de *raving* (je ne trouve pas de mot français pour rendre ce que j'éprouve) et me demande comment supporter une vie entière séparée de toi. Il y a vraiment de quoi devenir fou… Chateaubriand a dit quelque part “la vie est un songe douloureux”, je dis, moi, la vie est une réalité douloureuse… »

Sans doute les relations qu'elle entretenait alors avec Barye – sculpteur que le roi allait un jour choisir pour réaliser l'effigie équestre de son fils à Alger – s'intensifièrent au point que ce qui put apparaître comme palliatif à l'absence de sa sœur fut interprété par certains comme la préfiguration de ce qui, un demi-siècle plus tard, allait unir Camille Claudel et Auguste Rodin, sans que cependant la jeune princesse devînt la maîtresse du sculpteur. Comment n'aurait-elle pas subi l'ascendant de ce formidable modéliste qui, depuis la présentation, au Salon de 1831, de son *Tigre dévorant un gavial*, passait pour le plus grand sculpteur de sa génération, le plus romantique aussi, par la force d'expression de ses personnages ou de ses animaux, son sens du mouvement et la virtuosité de son inspiration. Ceci conduisait la Princesse à acquérir son *Charles VI dans la forêt du Mans*, peut-être parce que ce prédécesseur de son père lui plaisait d'autant plus qu'il était devenu fou ! Déjà très lié à la famille royale – le duc d'Orléans, frère aîné de Marie, était son meilleur client –, Barye accepta de prendre sous son aile cette jeune princesse qui, le matin, se mettait au travail dès sept heures, le ciseau à la main, vêtue d'une simple blouse enfilée sur un jupon de percale, et qui, malgré la fragilité de son corps mince et une santé médiocre, attaquait avec détermination la pierre ou le marbre, dans son atelier-salon qu'un très joli tableau de Prosper Lafaye – cousin de Gavarni – représentait tendu de pourpre, où les crédences, les fauteuils, le plafond à caissons exaltent ce néogothique ou néo-Renaissance à la mode dont le théâtre romantique fait alors ses délices, tandis que Marie y lisait un incunable. Cette pièce privilégiée de son appartement personnel, au rez-de-chaussée des Tuileries, à la fois mitoyen de celui de sa sœur Clémentine et de la chapelle privée de leur mère, a en effet été décoré par l'architecte Théodore Charpentier (ami et voisin d'Ary Scheffer) avec la complicité du sculpteur Cruchet qui a mélangé les meubles fabriqués par lui avec d'autres, plus anciens, ce qui constitue, là encore, une nouveauté toute romantique, dont Paris s'inspire aussitôt, imposant la mode des crédences, des prie-Dieu, des coffres et des bahuts antiques que la nouvelle génération va exhumer des greniers pour les remettre au goût du jour. Si une partie de ce mobilier est toujours conservée par les descendants de la princesse à Althausen, une autre l'est aujourd'hui par le musée du Louvre, dans une salle nouvellement aménagée portant le nom de Marie d'Orléans. En agissant ainsi, celle-ci n'inventait pas seulement une mode décorative, mais un genre, les puces, dans lequel Balzac allait bientôt exceller, baptisant ce violon d'Ingres du nom de « bricabracomanie » ou même de « balzacomanie ». Lors d'un séjour en Belgique, Marie écrivait ainsi à son frère Nemours, après sa découverte de pots à bière allemands du XVIe siècle : « Je suis encore en marché pour un fauteuil et deux chaises admirablement bien travaillées en bois noir et parfaitement conservées, de ces chaises comme on en voit dans les tableaux du XVIIe siècle, très basses, avec des dossiers élevés. »

Blottie dans ce décor si éminemment romantique, au milieu de ses bronzes ou de ses marbres constituant son jardin secret, elle faisait désormais figure de petit oiseau en marge de la cour de France, perdue dans le labyrinthe de son imagination, ce qui transparaît si bien sur son portrait lithographique par Motte et Grevedon ou par Ary Scheffer qui, une fois Barye reparti, reprenait le flambeau, c'est-à-dire veillait sur elle avec la tendre sollicitude d'un frère aîné, lui-même se mettant à la sculpture, qu'il n'avait encore jamais pratiquée, pour l'aider dans sa tâche. Pourtant, la princesse lointaine, dans le cœur de laquelle le docteur Véron pensait que « la poésie et la rêverie semblaient s'être réfugiées », sortait parfois de son refuge, comme ce jour où elle aperçut les préparatifs d'un bal donné par son frère Nemours mais n'entrevit dans cette perspective de fête qu'un appel morbide, comme elle l'écrivit à sa sœur, à la manière de Marie Shelley : « En voyant ces buffets, ces tables que l'on dresse devant la chapelle (ne te moque pas de moi) je fis une sorte de rêve éveillé. Si ce soir, me disais-je, ces portes s'ouvraient et que ces femmes couvertes de diamants, échauffées par la danse, les hommes buvant, mangeant, vissent du haut de ces tribunes une procession de squelettes, en chapes noir et argent, chantant une messe des morts, ne serait-ce pas saisissant, effrayant, hideux, si tu veux, mais ne serait-ce pas la vie telle qu'elle est, sans poésie, sans fiction, le factice à côté du réel, et cela ne vaudrait-il pas mieux être le squelette priant que le corps dansant ? » Mais en tenant un tel discours, la princesse, au fond, n'était-elle pas dans la norme d'une mode fascinée par les spectres et le fantastique, mode que résume cet article du *Figaro* du 22 août 1831, faisant dire au jeune romantique qui se complaît dans la morbidité des cimetières et qui présente aux demoiselles des os humains en leur tenant ce discours : « Vous en avez autant sous vos gazes et vos mousselines. Ainsi vous marchez toujours en compagnie d'un squelette, vous avez la mort sous vos jupes » ?

À défaut de trouver là le bonheur, la fragile princesse écrivant, au mois d'avril 1834 : « J'ai donc eu aujourd'hui vingt et un ans ! Me voilà bien vieille ! Si je pouvais être sûre du moins que je serai bien raisonnable ! En attendant, je ne puis m'empêcher d'être triste et seule », trouvait-elle la sérénité à défaut du bonheur, elle qui se définissait comme « une mauvaise tête, un cerveau brûlé » ? C'est possible, même s'il n'est pas facile d'être une femme artiste dans la France du XIXe siècle, et encore moins une femme sculpteur, qui plus est lorsqu'on est la fille cadette d'un roi régnant. Les femmes en effet n'avaient pas le droit de suivre en atelier les cours des professeurs à cause de la présence de modèles masculins nus, à cause aussi de la promiscuité de leurs camarades. De surcroît, la mode et les usages leur interdisaient le maniement des instruments nécessaires à cet art. Il faudrait attendre encore des années pour que les femmes, dont on tolérait à peine la présence dans la peinture, deviennent des sculpteurs à part entière – et même de grands sculpteurs –, libérant ainsi la duchesse Colonna, devenue Marcello dans le monde de l'art, Anne Whitney, Harriett Hosmer, Emma Stebins, Edmonia Lewis, Élisabeth Ney, la duchesse d'Uzès, Camille Claudel en particulier, dont les géniales audaces allaient jeter à la face du monde leur émancipation. En attendant, cette jeune et diaphane princesse, qu'Arry Scheffer, après plusieurs dessins préparatoires, représente en blouse, le burin à la main, faisait office d'exception, et, si elle s'en flattait, n'en souffrait pas moins en éprouvant de la difficulté à se faire reconnaître.

Marie ne répétait-elle pas, en comparant son cœur meurtri à la matière qu'elle travaillait, « pour sculpter le bois, il faut cruellement tailler dans le vif », montrant ainsi qu'il faut donner beaucoup de soi pour réussir à s'imposer, constatation, retenue parmi d'autres, qui accélérait sa maturité par rapport à celle des filles de son âge, princesses ou non, et expliquait le ton de cette lettre du 1er janvier 1835, adressée naturellement à son aînée : « J'aurais mille choses à te dire sur la tristesse de ce jour, dont je ne sais pourquoi l'on en fait un jour de réjouissance. Quel retour ne peut-on faire sur soi-même en voyant le peu de profit qu'on a recueilli d'une année que la miséricorde de Dieu nous a accordée et qu'il a retirée à d'autres !... Quand je dis que je suis vieillie, chère amie, ce n'est point une manière de parler ; je puis n'être pas vieille sur l'almanach ; ma figure est peut-être encore jeune ; mais mon esprit est vieux, et c'est là la vraie vieillesse, hélas ! et mon cœur est vieux aussi ; car ce besoin d'aimer, si large et si beau, vrai apanage de la jeunesse, je ne l'ai plus. » De l'art à la religion, autre refuge de son mal de vivre, il n'y avait qu'un pas qu'elle franchissait assez vite, avec toute la sensibilité artistique des âmes tourmentées sublimant leurs déceptions dans une vision esthétique de la foi, dans laquelle Mme de Boigne voyait « une dévotion extatique qui marchait droit à l'illuminisme » et qui lui faisait encore écrire à sa sœur, d'une manière encore toute romantique : « J'ai quelquefois envie de me mettre dans un couvent. Je crois vraiment que c'est ce qu'il y a de mieux, vivre, pour ainsi dire, n'ayant d'attachement qu'à Dieu ! », avant de renoncer à ce projet, par un dernier zeste de lucidité, « si la légèreté de ma tête me permettait de m'en occuper plus profondément et plus constamment, j'y trouverais, j'en suis sûre, ce bonheur calme qui seul est réel et durable ».

Toujours à la recherche d'un modèle idéal lui permettant de concilier sa vie terrestre, son art et sa foi, elle le découvrait bientôt – sans doute sur les conseils de Barye qui venait d'en réaliser une statue – dans le destin d'une héroïne que, précisément, le romantisme remettait à l'honneur après que la France l'eut pendant longtemps oubliée, Jeanne d'Arc, non pas la sainte nationale et martiale de la IIIe République, mais la fillette inspirée et quelque peu immatérielle ou la martyre extatique, déjà symboliste, dans laquelle elle trouvait sans doute son double féminin qui devenait, au fil des jours, le principal thème de son inspiration et qu'elle allait sculpter à plusieurs reprises, pour le plus grand plaisir d'Alexandre Dumas qui approuvait cette « douce et pieuse réhabilitation de la jeune héroïne par une jeune fille, de la bergère par la princesse ». Ainsi naquirent cette *Jeanne d'Arc* qu'on peut toujours voir, à Paris, sur le chevet de l'église Saint-Honoré-d'Eylau, cette autre, placée dans l'église Saint-Vincent-de-Paul, celle, à cheval, que le roi son père lui commandait pour l'inauguration du musée de Versailles et qui se dresse aujourd'hui devant l'hôtel de ville d'Orléans, si songeuse à sa propre image, cette autre serrant une épée sur sa poitrine, exposée au musée de Dordrecht, celle que conservent ses descendants au Wurtemberg, celles encore représentant Jeanne en habit de bergère ou bien montant au supplice, nombre d'entre elles étant copiées à l'infini tout au long d'un siècle qui, jusqu'à la défaite de 1870, allait en former le symbole absolu du patriotisme français.

Mais plus authentique était sans doute cette *Jeanne d'Arc pleurant à la vue des blessés*, sa préférée, celle dont un moulage figure sur ses portraits par Scheffer ou dans l'appartement de son frère aîné, exprimant si bien cette compassion avec laquelle Marie contemplait le monde, sans cesse occupée à donner vie à son héroïne fétiche, à la doter de nouvelles attitudes. Les choses n'allaient pas toujours sans mal, comme le raconte son frère Joinville, dans ses souvenirs, avec son brio habituel : « Je travaillais avec elle sous la direction quotidienne d'Ary Scheffer et je me rappelle un matin notre douleur en trouvant que la Jeanne d'Arc qu'elle faisait pour Versailles et qui était en cire avait été ramollie par un calorifère surchauffé et s'était affaissée au point de se changer en cul-de-jatte. À l'aide d'une température élevée et d'un cric, placé d'une certaine manière que nous manœuvrâmes vigoureusement, Scheffer et moi, Jeanne d'Arc retrouva son armature et tout fut bientôt réparé. » Mais délaissant parfois l'obsessionnelle héroïne, elle modelait d'autres figures, comme ce couple de cavaliers médiévaux partant pour la chasse.

En fait, la pratique de son art lui permettait aussi de s'isoler davantage des vivants, comme elle le confiait dans une lettre à sa sœur, après la révélation que fut pour elle la lecture de l'*Ahasvérus* de Quinet et avec elle la résurrection d'un Moyen Âge revu par la littérature, « tout contribue à augmenter ma fatigue des hommes. Je voudrais parfois m'enfermer avec mes occupations, ne plus voir personne, aller dans quelque ville obscure où je n'aurais pour amis que les saints de la cathédrale. Il ne me faudrait pas trop d'imagination pour causer avec eux et je serais sûre au moins de n'en éprouver jamais de peine ». Faisant de son art la traduction artistique de sa passion littéraire, la jeune femme s'attaquait à d'autres thèmes, parfois familiaux, comme le buste de sa sœur, celui de son neveu Léopold, la statue en pied de la reine Marie-Amélie (hélas ! demeurée inachevée), ou ceux de Goethe et de Schiller à l'unisson desquels son cœur battait si fort, comme le raconte Ary Scheffer qui lui lisait leurs textes pendant qu'elle modelait. Très inspirée encore par les vers de Thomas Moore, qu'on considère à l'époque comme le Victor Hugo anglais, elle s'attaquait bientôt à l'un de ses personnages principaux, *La Périe portant aux pieds de l'Éternel les larmes du pécheur repentant*, projetant une nouvelle fois son mal-être dans cette autre figure féminine, inspirée de la Perse, et qu'on retrouve dans cette série de bas-reliefs inspirées par l'œuvre de Quinet.

Le bonheur impossible

Malgré une réelle créativité qui, en toute logique, se serait affirmée avec le temps et aurait fait de Marie, si elle avait vécu davantage, un des grands maîtres de la forme au XIXe siècle, elle ne pouvait demeurer éternellement célibataire, ce qui eût été choquant pour une princesse de la maison de France. C'est pourquoi ses parents, tout en la laissant libre de continuer son œuvre, mais désolés de la voir cultiver son spleen dans ses interminables lettres sur sa profonde solitude, qu'elle appelait joliment, dans son intimité, sa « douilletterie de cœur », lui cherchaient un époux dans toutes les cours d'Europe, exercice toujours périlleux pour cette monarchie de Juillet qui était alors loin de faire l'unanimité sur le continent. Faute d'un Louis II de Bavière, encore à naître, et dont elle aurait pu, dans un autre monde, être la plus parfaite des épouses, pendant cinq ans, le regard royal se porta sur nombre de prétendants, comme le grand-duc de Toscane, le comte de Syracuse, frère du roi de Naples, ou encore son neveu le duc de Calabre, sans que rien aboutisse, au désespoir de sa sœur Louise notant que « les lettres de Marie témoignent d'une grande tristesse, l'état de vieille fille ne lui convenant en aucune façon ». Mais quel souverain de ce temps aurait voulu d'une belle-fille sculpteur et qui plus est sculpteur à états d'âme, c'est-à-dire une femme indépendante et déterminée, rebelle et complexe ?

C'est alors que la reine Marie-Amélie prit elle-même les choses en main en se mettant « à battre tous les buissons germaniques pour y trouver un mari sortable », ainsi que l'écrit toujours spirituellement Mme de Boigne, et parvint à dénicher la perle rare en la personne du duc Alexandre de Wurtemberg, né à Riga le 20 décembre 1804, du duc Alexandre de Wurtemberg et d'Antoinette de Saxe-Cobourg, ce qui faisait de lui le neveu du roi des Belges et le cousin du prince consort d'Angleterre.

Malgré les persiflages de la duchesse de Dino s'écriant « ce n'est qu'un mari » ou la déception du duc d'Orléans remarquant que son nouveau beau-frère – effectivement cadet d'un cadet ! – lui paraissait « fort mince comme alliance et très lourd comme beau-frère », le mariage était célébré le 17 octobre 1837, à Trianon, toujours en raison de l'opposition obstinée de Mgr de Quélen, puisque les mêmes causes produisent les mêmes effets, en présence, sinon de toute la famille – le duc de Nemours et le prince de Joinville étaient retenus en Algérie par la campagne de Constantine –, tout au moins du roi et de la reine des Belges, sa chère sœur Louise qui, jusqu'au moment de la laisser à la chapelle, lui tint la main fiévreusement.

Échaudée par les confidences de Louise, bien déçue, à la longue, par son mariage et ses grossesses, Marie avait-elle véritablement besoin d'un époux, elle qui écrivait : « Pour moi, depuis longtemps, je ne cherche l'homme élevé et honnête que chez les sauvages et tu me verras aller quelque jour dans les forêts de l'Amérique dresser ma tente au milieu d'eux » ? Il est vraisemblable qu'elle était dubitative, mais son mari n'était pas dépourvu de séduction et se montrait manifestement amoureux de cette très jolie fille qu'il était bien décidé à apprivoiser en dépit du monde. Cela allégea la cérémonie des adieux, lorsque Marie prit à son tour son envol – mais il est vrai aussi qu'elle ne tenait pas à réitérer ceux de sa sœur Louise, cinq ans plus tôt ! –, cette fois-ci vers le château de Friedenstein, à Gotha, en Thuringe, berceau de la dynastie des Cobourg, où résidait sa belle-famille dans ce bâtiment baroque achevé par Ernest Ier en 1655 en bordure d'un joli parc à l'anglaise qu'ornait une superbe orangerie du XVIIIe siècle, qu'elle voulut bien découvrir avec émerveillement. Là, la jeune duchesse se prit de passion pour sa nouvelle nation et pour la beauté des paysages d'une Allemagne encore peu industrialisée, qui faisait les délices de la sensibilité romantique ; elle s'enthousiasma pour ces immenses forêts, ces vieux châteaux perdus sur les montagnes, ces hospitalières cités fleuries et ses paysans bon enfant qui, très simplement et très modestement, allaient aimer cet être sensible, comme leurs enfants feraient de même, par la suite, avec une jeune femme aussi spontanée, Élisabeth de Wittelsbach, la future Sissi.

Bien décidée à réussir sa vie et, sans doute, charmée par la révélation physique du mariage, elle apprenait à aimer son mari, brave garçon sans prétention, tout étonné d'avoir épousé la fille d'un roi en exercice, lui dont Mme de Boigne notait que « la voix publique ne lui accordait pas une grande distinction d'esprit ». Mais non seulement il était très beau mais encore très amoureux de sa femme, manifestement satisfaite de lui, et dont la physionomie avait repris de la douceur et de la gaieté ; sa parure était soignée et elle tournait vers le duc Alexandre, placé derrière sa chaise, et paraissant très occupé d'elle, des regards qui exprimaient son contentement. « L'installation de son petit ménage – son « intérieur si gentil » disait-elle – dans la partie du palais ducal qui lui était réservée l'occupa toute une saison, la découverte de la vie à deux – « douce expérience » confiait-elle –, tout semblait aller pour le mieux dans le meilleur des mondes possibles, comme le disait Candide des petites cours allemandes, où la vie, au fond, était douce, campagnarde et sereine, loin d'un Paris si médisant, si frivole et si matérialiste qu'en somme elle ne le regrettait plus, rêvant à de grands voyages qui lui permettraient de découvrir bientôt l'Italie, et qui sait, peut-être, la Grèce ou l'Orient.

Hélas, un drame allait bientôt tout gâcher, un malheureux incendie se déclarant, trois mois plus tard, dans la résidence du jeune couple, en pleine nuit. Les domestiques avaient rapidement évacué Marie, mais sans réaliser qu'il gelait dehors à pierre fendre, qu'elle était en robe de chambre et qu'elle était enceinte. Désespérée de voir se consumer sous ses yeux l'ensemble de la demeure, jusqu'à ses fondations, avec ses meubles, ses bijoux, ses vêtements et – plus grave sans doute ! – ses dessins et ses sculptures, la jeune femme ne prit pas garde à se couvrir suffisamment et contracta ainsi une grave affection pulmonaire. Amaigrie et quelque peu dépressive, elle revint en France en 1838, où le 30 juillet, à Neuilly, dans le souvenir nostalgique de ses années d'enfance, elle mit au monde un fils, Philippe, tout en regrettant d'avoir si vite perdu son « paradis », cette maison allemande qu'elle ne devait plus revoir et avec elle cette vivacité qu'elle avait retrouvée après son mariage. Au lendemain de son accouchement, elle reprenait avec son mari son ancien appartement de jeune fille aux Tuileries, peut-être pour y cultiver le plaisir ambigu de le partager avec son époux, comme elle s'en confiait à sa sœur aînée : « Il me semble bizarre d'habiter avec Alexandre ce cabinet où j'ai fait tant de rêveries de genres si différents, tant de projets d'avenir, tant de rêves de vie. Cette fenêtre où j'ai passé tant de bonnes heures à travailler avec cette préoccupation d'artiste qui est si enivrante ! »

Et c'est justement à cette époque que *La Mode* de 1838 la met en scène, sans la citer – mais tout Paris l'y reconnaît, dans une petite pièce ironiquement intitulée *L'Atelier d'une princesse*, prétexte d'une conversation d'abord commencée entre un peintre et un sculpteur convoqués par ses soins et bientôt poursuivie par un secrétaire, un prince allemand (Alexandre), un directeur de musée, un inspecteur des Beaux-Arts, un ancien général d'Empire, un prince français et un ancien conventionnel, tous prêts à découvrir la dernière œuvre de la princesse :

« La princesse (*faisant les honneurs de son atelier*) : – Messieurs, je réclame votre indulgence, c'est une fantaisie d'artiste (*elle ôte le linge mouillé qui couvre sa statue*).

Tout le monde (*excepté le vieux conventionnel et le sculpteur*) : – Ah ! C'est ravissant !

Le directeur du musée : – C'est un morceau d'une rare perfection.

L'inspecteur des Beaux-Arts : – Le musée n'a rien de comparable, c'est plus que de l'antique.

Le prince allemand : – Thorswalden n'a rien fait de pareil.

Le général d'Empire : – Je n'ai rien vu de plus beau dans aucune capitale d'Europe,

Le prince français : – Quelle est cette femme ?

Le sculpteur (*timidement*) : – Je pense que Son Altesse Royale a voulu nous reproduire la figure de Charlotte Corday.

La princesse : – Comme le dit monsieur, c'est Charlotte Corday.

Le prince français : – Ce costume semble bien vulgaire.

La princesse : – Vous trouvez ? Qu'en dites-vous, monsieur l'artiste ?

Le sculpteur (*timidement*) : Je pense que Son Altesse Royale a bien rendu le costume de l'époque ; elle aura sans doute copié l'habillement de Charlotte Corday dans l'esquisse que David nous a laissée.

La princesse : – Certainement, c'est le costume d'après David.

Le prince : – Est-ce avant ou après le crime ?

La princesse : – Quel moment pensez-vous, monsieur, que j'ai choisi ?

Le sculpteur (*timidement*) : – Je pense qu'à l'air de trouble et de satisfaction qu'on remarque dans la figure de cette jeune fille, on comprend que Votre Altesse Royale a choisi le moment où Marat vient d'être frappé.

La princesse : – Vous le voyez, voilà l'intention que j'ai eue. Que remarquez-vous, monsieur le directeur du musée ?

Le directeur du musée : – Je trouve qu'il y a de la hardiesse dans la pose, dans la vigueur de la physionomie, dans la pureté des lignes de la figure, dans la manière habile avec laquelle les membres sont attachés, et dans la grâce pittoresque des ajustements, une entente admirable, des secrets de l'art, une virilité d'exécution que je n'aurais pas osé attendre de Votre Altesse Royale.

La princesse : – Qu'en dites-vous, monsieur ?

Le sculpteur : – Je n'ose pas dire tout le bien que je pense de cette statue.

Le prince allemand : – Convenez que vous n'auriez pas fait mieux, monsieur l'artiste.

La princesse : – Et que pensez-vous du sujet ?

Le prince allemand : – Charlotte Corday était une belle et admirable héroïne.

Le directeur du musée : – C'est la Judith française.

L'inspecteur : – C'était une ravissante créature, elle était de la famille de Corneille, elle en avait l'âme.

Le prince français (*avec humeur*) : – Je n'aime pas les assassins, sous quelque figure qu'on me les montre.

La princesse : – Ah ! Pas même l'assassin de Marat ?

Le prince français : – Pas même l'assassin de Marat ; c'est toujours une mauvaise pensée que celle de poétiser le crime et de lui donner l'immortalité du marbre.

Le sculpteur (*avec dignité*) : – Marat était un monstre couvert de boue et de sang, et dont la mort fut un bienfait.

Le conventionnel, d'un ton solennel : – Messieurs, Charlotte Corday ne tua Marat que parce qu'elle ne put pas arriver jusqu'à Philippe Égalité… Maintenant, qu'on fasse l'apothéose de cette fille ! »

(*Tout le monde garde le silence, la princesse recouvre la statue et chacun s'éloigne sans dire un mot*)

On ignore si la duchesse de Wurtemberg avait goûté tout le sel de cette publication amère rappelant avec peu de tact le rôle ambigu de son grand-père pendant la Révolution, mais, au fil des mois, elle commençait à se traîner entre les Tuileries et Neuilly, voyant ses années s'étioler comme sa vie, sa santé s'affaiblissant de jour en jour, ce qui contraignit les médecins de Louis-Philippe à envisager le seul remède à son inexorable mal, le voyage en Italie où le soleil pouvait peut-être ranimer ses pauvres forces. Alors, à l'automne, elle partit, avec son mari et son bébé, après des adieux déchirants, à Fontainebleau, où la famille prenait ses quartiers, comme si elle comprenait qu'elle voyait les siens pour la dernière fois, en particulier Louise à qui elle se recommandait particulièrement pour son souvenir et ses prières. En voiture, du Gâtinais à Lyon, sur le vapeur de Lyon à Avignon, de nouveau en voiture jusqu'à Cannes, la France s'éloignait peu à peu tandis qu'elle découvrait, pour la première fois, la beauté de la Méditerranée dont ses frères lui avaient tant parlé. Avec l'énergie du désespoir, elle atteignait enfin Gênes pendant ce huitième hiver de l'histoire de la monarchie de Juillet, heureuse de respirer l'air de l'Italie, sans que cependant sa santé s'améliore, tant l'hiver, cette année-là, était exceptionnellement mauvais avec des rafales de pluie la transperçant jusqu'aux os, malgré le confort de la villa Albaro que le marquis de Brignole, ambassadeur de la cour de Sardaigne en France, avait généreusement mise à sa disposition.

Ne pouvant rester dans un lieu si inhospitalier, le couple décide alors de partir pour Pise où, effectivement, le climat est plus doux, et s'installe au palais Vitelli, cette fois-ci prêté par le marquis de Rumigny, ambassadeur de France à la cour de Turin. Mais Marie a beau s'étourdir dans de nouvelles promenades au Dôme, au baptistère, à la Tour ou au Campo Santo que, pour conjurer son angoisse, elle dessine inlassablement, elle doit finalement s'aliter, sous le regard désespéré de son mari et bientôt de son frère Nemours, dépêché par les siens affolés pour prendre des nouvelles mais bientôt atterré de la trouver si méconnaissable, d'une maigreur effrayante et secouée par des quintes d'une inguérissable toux, à l'approche d'un bien triste Noël où, à sa demande, on ne peut lui cacher la vérité sur son état, malgré les sanglots de son mari. Et le 2 janvier 1839, après un léger répit dans lequel elle reçoit très fermement les derniers sacrements, embrasse son enfant et confie ses dispositions testamentaires, elle meurt doucement, soutenue par son mari et son frère, au crépuscule de sa vingt-cinquième année, arrachant à Nemours ce commentaire bouleversé : « Ainsi s'est éteint cet ange qui nous a donné à tous un si grand exemple. Rien au monde ne pourra donner une idée de ce qu'était cette scène qui était une inspiration du ciel. Je suis brisé. »

Prévenue par Molé, la reine Marie-Amélie, qui très sincèrement souhaitait retrouver sa fille en Italie dès que ses multiples occupations lui en auraient laissé le loisir, trouve le mot de la fin en confiant à son journal : « Marie était trop parfaite pour ce monde ; nous ne la comprenions pas ; elle planait au-dessus de nous », et après elle, la reine des Belges, cette pathétique exclamation : « Je ne laisse rien paraître de mes sentiments, mais je traîne partout mes souvenirs et mes tristes pensées retombent parfois de tout leur poids sur mon cœur flétri et déchiré. En perdant Marie, j'ai perdu la meilleure et la plus chère moitié de ma vie. » La reine des Français et la reine des Belges ne font qu'exprimer l'opinion générale, comme en témoignent encore Ary Scheffer lui-même, légataire des œuvres de Marie, écrivant à un ami : « Depuis que nous ne nous sommes vus, nous avons éprouvé tous deux des pertes qui ne se répareront plus ; je n'ai plus le courage de rien, que de travailler et, là aussi, le grand charme n'existe plus », ou le prince de Joinville, son cadet, notant dans ses souvenirs : « C'était notre premier deuil de famille, le premier vide de cette nombreuse branche de frères et sœurs, si tendrement unis. Femme originale, spirituelle, nature aussi passionnée dans ses affections que dans ses antipathies, artiste jusqu'au bout des ongles, j'admirais ma sœur et sa mort me causa un chagrin profond qui attrista le court séjour que je fis au milieu des miens. »

Trop occupé par l'exercice du pouvoir, Louis-Philippe réalise-t-il enfin qu'il a consacré peu de temps à sa fille cadette ?

C'est probable, mais les Orléans sont des gens pudiques qui ne laissent pas facilement transpirer leurs douleurs intimes, réalisant dans la solitude qu'ils ont laissé s'envoler un ange auquel Vigny songe peut-être en composant ce vers : « L'invisible est réel, les âmes ont leur monde », ce qu'allait comprendre si bien Ary Scheffer, quelques années plus tard, qui donnera les traits de Marie à cet en ange veillant sur le cadavre de son frère Ferdinand-Philippe, au lendemain de la mort de l'héritier du trône. Transportée à Paris par le duc de Wurtemberg et le duc de Nemours, la dépouille de la jeune duchesse, très sincèrement pleurée par le peuple de Pise et, sur le trajet du retour, par les paysans de France saluant en silence la voiture funèbre, est inhumée dans la chapelle royale de Dreux, que Louis-Philippe vient de faire agrandir dans ce style néogothique qu'elle aimait tant, après qu'on eut disposé près de son sarcophage sa dernière œuvre, cette statue de *L'Homme au déclin de la vie, soutenu par l'ange de l'Espérance* qui la définit si bien et qui, depuis, veille tendrement sur le sommeil d'une jeune fille qui aima si peu la vie, mais habitée par un génie artistique qui aima tant l'idée qu'elle s'en faisait, d'une jeune fille si respectée qu'en 1848, lors du pillage du palais par le peuple de Paris, nul n'osera forcer les portes du cabinet gothique de la princesse sculpteur !

D'abord terrassé par le chagrin, Alexandre de Wurtemberg finit par se remettre et allait survivre de longues années à Marie, puisqu'il ne s'éteignit que le 28 octobre 1881 au château de La Fantaisie, près de Bayreuth, à l'époque où Richard Wagner y officiait déjà, après s'être discrètement remarié avec Catherine von Meyernberg (1829-1915). Quant à leur fils unique, Philippe, élevé par ses grands-parents maternels et sa tante Clémentine, aux Tuileries jusqu'à la révolution de 1848, en Grande-Bretagne ensuite, il était l'enfant chéri de la famille, le petit orphelin objet de toute la sollicitude de ses oncles et tantes, comme en témoigne le docteur Blache, notant le 31 août 1839 : « Après le déjeuner j'étais monté faire ma visite au petit prince Philippe et, pendant que je l'examinais, la reine des Belges est entrée avec sa sœur Clémentine. Le pauvre enfant a fait un si tendre accueil à sa tante, la reine, que les deux sœurs ont été émues jusqu'aux larmes en pensant à leur sœur Marie. » Après avoir effectué de longs séjours chez la reine des Belges, qui l'avait pris en affection, Philippe de Wurtemberg allait terminer sa vie en Allemagne en compagnie de son épouse, l'archiduchesse d'Autriche Marie-Thérèse de Habsbourg (1845-1939), jusqu'à sa mort, survenue à Stuttgart, le 11 octobre 1917, devenant, par ses sept enfants, l'ancêtre des actuels ducs de Wurtemberg et de quantité de maisons princières européennes dans les veines desquelles coule de ce fait le sang du premier et dernier roi des Français.

CINQUIÈME TABLEAU

Nemours, la fidélité et le panache

« La voix du temps est triste au cœur abandonné. »

ALFRED DE VIGNY

La dernière bataille du preux chevalier

Le 24 février 1848, cette année où Alexandre Dumas fils publie *La Dame aux camélias*, Marx et Engels le *Manifeste du parti communiste* et les sœurs Brontë *Les Hauts de Hurlevent*, à Paris, une autre révolution fait rage, plus violente, plus agressive, moins fraternelle que celle qui, dix-huit ans plus tôt, avait porté les Orléans sur le trône. À une heure de l'après-midi, tandis que l'émeute gronde dans la capitale, que Louis-Philippe, Marie-Amélie et une partie de la famille royale ont déjà abandonné les Tuileries pour Saint-Cloud – d'où ils prennent le chemin de la Normandie pour passer en Grande-Bretagne –, à la Chambre des députés, la duchesse d'Orléans, veuve de Ferdinand-Philippe, ses deux fils et son beau-frère le duc de Nemours font face, non sans panache, au tumulte provoqué par leur arrivée et leur installation, par les huissiers, au bas de la tribune. Le roi en effet ayant abdiqué en faveur de son petit-fils, le comte de Paris, sa mère et son oncle attendent à présent que le Parlement confirme cette décision en la désignant comme régente, puisque, pour complaire à la représentation nationale, Nemours vient d'annoncer qu'il renonce à cette fonction que, pourtant, ce même Parlement lui avait attribuée six ans plus tôt.

Or, si nombre de députés sont d'accord avec eux, en particulier le président Dupin, exposant avec courage la situation politique et imposant à ses collègues de respecter la décision du roi, Odilon Barrot et, plus encore, Victor Hugo, appuyant ostensiblement la jeune femme, avec autant de galanterie que de conviction, d'autres, en revanche, ne veulent rien savoir, comme Ledru-Rollin, Crémieux et surtout Lamartine qui, eux, en tiennent pour la république, ce dernier surtout qui caresse l'idée d'en assurer bientôt la présidence. Rien, au commencement de ce psychodrame parlementaire, ne devrait menacer le maintien de la monarchie de Juillet car l'abdication du roi n'entraîne pas *ipso facto* l'effacement de sa dynastie et moins encore la disparition de la force politique puisque demeurent, outre ses fils à la tête des troupes, son petit-fils bénéficiaire de l'abdication, une majorité politique et un personnel administratif en place, au demeurant parfaitement respecté en province où la vague de la révolution n'est pas encore parvenue.

Mais, impressionnés par l'émeute et surtout par la singulière alliance unissant, à ce moment précis, l'opposition de gauche et les légitimistes de droite, les députés, au lieu de se contenter de voter la régence, engagent soudainement un débat pour la modifier. Sans doute le duc d'Aumale ou le prince de Joinville, s'ils avaient été là, seraient parvenus à circonscrire ce dérapage, au fond, démagogique et illusoire, mais ce jour-là, seul Nemours est à Paris, qui, lui, n'arrive pas à s'imposer dans un hémicycle où l'on se déchaîne, où l'on crie, où l'on s'exalte, le chahut parvenant à son comble lorsque les insurgés franchissent le seuil de la représentation nationale au cri de « déchéance ! ». D'abord intimidés puis terrorisés, les députés demandent une interruption de séance pour ne reprendre leurs débats que lorsque la duchesse et ses fils seront sortis, ce qui contraint Nemours à tenter de les entraîner hors de l'hémicycle. Mais elle, toisant superbement son beau-frère, refuse de bouger. Les députés se désintéressent alors de la question et finissent par suivre les adversaires de la dynastie qui arrachent facilement à leurs collègues la décision de nommer un gouvernement provisoire, ce qui a pour conséquence d'écarter les Orléans à qui le marquis de La Rochejacquelein, légitimiste exalté, finit par lâcher une injonction dont le moins qu'on puisse dire est qu'elle est inconvenante, pour ne pas dire insultante : « Mais sortez donc, vous n'avez pas encore compris que vous n'êtes plus rien ? »

La duchesse d'Orléans et le duc de Nemours, qui ont montré pendant toute la séance une dignité exemplaire, comprennent alors que la partie est perdue et quittent la salle sous les applaudissements des uns, les quolibets des autres, avant de monter en voiture, Nemours prenant symboliquement la peine de troquer son uniforme de général pour une simple redingote, non sans avoir jeté un dernier regard sur le palais des Tuileries, à présent livré au pillage, tandis que le trône de leur beau-père et père est promené par des émeutiers passablement avinés – les caves du roi ayant été vidées – dans les rues de Paris jusqu'à la place de la Bastille, où – ironie du sort, la colonne qui la décore avait été commandée par Louis-Philippe – il sera brûlé le soir-même sous les applaudissements de la foule. Une fois de plus, Nemours, le cadet des fils de Louis-Philippe, avait tenté l'impossible, mais sans succès, peut-être parce que sa gravité naturelle et sa réserve proverbiale ne parvenaient pas à séduire les députés et encore moins ce peuple que, depuis le début, il connaît si mal. Mais que pouvait-il faire de plus qu'être là, témoin silencieux de la cause qu'il ne savait défendre sinon par son courage, spectateur muet d'une tragédie que représente une lithographie de Victor Adam, lui à qui, quelques heures plus tôt, aux Tuileries, sa femme a lancé : « Louis, je veux bien mourir, mais je ne veux pas qu'on me coupe la tête » ?

Si aucune tête ne tombe – cela n'est plus à la mode – la partie est néanmoins perdue et chacun choisit sa route, la duchesse vers l'Allemagne, le duc vers la Grande-Bretagne, d'où, le 7 mars suivant, il lui adresse une lettre dans laquelle il écrit : « Depuis la journée fatale, chaque jour me confirme davantage dans l'opinion que nous ne pouvons ni ne devons rien faire, rien tenter en ce moment. Nous n'avons pas la puissance d'apporter en France maintenant ni l'ordre ni la réorganisation. Nous tenir tranquilles, attendre les événements et rester nationaux en nous tenant en dehors de toute activité politique, telle est, selon moi, la ligne de conduite que nous devons suivre en ce moment. » Là est sa politique ; il n'en bougera pas jusqu'à son dernier jour, récusant ainsi d'un revers de la main le ténébreux complot que tentent de mettre en œuvre les généraux Bugeaud et Changarnier, avec pour scénario la mobilisation de l'armée sous leurs ordres, le duc de Nemours assisté de ses frères Joinville, Aumale et Montpensier, accueillant à Lille le comte de Chambord qui, proclamé roi, sous le nom d'Henri V, ferait du fils cadet de Louis-Philippe son Premier ministre, comme le raconte Maxime du Camp, à une époque où chacun prévoit qu'un coup d'État va se dérouler mais sans savoir qui, des orléanistes, des républicains ou des bonapartistes, allait tirer le premier !

Un cadet idéal

Né au Palais-Royal le 25 octobre 1815, à l'époque où son père installait sa famille dans la maison de ses ancêtres, Louis-Charles-Philippe-Raphaël d'Orléans fut titré duc de Nemours, en partie parce que cette terre faisait partie des possessions de sa famille, mais aussi, sensibilité romantique oblige, parce que ce nom évoquait celui du protagoniste de *La Princesse de Clèves* de Mme de La Fayette, dont la lecture était redevenue à la mode après un long purgatoire dans lequel l'avait plongée le siècle des Lumières. Sa mère, à peine remise de ses couches, montrait que, pour être italienne, elle n'en connaissait pas moins l'histoire de France, en s'écriant : « J'espère qu'on ne lui tranchera pas la tête, comme à l'autre ! » avant que sa marraine la duchesse d'Angoulême, fille de Louis XVI, ne le porte sur les fonts baptismaux de la chapelle des Tuileries, où l'archevêque de Rennes, grand aumônier de la cour, lui donnait le premier sacrement. Mais ce n'était pas le protagoniste d'un roman classique qu'il allait devenir, sinon celui d'un autre texte, infiniment plus romantique, dont sa vie allait parfaitement donner l'image, *Servitude et Grandeur militaires* d'Alfred de Vigny, dans lequel, rejetant l'idée de gloire mais conservant celle de sacrifice, il allait surtout apprendre « l'art de bien mourir et l'honneur de souffrir en silence » !

Si une naissance avait tant remué les cœurs, c'était bien la sienne, puisqu'il était le premier prince de la maison royale à voir le jour en France après dix ans de révolution, quatre années consulaires et dix années impériales, ce qui constituait un heureux augure pour la dynastie à peine réinstallée. Le romantisme, de surcroît, l'avait bercé dès le début puisque quelques jours avant sa naissance sa mère avait entendu Chateaubriand lire *Le Dernier des Abencérages* et Mme de Staël exposer ses idées au Palais-Royal, deux grands moments constituant les premières humanités du futur bébé, surnommé « moumours », devenu un bel enfant, plutôt timide, bien qu'excellent sportif, studieux et attentionné pendant son adolescence, comme le remarquaient son précepteur Lannac et son confesseur l'abbé Dupanloup, à qui il n'allait jamais donner de motif de contrariété. Après cette première formation, le quatrième membre de la nichée princière, après son aîné, intégrait le collège Henri-IV, comme le souhaitait son père, expliquant à son ministre Salvandy : « La principale cause de toutes les difficultés de la politique, c'est que dans le milieu où ils se trouvent placés, les princes nourrissent d'autres idées, d'autres opinions que les peuples. Tel est le motif pour lequel j'ai donné l'éducation publique à mes fils. J'ai voulu qu'ils puissent être à la fois citoyens et princes, qu'ils ne subissent pas l'habitude d'un entourage de flatteurs, qu'ils n'eussent pas devant leurs yeux ce voile que donne l'éducation des cours, enfin qu'ils ne fussent pas liés par goût d'enfance à un monde faisant bande à part. »

Son programme d'études honorablement terminé, il s'était ensuite conformé à son état de prince cadet officier, servant sérieusement comme colonel au 1er régiment de chasseurs dès 1826, à l'époque où, pour rapprocher les deux branches de la maison de France, Charles X et le duc d'Orléans envisageaient de le marier à sa cousine Mademoiselle, fille du défunt duc de Berry et sœur aînée du duc de Bordeaux, secrètement sensible au charme réservé de ce cousin blond, si discret et si attentionné, dans lequel chacun voyait déjà le gendre idéal. En attendant cette idylle dynastique, il servait à son tour à Lunéville où il faisait l'apprentissage du métier militaire avant de revenir à Paris au lendemain de la révolution de 1830 qui se terminait par l'accession de son père au trône de France, faisant de lui, si son aîné disparaissait sans héritier, l'héritier naturel de la couronne. Engagé dans le siège d'Anvers au côté de Ferdinand-Philippe l'année suivante, puis, deux ans plus tard, avec le même en Algérie, il alternait désormais son existence entre la vie de garnison et ses fonctions représentatives, accompagnant toujours son frère dans ses visites des cours d'Europe, celle de Grande-Bretagne en particulier où, selon les observateurs du moment, la très jeune reine Victoria n'aurait pas été insensible au charme de celui dans lequel Henri Heine, complétant le portrait lithographié du prince par Noël, voyait « un jeune et joli garçon à la tournure aisée, svelte sans être grand, d'une complexion délicate en apparence, petite figure blanche et fine, regard spirituel, nez légèrement courbé à la Bourbon, un fin blondin d'antique et noble souche ».

Une idylle allait-elle naître entre la souveraine britannique et le cadet des fils du roi des Français ? En apparence seulement, le temps d'un voyage. Mais il est évident que Victoria, même après son mariage avec Albert de Saxe-Cobourg, allait toujours conserver un petit faible pour lui, il est vrai, mais pour ses frères également qui, à chacune de leurs visites, manifestaient un certain talent pour la divertir ; ce que ses sujets anglais n'osaient pas. Ne s'écartant cependant jamais de son devoir, le jeune prince ne s'attardait pas à l'étranger et revenait bientôt combattre en Algérie, sous les ordres de Clauzel. Il participait avec fougue, pendant l'expédition de Constantine, à la prise et à la reprise de cette ville – une lithographie de Victor et Tassaert le représente commandant la pièce centrale de l'artillerie –, d'abord sous les ordres du général Valée, puis sous ceux du général Damrémont tué à ses côtés, le 13 octobre 1837, exploits remarqués qui eurent pour conséquence la décision de nommer « Nemours » la ville de Djemma el-Ghazaouet, entre Oran et Tafna. Doutait-on de sa valeur militaire ? Le roi son père avait confirmation du contraire en remarquant, au camp de Compiègne, une pyramide érigée par les troupes sur laquelle des vers anonymes ne laissaient planer aucun doute sur les sentiments qui lui étaient voués :

« Qu'ils sont heureux, sur la plage africaine
Ceux que ton bras va guider au combat,
Oh ! quand là-bas tu vanteras leur zèle
Cher général, rappelle-toi toujours
Que loin de toi, pourtant aussi fidèle,
Elle est ici la brigade Nemours. »

Courageux sur le champ de bataille – sa charge sur le plateau de Mansoura est demeurée légendaire –, généreux avec ses hommes – on le vit un jour donner spontanément toute sa bourse à un soldat dans la détresse – et endurant à la fatigue, il ne manquait pas de goût et de talent, dessinant assez bien comme ses frères et sœurs et ne manquant pas, tout au long de sa carrière militaire, de croquer sur le vif les troupes et les batailles. Ne raconte-t-on pas que Louis-Philippe, visitant le

Salon, était un jour tombé en arrêt devant une aquarelle anonyme représentant un combat en Algérie et la faisait aussitôt acheter pour ses collections privées. S'enquérant de l'identité du peintre, on lui apprenait alors qu'il n'était autre que... le duc de Nemours, prouvant que, malgré sa raideur, il n'était pas moins que les autres artiste à ses heures, lui qui allait collectionner les tableaux et les œuvres d'art avec un œil très sûr. Homme pleinement accompli enfin, il ne dédaignait pas les jolies femmes que, selon Victor Hugo, il regardait « d'une manière gênante », ce que prouve encore la longue liaison qu'il eut, à cette époque, avec une danseuse de l'Opéra, Mlle Esquillard. Sa sœur cadette n'était autre que la maîtresse de son cadet Joinville, et les Parisiens, amusés, les surnomment alors Titine et Fifine, après la publication d'un article dans *Le Corsaire*, ce qui obligea le roi à mettre fin à ces idylles en offrant – malgré son avarice – quatre-vingt mille francs aux deux donzelles pour leur permettre de financer une longue tournée en province.

Le bâton de la vieillesse royale

Aussi furieux que son frère de s'être fait posséder, Nemours, très épris de sa danseuse, se contentait de bouder sans trop protester et refusait de s'intéresser à la perspective de se marier avec celle que ses parents lui avaient choisi pour compagne. Celle-ci n'était autre que Victoire de Saxe-Cobourg – immortalisée par un célèbre portrait de William Ross et un autre de Winterhalter – , née à Vienne le 14 février 1822 au foyer de Ferdinand, prince de Saxe-Cobourg-Gotha et de Marie-Antoinette de Kohary, nièce encore du roi des Belges et cousine de la reine Victoria, et de surcroît sa meilleure amie et sa presque sœur. Pourtant, lorsqu'il la vit pour la première fois, ce fut le coup de foudre, tant elle était belle, grande, blonde, le visage parfait, le corps admirable avec ce charme particulier que procurait, dans son hérédité, ce mélange de sang allemand et de sang slave ; sentiment totalement réciproque puisque, manifestement, la jeune fille ne se montrait pas insensible à l'apparence de ce garçon élégant et quelque peu timide, qui rougissait en la saluant à sa descente de voiture, tandis que, le poussant du coude, Joinville, tout émoustillé, lui glissait à l'oreille : « Eh bien, mon vieux, je t'en fais mon compliment ! Elle est charmante ! »

Ainsi cette union, comme il se doit arrangée par la diplomatie dynastique, et dont Philippoteaux fixait très académiquement la cérémonie, célébrée le 27 avril 1840 à Saint-Cloud, allait se révéler comme un véritable mariage d'amour qui jusqu'à la fin unirait, dans une complicité parfaite, tout à la fois sentimentale, sensuelle et intellectuelle, l'austère chevalier français et la tendre, douce et docile princesse allemande, l'un et l'autre se découvrant bientôt les mêmes goûts en matière littéraire, artistique ou décorative Seule fausse note dans ce mariage, la malencontreuse idée qu'avait eue Louis-Philippe d'exiger du Parlement qu'il dotât son fils cadet à cette occasion, ce qu'il avait refusé, conduisant le très vigilant Alexandre Dumas à noter : « Pauvre jeune prince, plein d'honneur, de délicatesse et de désintéressement qui s'était opposé de tout son pouvoir à ce qu'on fît cette demande en son nom et sur ses épaules duquel on donnait le fouet à son père ! » Mais qu'importent les états d'âme des députés, quatre enfants allaient naître de cette liaison sans histoire, deux fils : Gaston, titré comte d'Eu, né le 28 avril 1842, et Ferdinand, titré duc d'Alençon, né le 12 juillet 1844, ainsi que deux filles : Marguerite d'Orléans, née le 16 février 1846, et Blanche d'Orléans, tous élevés avec la tendresse d'un couple réservé mais uni, construisant chaque jour un paisible et pudique bonheur dans leur appartement des Tuileries dans l'ombre respectueuse du roi et de la reine des Français.

« Il est du même bois que moi » avait coutume de dire Louis-Philippe de son fils cadet, songeant sans doute à en faire le bâton de sa vieillesse. Et il est bien vrai qu'il était le plus fidèle, le plus obéissant et le plus dévoué de ses enfants, lui que Marie-Amélie appelait dans l'intimité « chérissime blondin » ou « mon cher chevalier », tandis que ses frères et sœurs préféraient l'affubler du sobriquer de Tan ou Sans, lui qui, toujours raisonnable, incarnait à la perfection le rôle ingrat du fils cadet, ombre de son aîné l'héritier du trône, faisant le lien entre les uns et les autres, ne se plaignant jamais, assumant sans état d'âme sa fonction d'éternel second, tout en les assurant de sa sollicitude, ainsi qu'il le montra en 1838 en assistant à Gênes sa sœur Marie dans ses derniers instants. Mais si sa famille appréciait chez lui son incontestable loyauté – «... mes fils, disait Marie-Amélie, en pensant plus particulièrement à lui, font leur devoir et je suis charmée que l'on sache qu'on peut compter sur eux en toute circonstance » –, sa vague ressemblance avec Henri IV qu'il exagérait à plaisir en se laissant pousser la barbe – ce dont témoigne un beau dessin au crayon d'Eugène Lami –, elle ne l'en trouvait pas moins un peu trop étroit d'esprit, estimant, quand on le voyait quelque peu dépressif, qu'il « avait du guignon ». Ce détail, du reste, n'échappait pas, une fois de plus, à la perspicacité de Victor Hugo, qui notait avec une certaine cruauté : « M. de Nemours est embarrassé et embarrassant. Quand il vient à vous avec ses favoris blonds, ses yeux bleus, son cordon rouge, son gilet blanc et son air triste, il vous consterne. Il cherche toujours ce qu'il va dire et ne sait jamais ce qu'il dit. Il ne saura pas se faire aimer. » Cette opinion est partagée par Henri Heine dans un autre portrait, plus féroce encore, qu'il brossait de lui : « Le duc de Nemours jouit-il de la très haute disgrâce du peuple souverain, comme on le soutient avec un zèle excessif ? Encore suis-je tenté d'approfondir les motifs de sa disgrâce. L'air distingué, élégant, rêveur et patricien du prince est peut-être le principal grief qu'on a contre lui. L'extérieur du duc d'Orléans était noble, celui du duc de Nemours était nobiliaire. »

De cela, il avait parfaitement conscience lui qui, depuis sa naissance, ne se considérait que comme la doublure de son frère, avec lequel il posait, devant le portique du Palais-Royal, très manifestement en retrait derrière son père, et avec qui, un jour, où ils effectuaient de conserve une obligation représentative, il eut cet échange révélateur :

— Allons, Nemours, parle donc ! Tu emboîtes trop le pas.
— Mais près de toi je dois m'effacer.
— Tu as tort, je veux que tu sois aimé autant que moi.
— Que faire pour cela ?
— Te montrer !

Mais se montrer était justement ce qu'il détestait le plus, lui, sans doute à l'aise dans la troupe, au combat ou à la chasse, mais paralysé – comme sa sœur Louise-Marie – lorsqu'il lui fallait parler en public ou dialoguer avec des inconnus, incapable de montrer cet immense talent que déployait son frère, s'intéresser aux autres ! « Il était homme à faire modestement tout son devoir en s'effacant autant que possible, non à se mettre en avant pour suppléer à l'insuffisance des autres, ni à s'emparer spontanément d'un rôle qui ne serait pas strictement le sien », écrivait de lui Thureau-Dangin, acréditant ainsi une opinion largement partagée dans Paris voulant voir dans le deuxième fils du roi une sorte de Habsbourg trop distant, un Autrichien en somme, quand le reste de la progéniture royale paraissait si français.

Il faut reconnaître que le pauvre duc de Nemours n'avait guère eu de chance dans sa vie. Déjà, en 1829, la rumeur se répandait que les Grecs insurgés le voulaient pour roi, projet auquel la France ne donna pas suite, laissant de ce fait un prince de Bavière monter à sa place sur le trône d'Athènes, d'où il sera pourtant chassé en 1867. Deux ans plus tard, le 9 février 1831, il apprenait que le congrès de Bruxelles l'avait élu roi des Belges, annonce que son père avait balayée d'un revers de la main, lui expliquant que ce geste le mettrait au plus mal avec la Grande-Bretagne, comme il tentait de le justifier : « Cette idée doit être écartée et il ne faut pas même la discuter, puisque dans l'état actuel de l'Europe cette discussion serait dangereuse et ne présenterait aucune chance de succès. » Avait-il raison ? Il semble difficile d'apprécier un siècle et demi plus tard si l'installation à Bruxelles d'une branche cadette de la branche cadette de la maison de France était véritablement inopportune, mais l'intéressé était un fils soumis et il s'inclinait, laissant monter sur le trône Léopold de Saxe-Cobourg. Un troisième trône pourtant semblait possible à conquérir plus facilement, celui du Portugal, dont la jeune reine de Bragance, Marie, était un cœur à prendre. Mais l'affaire ne se fit pas, celle-ci étant bientôt mariée à Ferdinand de Saxe-Cobourg, grâce à la Grande-Bretagne qui continuait de pousser ses pions, ici son propre beau-frère !

La mort prématurée de son aîné – qui voyait en lui, non sans une certaine ironie affectueuse, « le devoir personnifié » – le plaçait dans une position particulièrement embarrassante – celle de régent pendant la minorité de son neveu –, n'ayant pour seule perspective « que de pénibles devoirs à remplir » (Mme de Boigne) et, tout en refusant de courir « après une vaine populacerie » (Rodolphe Apponyi), de s'y consacrer totalement « par conviction et non pour plaire au public ». Voulait-il de cette place à risque ? Rien n'est moins sûr ! En fait, le roi et Guizot s'étaient ralliés à cette solution, non seulement en vertu de la loi salique excluant les femmes du pouvoir, mais surtout pour conserver la couronne à la famille d'Orléans et confier les responsabilités au plus conservateur de ses membres, celui qui, justement, poursuivrait à coup sûr leur propre politique, dont Louis-Philippe croyait assurer de cette manière la pérennité. Mais il ne pouvait ignorer que cette décision arrachée à la Chambre ne satisfaisait pas une opinion publique qui se serait davantage accommodée du prince de Joinville ou du duc d'Aumale, infiniment plus appréciés, même si elle considérait toujours d'un bon œil son impeccable allure, dont *L'Illustration* du 11 janvier 1846 donne un aperçu à l'occasion du grand banquet offert aux princes, à l'Hôtel de Ville de Paris, à l'occasion du concours général de l'Agriculture, du Commerce et des Manufactures, ou l'édition du 31 janvier 1846 le représentant galopant, au Champ-de-Mars, avec l'envoyé du sultan du Maroc et tout un groupe de cavaliers maghrébins, offrant aux Parisiens le spectacle d'une brillante fantasia.

C'était désormais lui qu'écoutait son père – mais il est vrai qu'il ne le contredisait jamais ! –, lui qui s'offusquait des caricatures du roi dans la presse, alors que ce dernier s'en amusait, se donnant le luxe, un jour où un enfant dessinait dans la rue sa tête en forme de poire, de lui offrir une pièce de cinq francs à son effigie, en lui disant : « Tiens, la poire est aussi là-dedans ! » Aussi Nemours remplissait-il très exactement, à l'armée, au Conseil d'État ou à la Chambre des pairs, ses devoirs de prince, toujours assis près de Louis-Philippe lorsque celui-ci débitait, chaque année, le discours du trône devant les Chambres, donnant d'impeccables réceptions avec sa femme, comme en ce mois de mars 1846 où *L'Illustration* les représenta tous deux en costume Louis XV à l'occasion de quelque bal masqué. Devenu parallèlement une sorte de délégué personnel du roi son père, il effectuait, avec son épouse, de sérieuses visites officielles en province, en Alsace, dans le Centre, à Lyon, à Lille, où il inaugurait la nouvelle ligne de chemin de fer conduisant à Bruxelles, et enfin dans le Sud-Ouest où, séduit par les Pyrénées pendant une cure aux Eaux-Bonnes, il n'hésitait pas à sacrifier au nouveau sport à la mode, la montagne, demeurant fidèle à la station de Cauterets jusqu'à la fin de sa vie, se distinguant dans de mémorables chasses à l'ours ou à l'isard et par de périlleuses ascensions comme, en 1846, la première du pic Long puis du Marboré, avec le guide Marc Sesquet, seuls lieux peut-être où il pouvait savourer l'ivresse d'une liberté que sa position lui interdisait quotidiennement. D'autres voyages se déroulaient encore en Algérie, en Espagne, et en Grande-Bretagne où la reine Victoria se montrait toujours ravie de le revoir, surtout depuis qu'il avait uni son destin à celui de sa plus chère parente.

Mais il avait beau faire, si on le respectait, on ne l'aimait guère, lui reprochant de trop soutenir Guizot – que ses cadets Joinville et Aumale ne se privaient pas de critiquer, même en public – et de sacrifier, contrairement à son père, à un apparat trop somptueux lorsqu'il recevait chez lui, obligeant ses invités à porter la culotte, ce qui lui attirait d'Émile de Girardin cette remarque aigre-douce : « Monsieur le duc de Nemours est un homme très distingué, tout le monde en convient ! Il est impossible d'avoir, plus que lui, l'air d'un prince du sang et moins l'air d'un prince d'opéra-comique. Dignité dans le maintien, bonne grâce dans la démarche, point d'affectation, point de préoccupation ; c'est le bon goût naturel, c'est l'élégance involontaire, rien de mieux. Voilà sans doute de grands avantages. Mais faut-il faire de ces avantages le supplice de toute la cour et, parce qu'on a l'élégance des grands seigneurs d'autrefois, exiger des courtisans une élégance incompatible avec les mœurs plus que républicaines d'aujourd'hui ? A-t-on le droit, parce qu'on porte bien l'uniforme, d'imposer à ses invités pacifiques une sévérité de costume, une solennité de parure dont les habitudes laborieuses et bourgeoises font un ridicule douloureux ? »

Ce petit travers qui, au fond, n'était rien, lui valait nombre de brocards dans Paris et il était fatal que ce genre de manifestation finisse par agacer, au moment où la monarchie de Juillet ne bénéficiait plus de la faveur générale, comme ce grand bal costumé qu'il donnait au plus fort moment de la cherté des vivres, le jour du carnaval de 1847, sans comprendre qu'il allait être sévèrement jugé, contrairement à sa femme, plus lucide, qui confiait bientôt au précepteur de ses enfants : « Il va nous falloir bientôt quitter la France ! » Il est peu de dire que la révolution de 1848 le surprit, et cela explique ses maladresses, même si son rôle devant la Chambre des députés ne manquait pas de grandeur, de même le soin qu'il mit à protéger le départ des siens en Grande-Bretagne, avant de les retrouver au château de Claremont. Il servit désormais son père dans l'exil avec la même ferveur qu'il l'avait servi roi, avant de l'assister jusque dans ses derniers instants, l'été 1850, où il devenait, à trente-six ans, et jusqu'à la majorité de son neveu, le comte de Paris, chef de la maison de France, devant gérer les problèmes matériels et les questions politiques, tout en veillant avec soin sur sa mère qui se reposait à présent totalement sur lui, le baptisant d'un titre ambigu, « mon confesseur civil ».

L'élégance hautaine de l'exil

Installé dans sa résidence personnelle de Bushy où il ne se mêle plus guère de politique, à l'exception de l'élection présentielle de 1848, au cours de laquelle il préconise aux orléanistes français de voter pour le général Cavaignac pour, naturellement, contrer Louis-Napoléon Bonaparte, le duc de Nemours se consacre surtout à l'éducation de ses enfants qu'il élève avec une méticuleuse attention, jusqu'à leur apprendre lui-même à monter à cheval et à les initier aux sports les plus risqués tout en supervisant leur instruction, comme jadis Louis-Philippe – obligeant tout le monde à se lever à six heures du matin et à commencer la journée par une douche glacée ! Il développe parallèlement un certain nombre d'activités comme le jardinage, le dessin, les collections d'art, étant peut-être, au contact de la noblesse campagnarde britannique, plus heureux qu'il ne le fut aux marges du trône puisqu'il en adopte le mode de vie, fait de longues promenades à cheval, de chasses au renard et de soirées décontractées entre voisins autour d'un punch, tout en rédigeant ses souvenirs pour justifier son action au plus fort moment de la révolution de Février.

Il voyage aussi, en Belgique, en Allemagne, en Hongrie, en Bulgarie et en Autriche, effectuant une respectueuse visite au comte de Chambord afin de prendre date avec l'avenir, non pour lui-même, bien sûr, mais pour sauvegarder les intérêts de son neveu envers lequel il décide d'être aussi fidèle qu'il le fut à son père. Dans les années qui suivent, en effet, et malgré les réserves de sa belle-sœur, la duchesse d'Orléans – chef d'une tendance, dite « régentiste », où brille Changarnier –, c'est bien lui qui va devenir l'artisan obstiné de ce qu'on appellera bientôt la « réconciliation des deux branches », c'est-à-dire l'effacement des Orléans devant le comte de Chambord, à la condition – puisque celui-ci n'a pas d'enfants – de reconnaître pour héritier le comte de Paris, seule manière de réunir les légitimistes et les orléanistes en cas de restauration des Bourbons sur le trône de France, même si celle-ci n'est pas du goût des extrêmes de chaque bord, les uns récusant le retrait des Orléans en faveur de celui qu'ils considèrent comme un franc réactionnaire, les autres dénigrant une dynastie définitivement souillée par le geste de son ancêtre ayant cautionné l'exécution de Louis XVI.

Devenu presque légitimiste – c'était au fond dans sa nature ! –, Nemours pousse donc ses pions avec patience au fil des années, supervise les négociations entreprises par les uns ou les autres, et finit par prononcer, au nom de ses frères à demi convaincus (Aumale surtout), devant le petit-fils de Charles X la fameuse phrase qui éteint un demi-siècle de querelle dynastique : « Nos vœux seraient de vous voir sur le trône de France », qui lui valent de Guizot une approbation dans les règles : « Vous avez fait, monseigneur, un acte très honorable et très utile. Nous aurons encore bien des épreuves, bien des tristesses, mais nous avons enfin une étoile fixe à l'horizon, elle y restera et elle montera, quels que soient les orages. » L'ancien ministre ne se trompe pas, prévoyant bien les problèmes consécutifs à cette démarche, en particulier l'opposition de la duchesse d'Orléans, soutenue par la reine Victoria et le parti régentiste, celle des orléanistes de centre gauche, conduits par Thiers, et celle de la gauche dynastique menée par Odilon Barrot. Comment avec un tel loyaliste Nemours peut-il manœuvrer dans ce nid d'intrigues sans y perdre son âme ? En se désintéressant de la question, ce qu'il ne tarde pas à faire, laissant à présent Joinville et Aumale mettre les mains dans le pétrin, pour prendre enfin de la hauteur et cultiver ce splendide isolement qui fait tout le charme de sa personnalité.

Cette sérénité retrouvée est cependant gâchée, le 10 novembre 1857, par la mort de sa femme, victime à trente-cinq ans d'une foudroyante embolie pulmonaire, un mois après avoir mis au monde leur quatrième enfant, la petite Blanche d'Orléans, ce qui lui fit éprouver une douleur immense et accentue son caractère introverti, que saisit, d'une manière très romantique, ce photographe anonyme venu fixer sur le papier les traits éblouissants de feu la duchesse sur son lit de mort, tendre compagne d'un homme trop sentimental pour l'avouer aux autres, à qui elle avait donné, jour après jour, le goût de vivre. Alors, pour tromper ses angoisses, il reprend ses voyages, visitant l'Italie puis l'Espagne, pendant que ses fils servent, comme officiers, dans l'armée britannique et que sa mère, la reine Marie-Amélie – « cette sorte de divinité qui planait sur la famille », écrit-il –, s'éteint dans ses bras le 24 mars 1866, lui confiant l'organisation de ses funérailles à l'occasion desquelles tous les Orléans, avec leurs enfants et petits-enfants, se réunissent, saisis éparpillés sur la pelouse de Claremont par un photographe subtil, imprimant à ce cliché printanier un aspect aussi nostalgique qu'élégant dans lequel, à la manière de personnages de théâtre, tous semblent, ce jour-là, dire adieu à leur jeunesse et à un passé désormais envolé avec le départ de la dernière reine que la France ait connue.

Quatre ans plus tard, le Second Empire s'effondre dans la tragédie de la défaite française face à la Prusse, et Nemours retourne en France au terme de vingt-deux ans d'exil, prenant ses quartiers à Paris, à l'hôtel de Londres, et s'en va méditer sur le spectacle des Tuileries incendiées par la Commune, comme les peint alors Meissonnier, du parc de Neuilly désormais loti et du Palais-Royal affecté aux grands corps de l'État, tandis que peu de passants reconnaissent, chez ce bel homme, la barbe devenue blanche, le fringant cavalier du tableau de Vernet, peut-être secrètement satisfait de constater que la rue de Nemours, ouverte en 1838, dans l'actuel 11e arrondissement, porte toujours son nom. Très lié à Mac-Mahon, bientôt élu président de la République et dont le caractère quelque peu entier ressemble assez au sien, il est alors réintégré dans l'armée française avec le grade de général, assiste aux grandes manœuvres à Tarbes et devient président de la Société de secours aux blessés qui va bientôt devenir la Croix-Rouge française. Partageant sa vie entre sa résidence de l'avenue Kléber et de fréquents séjours à Cauterets, dans les Pyrénées, le vieux soldat commence alors à Paris une vieillesse discrète et effacée, dans laquelle il semble enfin trouver son équilibre, ce qui transparaît sur ce superbe cliché de Delton le représentant à cheval, en uniforme de général, le regard perdu dans quelque méditation.

Ainsi le fils cadet de Louis-Philippe devient-il, à l'aurore de la Belle Époque, une sorte de figure élégante et sensible qu'on aperçoit sur les clichés rassemblant le Gotha européen, un jour en compagnie du roi d'Angleterre, un autre avec le roi du

Portugal, vieillard distingué attendri par ses petits-enfants ou petits-neveux venant respectueusement le visiter lorsqu'il réside à Cannes ou qu'il vient prendre ses quartiers au château d'Eu, que le comte de Paris a vendu à ses cousins brésiliens, symbole à lui seul de l'expérience que fut cette monarchie de Juillet en cette IIIe République triomphante qui, en fin de compte, avait appris à le respecter. Et c'est tout doucement qu'il s'éteint à Versailles, le 26 juin 1896, dans la suite qu'il occupe à l'hôtel des Réservoirs, avant de rejoindre pour l'éternité sa chère épouse dans la chapelle royale de Dreux et avec elle son frère aîné Ferdinand-Philippe, qui, d'une certaine manière, l'avait si fortement empêché d'exister, de même que ses parents, ce que peut-être ressent la foule qui se presse à ses funérailles, émue de porter en terre de France une si belle figure de prince à trois ans d'un nouveau siècle.

En disparaissant, Nemours laissait quatre enfants, deux fils d'abord – que Winterhalter avait croqués enfants, avec leur grand-mère Marie-Amélie, sur une merveilleuse aquarelle datée de 1848 – et deux filles, Marguerite d'Orléans (1846-1893), mariée au prince polonais Ladislas Czarkowski, auteur d'un abondant lignage en Bohême, et Blanche d'Orléans (1857-1932) qui, elle, allait demeurer célibataire, se consacrant surtout, comme sa tante Marie, à l'art, devenant un peintre de talent, dont témoignent plusieurs œuvres, en particulier ce triptyque conservé dans l'église Saint-Wandrille du Pecq associant le Christ, saint Laurent et saint Jean Népomucène de Prague, ou ce retable de l'église Saint-Louis-en-l'Île à Paris, orné de sa main. Valeureux officier de l'armée espagnole, son fils aîné, le séduisant Gaston, comte d'Eu (1842-1922), comme son oncle Joinville, avec qui il partageait, outre le charme, la même surdité, allait traverser l'Atlantique pour se chercher une épouse, en l'occurrence la cadette des filles de l'empereur du Brésil Pedro II, l'aînée, Isabelle (1846-1921) – et son héritière –, étant promise, par la volonté de Londres, à un prince de Saxe-Cobourg-Gotha, selon le récurrent scénario qui, depuis un demi-siècle, présidait aux établissements matrimoniaux en vigueur. Or, en voyant le comte d'Eu débarquer, Isabelle en tomba immédiatement amoureuse et, contrevenant à ce qui avait été décidé, l'épousa aussitôt, faisant du petit-fils de Louis-Philippe le prince consort de la future impératrice de l'immense Brésil ! Celui-ci, au reste, se distingua particulièrement en commandant les troupes de son beau-père qui écrasèrent, en 1869, celles de Lopez, dictateur du Paraguay. Mais pas davantage que son père, qui ne put jamais devenir roi des Grecs ou des Belges, Gaston ne devint empereur du Brésil car ayant très généreusement aboli l'esclavage dans ses États, son beau-père était de ce fait renié par tous les grands propriétaires qui obtinrent son abdication et son exil, au château d'Eu, en Normandie. Il ne put qu'être le fondateur de la dynastie des Orléans-Bragance, dont les descendants sont aujourd'hui les prétendants officiels au trône du Brésil.

Pendant que ce dernier cherchait l'aventure sous les tropiques, son cadet Ferdinand, duc d'Alençon (1841-1910), également officier de l'armée espagnole, combattait aux Philippines, visitait la Chine et le Japon et épousait la très belle princesse de Bavière Sophie de Wittelsbach (1847-1897), sœur de l'inoubliable Sissi, dont il s'était follement épris de la beauté ravageuse. Mais le destin de Sophie de Bavière fut aussi triste que celui de sa cousine Charlotte de Belgique car, fiancée à Louis II de Bavière – qui lui avait donné le prénom de l'Elsa de Wagner –, elle avait attendu des années pour apprendre qu'il ne voulait pas l'épouser ; elle avait donc accepté de devenir duchesse d'Alençon dans le Paris de Marcel Proust. Hélas, alors qu'elle tenait un stand de bienfaisance au Bazar de la Charité, elle fut l'une des premières victimes d'un célèbre incendie, demandant, alors qu'elle était atrocement brûlée, qu'on s'occupât avant elle des autres femmes blessées, résignation que comprit sans doute très bien son beau-père, infiniment meurtri par la disparition de sa bru préférée qui, comme lui, à la manière de Lamartine, aurait pu s'écrier : « Je suis d'un pas rêveur le sentier solitaire. »

SIXIÈME TABLEAU

Clémentine, la séduction dans le Gotha

« Le succès flatteur est non de conserver mais de conquérir. »

STENDHAL

Retrouver l'âme du passé

En cette année 1835, marquée par la représentation de *Chatterton* de Vigny, la publication, par Hugo, des *Chants du crépuscule* et de *Tarass Boulba* par Gogol, ainsi que par la représentation de *Lucie de Lamermoor* de Donizetti, trois silhouettes se pressent fébrilement dans les rues de ce vieux Paris qui, au fond, n'a pas beaucoup changé depuis l'Ancien Régime et qu'à cette époque Eugène Sue met en scène dans ses romans. Ce dernier réactive l'intérêt esthétique de toute une génération pour les vieilles pierres, celle qui, du baron Taylor, promoteur des albums de voyages dans « la vieille France » à Prosper Mérimée, inventoriant les monuments à classer, n'a de cesse de se passionner pour les ruelles obscures sur lesquelles veillent quelque corniche médiévale, ces églises à demi abandonnées par la Révolution où d'antiques statues pleurent la foi perdue d'une autre époque, ces hôtels jadis splendides qui, des Halles au Marais, chantent un monde disparu exaltant le lyrisme de l'âme romantique à la vue d'un passé transfiguré par la nouvelle sensibilité esthétique, que traduit Victor Hugo dans *La Muse française* :

« Ô Français ! Respectons ces restes !
Le Ciel bénit les fils pieux
Qui gardent, dans leurs jours funestes,
L'héritage de leurs aïeux... »

Ces trois jeunes gens, aiguillonnés par la récente décision du roi créant l'inspection des Monuments historiques et confiant déjà au jeune Viollet-le-Duc (fils de son vieux complice l'Intendant des Tuileries) la mission de restaurer l'église de Vézelay, ne sont autres que ses propres enfants cadets, Clémentine d'Orléans et son frère le prince de Joinville, si liés depuis toujours que leurs parents les appellent dans l'intimité « M. et Mme de Joinville », tant leur âge les rapprochait mais aussi cette surdité partielle qui, jusqu'à la fin de leurs jours, les faisait communiquer par petits papiers ou dessins interposés. Quant au troisième personnage, il n'est autre que Victor Hugo, lui-même à la fois écrivain, poète, dramaturge, qui, depuis quelques mois, leur a communiqué sa passion des vieilles pierres pour la capitale qu'il a transcendée dans son roman *Notre-Dame de Paris*, quitte à s'opposer à la destruction archéologique entreprise par le préfet Rambuteau, maniant ce que Balzac nomme, avec ironie, « la truelle civilisatrice » du nouveau Paris. Et chacun d'eux, après les visites, de dessiner ou de commenter ce qu'ils ont vu, car ces archéologues en herbe sont aussi des peintres amateurs et des écrivains capables de transcrire, par la plume ou le fusain, les émotions esthétiques d'une génération éblouie, découvrant un passé que Balzac encore leur montre dans « ces espèces de cryptes et de tombeaux vivants », ces maisons du vieux Paris où s'animent désespérément ses personnages.

En quittant les délices de Palerme, la famille d'Orléans n'avait pas tout à fait abandonné le romantisme pittoresque puisque celui-ci, fût-il plus grisailleux, n'était pas absent de Paris, où le Palais-Royal composait le cœur d'une vieille cité aux ruelles inextricables et aux passes obscures, grouillant de la vie des petits métiers, plus sale certes que celle qu'allait un jour remodeler le baron Haussmann, mais tellement plus vivante et colorée avec son public entassé qui, depuis trente ans, avait vécu et subi dix ans de Révolution et quinze ans d'Empire sans se départir de sa faconde gouailleuse et de son indiscipline frondeuse, que manifestaient les locataires de la demeure princière – cela amusait tant les enfants –, vidant le contenu de leurs pots de chambre sur les balcons du couple ducal ! « Nous avions cherché dans tous les bouquins, racontera plus tard Joinville, les traces de ces légendes et nous employions nos après-midi à aller remarquer l'emplacement et retrouver les vestiges de ce que nous avions lu dans nos livres. Il n'est pas une église, pas un monument que nous ne connussions dans tous ses détails, pas une ruelle, un coin du quartier des Halles, de l'Hôtel de Ville, de l'Arsenal, du Temple, que nous n'eussions exploré avec un soin et un intérêt passionnés. »

La vie est un amusement

Née le 3 juin 1817 à Neuilly, c'est-à-dire trois ans après son aîné Nemours, Clémentine-Caroline-Léopoldine-Clotilde d'Orléans, dite Mlle de Beaujolais – mais en fait « Clem » pour sa famille, ou parfois encore Tinotte –, était trop jeune pour avoir été élevée avec ses deux sœurs Louise-Marie, la future reine des Belges, et Marie, la future duchesse de Wurtemberg, ce qui faisait d'elle l'héroïne des petits derniers Joinville, Aumale et Montpensier, dont elle fut la turbulente compagne de jeu, le petit chef en jupon qui ne se laissait pas facilement dominer par ses cadets, quitte à se faire parfois traiter de virago par Joinville. Fort bien élevée par sa gouvernante, Mme Angelet, moins austère que celle de ses sœurs, elle s'était quelque peu assagie en grandissant, suivant avec application les humanités dispensées à la progéniture princière, avec une prédilection pour les cours d'histoire de

Michelet, familier de la maison, jusqu'à sa démission donnée en 1843, et même les cours de droit de Rossi. Ainsi, à peine au sortir de l'adolescence, elle ne manquait pas d'assister à la réception de Victor Hugo à l'Académie française, le 3 juin 1844 – qui constituait la première victoire du romantisme –, à laquelle participaient aussi son frère Ferdinand-Philippe et sa belle-sœur Hélène, ainsi que la duchesse de Nemours, ce dont elle rendait fidèlement compte dans une lettre à Aumale : « Cela m'a intéressée au plus haut point. Le discours de VH est d'un homme de génie, la réponse de Salvandy d'un homme d'esprit… J'ai eu la satisfaction, après la séance, de pouvoir parler à VH, il a été charmant et cela m'a ravie. Il y avait beaucoup de monde, et du plus joli. »

En fait, comme sa tante Adélaïde, c'était plutôt une intellectuelle, et probablement la plus fine de la famille, ainsi que le déclaraient Guizot, conquis par son intelligence, l'inévitable comtesse de Boigne la définissant comme « une princesse accomplie en tous points » et même Thiers contre lequel elle ferraillait ferme pour défendre ce mouvement romantique auquel il ne comprenait rien mais qui la captivait tant qu'elle ne ratait la sortie d'aucun livre, de Stendhal à Balzac, de Dumas à Musset, de Chateaubriand à Michelet ou de Schiller à Walter Scott. Grande lectrice, elle n'en était pas moins une excellente musicienne, jouant de la harpe avec succès et surtout une très bonne dessinatrice, fidèle, pendant toute sa vie, à l'aquarelle dans laquelle elle passait bientôt maître, signant – sous le signe CO (Clémentine d'Orléans) – de nombreuses œuvres, dont certaines ont été dispersées par Christie's, à Paris, au mois de novembre 2002, œuvres réalisées *in situ*, ce qui laisse entendre qu'elle ne se déplace jamais sans ses crayons, ses couleurs et ses albums, comme toute cette génération de l'époque qui ne prisait rien tant que la recherche de la nature, dans toute sa spontanéité et, le plus souvent, au contact des vieilles pierres recouvertes par une exubérante végétation au fond de parcs inaccessibles, dont témoignent encore ces quatre albums conservés dans les archives de la maison de France, représentant des dizaines de vues de la campagne anglaise ou de la Normandie, de Neuilly ou de Saint-Valéry-en-Caux.

Ainsi la voyait-on encore représenter les jardins de Saint-Cloud ou de Champlatreux et la tour de Montlhéry avec cette très grande sensibilité qui faisait tout le charme de l'esthétique romantique si obnubilée par les paysages, le médiéval château de Randan, en Auvergne, et ses environs, où sa tante l'invitait naguère, avec ses frères et sœurs, à passer des vacances estivales, ou les bucoliques allées du domaine de Neuilly, cadre enchanteur de son enfance. Mais loin de se concentrer sur la seule réalité de ce qu'elle voyait, la jeune princesse laissait libre cours à son imagination en illustrant ses œuvres littéraires préférées ; comme Aria Gonzala de Dumas, choisissant le moment où l'héroïne trouve son fils mort après le combat. Très influencée par le style troubadour alors si à la mode – elle était encore une émule de Dürer dont elle copiait fidèlement les œuvres –, on la voyait dessiner à la plume un austère chevalier allemand appuyé sur une tombe dans une chapelle gothique, imaginer un séduisant jeune homme du Moyen Âge éploré dans un paysage, tenant à sa main une mèche de cheveux de sa bien-aimée, avant de verser franchement dans l'historicisme en reconstituant le départ de Guillaume le Conquérant pour l'Angleterre ou le roi Henri II raccompagnant l'archevêque Thomas Becket et l'aidant à monter à cheval, ou dans l'imaginaire romantique avec ce portrait de Byron, idole de sa génération.

La fille du roi-citoyen, cependant, ne limitait pas seulement sa passion artistique au seul Moyen Âge, ainsi qu'en témoigne son cadet Joinville qui notait : « Comme mes sœurs, qui dessinaient partout des Napoléon, je professais une profonde admiration pour le grand homme de guerre », ce qui sous-entend une pensée politique plutôt anticonformiste, plus libérale encore que celle de son père, allant jusqu'à s'affranchir des aristocratiques préjugés de la noblesse de France pour l'Usurpateur, lequel demeurait aux yeux de la génération romantique le plus grand homme de tous les temps. Mais il est vrai que sa gouvernante, dont les deux frères avaient été tués à Waterloo, l'avait sans doute influencée dans ce sens. Reste que, lorsqu'elle ne courait pas la campagne pour chercher son inspiration graphique ou les salons littéraires pour débattre avec autorité de poésie et de littérature, elle se révélait comme une sportive accomplie, montant à cheval avec élégance et nageant avec panache aux abords de la plage du Tréport, comme en témoigne le docteur Blache écrivant le 27 septembre 1842 : « Aujourd'hui, la princesse Clémentine et Mme Chabot étaient les seules qui eussent osé affronter les vagues et la pluie. Elles prétendaient que l'eau était tiède. »

Qu'espérait-elle à cette époque, devenir une artiste comme sa sœur Marie ou monter sur un trône comme sa sœur Louise, ce que semblait remarquer son père notant « Clémentine est ambitieuse ; elle veut devenir reine » ? Il est probable que son cœur balançait déjà entre ces deux aspirations, peut-être la seconde car elle était incontestablement la plus belle des trois, ce qui n'avait pas échappé au vieux Charles X, déjà bien rangé lorsqu'il montait sur le trône mais qui, en l'apercevant un soir à un bal costumé donné au Palais-Royal – où elle portait une robe du XVIIIe siècle –, confiait naguère à son père : « Monsieur, si j'avais quarante ans de moins, votre fille serait reine de France ! » Son charme de brune pulpeuse n'échappait pas davantage à Winterhalter sur le magnifique portrait qu'il venait de lui consacrer et devant lequel, au Salon, se pressaient tous les gandins de Paris, impressionnés par cette beauté altière qui, cependant, au fil des années, commençait à se faner puisque, à vingt-six ans – ce qui est tard pour l'époque ! –, aucun prétendant ne s'était imposé, non pas parce que son caractère (au demeurant excellent) décourageait les amateurs, mais bien parce que la suspicion entourant la dynastie à laquelle elle appartenait ne facilitait pas les établissements.

Une grande dame européenne

Car tandis que la jeune femme dessine, peint, monte à cheval, prend des bains de mer au Tréport, assiste sa mère dans les cérémonies officielles ou veille, avec beaucoup de tendresse et d'attention, sur l'éducation de son neveu, le petit duc de Wurtemberg, orphelin de sa sœur Marie, ses parents cherchent pour elle le gendre idéal. Mais aucun roi ou prince héritier n'étant alors disponible, on se rabat sur l'archiduc Albert, sans que la cour de Vienne donne suite, puis sur le prince Esterhazy, à qui elle a fait bonne impression, mais qui se désiste bientôt, pour ne pas trop se compromettre avec la cour de France quoiqu'il soit manifestement très attiré par elle. En désespoir de cause le choix du roi finit par se porter sur Auguste de Saxe-Cobourg, né à Vienne le 13 juin 1818 au foyer du prince Ferdinand de Saxe-Cobourg-Gotha et de Marie-Antoinette de Kohary, le frère donc de sa belle-sœur la duchesse de Nemours et le neveu de son beau-frère, le roi des Belges. Encore un protestant, ce qui est le comble pour la si catholique Marie-Amélie et nouveau refus de l'archevêque de Paris de prêter sa cathédrale ! Le mariage, célébré au château de Saint-Cloud le 20 avril 1843, fait l'objet d'un reportage de *L'Illustration*, accompagnant la vue de la cérémonie civile dans le salon du palais d'une relation précise, décrivant d'une part les invités, membres de la famille royale, ministres, hauts fonctionnaires, présidents et membres des bureaux des deux Chambres, corps diplomatique, maréchaux de France, reine douairière d'Espagne et princes germaniques, avant de vanter les qualités du nouveau gendre de Louis-Philippe, « le prince Auguste de Saxe-Cobourg-Gotha est âgé de vingt-quatre ans. C'est un grand jeune homme, très blond, qui ressemble beaucoup à sa sœur cadette, la duchesse de Nemours. Il était dernièrement major des armées d'Autriche mais il vient de quitter le service de cette puissance ».

Les réjouissances achevées, le couple part en voyage de noces outre-Manche, dont il revient le 9 août suivant, ce qui permet à l'indispensable docteur Blache de jauger les changements intervenus chez la jeune femme, en notant : « Ce matin avant huit heures, la princesse Clémentine est arrivée d'Angleterre, avec son mari, son beau-frère et son beau-père. Le prince de Joinville, dès le point du jour, avait été en mer devant elle et la reine l'attendait au Tréport depuis sept heures du matin avec la duchesse d'Orléans et la princesse de Joinville. Le roi, toujours fort long à se préparer, allait partir aussi pour Le Tréport avec Madame Adélaïde quand tout le monde est arrivé au château. Le mariage et les voyages semblent fort convenir à la jeune mariée, jamais elle ne m'a paru plus charmante ; son visage, qui était auparavant un peu bourgeonné, est devenu tout à fait lisse et, d'ailleurs, le bonheur de revoir sa famille, qu'elle n'avait jamais quittée, donnait à sa physionomie et à toute sa personne un air radieux qui lui allait à merveille. Son mari a gagné aussi en aplomb et en aisance. »

L'été s'achevant, le couple quitte enfin le château d'Eu pour l'Allemagne, où il s'installe, non pas dans l'impressionnante forteresse de Cobourg dominant de sa triple enceinte du XIIe siècle les bois de Thuringe, mais dans le plus confortable château baroque de Schlob-Ehnenburg où la jeune princesse semble se plaire, comme l'écrivent sa tante Madame Adélaïde à la duchesse de Dino : « Elle est tout simplement enchantée d'acquérir de l'indépendance, d'avoir la clef des champs et de fuir la table ronde des Tuileries », ou sa mère, la reine, note dans son journal que « la marquise de Carabas continue d'aller de triomphe en triomphe en Hongrie ». Certes, comme pour Marie, cette union n'est pas a priori prestigieuse, mais elle n'en place pas moins la benjamine des filles de Louis-Philippe dans le premier cercle des cours européennes, tout en lui assurant un réel bonheur privé dont témoigne ce magnifique portrait que Scheffer fait d'elle dans une somptueuse robe noire ornée des décorations de sa belle-famille dans le plein épanouissement de sa beauté et de son élégance. Excellente épouse, en effet, faisant avec grâce les honneurs de sa maison, Clémentine, infiniment plus solide que ses sœurs Louise-Marie et Marie, se révèle une mère particulièrement disponible aux quatre enfants qu'elle va bientôt donner à son mari : Philippe, né le 28 mars 1844, Auguste né le 9 août 1845, Clotilde, née le 8 juillet 1846 et Ferdinand, né le 26 février 1861, la plupart nés à Neuilly – car chacune de ses couches la ramène en France –, et qu'elle élève avec ce souci de la perfection éducative constituant bien la marque de fabrique de la famille d'Orléans.

Moins accrochée à celle-ci que ses sœurs, la princesse de Saxe-Cobourg-Gotha manifeste plus d'indépendance et voyage beaucoup, en Grande-Bretagne d'abord où elle se lie particulièrement à la reine Victoria qui – honneur insigne (c'est le docteur Blache qui le rapporte) ! – tient à la raccompagner elle-même jusqu'à son navire, en France encore où elle effectue de fréquents séjours à Paris, le roi son père mettant alors à sa disposition un hôtel particulier inoccupé rue du Faubourg-Saint-Honoré auquel personne ne s'intéresse alors, l'Élysée. Elle est du reste présente, au côté de Louis-Philippe, ce mois de février 1848 quand il abdique sa couronne en faveur de son petit-fils, tandis que son mari combat en Algérie près de son beau-frère le duc d'Aumale, journée au cours de laquelle elle manifeste une fois de plus son caractère en joignant ses protestations à celles de sa mère, pour que celui-ci résiste à la pression de l'émeute, avant que Nemours ne lui cloue le bec d'une formule sans appel : « Ah, toi, je t'en prie, tais-toi ! » Partageant désormais son existence entre l'Allemagne, la Grande-Bretagne, où elle veille, jusqu'à la fin, sur les derniers jours de sa mère, la

Sicile, où elle aime à venir régulièrement visiter son frère Aumale et surtout Paris, où elle vient chaque année effectuer un séjour pour assister aux représentations du théâtre des Italiens dont elle est une fidèle abonnée, elle demeure ce trait d'union serein entre l'ensemble des membres d'une famille éclatée dans toute l'Europe, entamant de ce jour une vieillesse paisible, honorée et fêtée par tous, laissant croire qu'elle, au moins, avait peut-être fini par trouver le bonheur, cette chose si rare chez ceux qui sont nés près d'un trône, et surtout la sécurité puisque son mari, héritier par sa mère de l'immense fortune des Kohary, est un des hommes les plus riches d'Europe, ce qui lui permet de satisfaire tous ses désirs.

Devenue veuve le 26 juillet 1881, Clémentine, dont les portraits photographiques témoignent toujours de son port de tête altier, survit de longues années à son mari, résidant désormais au palais Cobourg de Vienne, dont elle fait peu à peu « le centre d'une toile d'araignée politique » s'étendant sur l'Europe centrale et balkanique, ainsi que l'écrit Michel de Grèce, où elle surveille l'établissement de ses enfants et petits-enfants avec un sens inné de l'intrigue, hérité de son père, qu'elle déploie à la perfection. Et justement son influence permet à son dernier fils – et son préféré – d'être choisi pour héritier du prince Alexandre de Battenberg au trône de Bulgarie, nation où il arrive secrètement, caché, dit la tradition, dans les toilettes de l'Orient-Express mais accueilli en héros par son futur peuple, admirablement secondé par Clémentine qui, dans la foulée, fait le voyage pour fonder à Sofia nombre d'institutions caritatives destinées à renforcer la popularité de son fils. La diplomatie internationale ayant cependant jugé sévèrement cette initiative, l'héritier fait alors la tournée des capitales pour les convaincre de l'accepter et même, en France, visite le duc d'Aumale à Chantilly qui, devenu distrait avec l'âge, ne le voit point entrer dans son salon. Ferdinand, s'approchant respectueusement pour lui dire : « C'est moi, mon oncle », Aumale se ressaisit et lui lance avec son humour irrésistible : « Ah ! c'est toi, mon cher neveu, excuse-moi, je suis comme l'Europe, je ne t'avais pas reconnu ! »

La princesse Clémentine n'assiste pas à la fin de l'histoire puisque, seul enfant de Louis-Philippe et de Marie-Amélie à entrer dans le XXe siècle, elle ne s'éteint que le 16 février 1907, à l'âge de quatre-vingt-six ans, sept années après son cadet Joinville, mort en 1900, et repose depuis dans l'église Saint-Augustin à Cobourg. En mourant, la benjamine de la monarchie de Juillet laissait quatre enfants : le prince Philippe de Saxe-Cobourg (1844-1921), marié à sa cousine Louise de Belgique (1858-1924), qui fut un des témoins du drame de Mayerling ; le prince Auguste de Saxe-Cobourg (1845-1902), marié à sa cousine Léopoldine du Brésil, fille de l'empereur Pedro II ; la princesse Clotilde de Saxe-Cobourg (1846-1925), mariée à l'archiduc d'Autriche Joseph de Habsbourg ; le prince Ferdinand de Saxe-Cobourg (1861-1888), marié d'abord à Marie-Louise de Parme (1870-1889) puis à la princesse Eleonore de Reuss de Köstritz (1860-1917), faisant d'elle, après sa mère, Marie-Amélie, une autre grand-mère de l'Europe puisque nombre de familles du Gotha international descendent aujourd'hui de cette femme élégante, cultivée et artiste, qui, malgré une certaine discrétion, n'en compta pas moins dans le monde international de la Belle Époque où elle promenait, avec elle, un dernier parfum du romantisme parisien des années 1830.

Cependant, son benjamin profitait de la révolte des Jeunes-Turcs en 1908 pour proclamer l'indépendance totale de la nation et prenait par surprise le titre de tsar, sous lequel il allait désormais régner d'une main de fer. Ferdinand Ier en effet allait afficher, sa vie durant, une solide ressemblance avec son grand-père Louis-Philippe, dont il honorait tant la mémoire qu'il fit racheter, pour orner le parc de son palais, le fronton du château de Saint-Cloud, incendié par les Prussiens en 1870, et qu'il contemplait avec nostalgie lors de ses promenades. Aussi ambitieux et rusé que ce dernier – ses sujets l'avaient surnommé « le renard » ! –, il n'en joua malheureusement pas moins un rôle passablement triste au cours de la Grande Guerre, en reniant toute la tradition humaniste et libérale de sa famille maternelle pour se ranger du côté de l'Autriche et de l'Allemagne, malgré les mises en garde de ses cousins d'Orléans qui vinrent le supplier de reconsidérer sa politique, et qu'il ne reçut même pas ! Cette maladresse lui coûta son trône, qu'il abandonna contraint et forcé, en 1918, au traité de Neuilly, signé dans la commune même où sa mère avait été, enfant, si heureuse avec ses frères et sœurs, laissant la couronne à son fils, Boris III, pour se retirer à Cobourg où il ne s'éteignit que bien plus tard, le 10 septembre 1948, au lendemain d'une autre guerre.

SEPTIÈME TABLEAU

Joinville, la liberté dans l'action

> « Supprimer la distance, c'est augmenter la durée du temps. Désormais, on ne vivra pas plus longtemps ; seulement on vivra plus vite. »
>
> ALEXANDRE DUMAS

La résurrection de l'épopée

En cette l'année 1840, où naissent Claude Monet et Auguste Rodin, où Prosper Mérimée publie *Colomba*, Eugène Scribe *Le Verre d'eau* et Edgar Poe ses *Histoires extraordinaires*, dans laquelle Delacroix, encore, expose son *Entrée des croisés à Jérusalem* et Chassériau son portrait de Lacordaire, où Robert Schumann encore compose ses *Amours du poète*, un grand brick, *La Belle Poule*, parti de Toulon le 7 juillet, vogue noblement, toutes voiles dehors, sur l'immensité de l'océan, suivi de près par la frégate *La Favorite*. Son commandant ayant reçu de Thiers l'ordre de ne pas se presser afin de faire coïncider leur retour avec l'ouverture de la session parlementaire, l'équipage prend son temps, comme s'il s'agissait d'une croisière touristique avant l'heure, prolongeant les escales à Madère, aux Canaries, puis à Bahia au Brésil, avant de mettre le cap sur ce monde austral que l'Occident ne commence à bien connaître que depuis moins d'un siècle. Pourtant, malgré l'intérêt du voyage, le chef de l'expédition semble peu satisfait de la tâche qui lui a été assignée, ramener en France la dépouille de l'empereur Napoléon qu'au terme d'une longue négociation diplomatique la Grande-Bretagne a accepté de rendre à ses anciens sujets. Ce chef, qui n'est autre que le prince de Joinville, cadet des fils de Louis-Philippe, se dit qu'il aurait préféré aller se battre en Algérie, plutôt que de scruter l'horizon immobile, comme il l'écrit lui-même : « Je n'étais nullement flatté de la comparaison entre la campagne de guerre de mes frères et le métier de croque-mort que l'on m'offrait » ou, comme il le confie à Mme de Boigne, « ce métier de charretier ». Cela cependant, ne l'empêche pas d'ajouter quand même que « c'était comme le drapeau de la France vaincue que nous relevions et, à ce point de vue, je me réconciliais avec ma mission », ce que de son côté analyse sa mère avec un brin de cynisme : « M. Thiers a imaginé, pour sa popularité, de faire arriver de Sainte-Hélène les cendres de Napoléon pour les poser aux Invalides. Le père, à qui tout sentiment généreux est agréable, l'a approuvé. On veut faire du flonflon ; le retour des cendres de Napoléon est une pâture pour les têtes chaudes. »

Conséquence, en effet, de l'extraordinaire engouement suscité, en 1823, par la publication du *Mémorial de Sainte-Hélène* dont il n'est pas excessif de dire qu'il fut le plus grand succès de librairie de tout le XIXe siècle, l'idée de rapatrier en France le cercueil de Napoléon flottait dans l'air depuis un certain temps et se voyait réactualisée en 1832, lorsque le roi Louis-Philippe faisait réinstaller sur la colonne Vendôme la statue de l'empereur déchu, dans le but tout à la fois de flatter l'esprit patriotique des Français, de se concilier les bonapartistes encore bien nombreux et actifs, et, plus encore, de répondre à une demande fondamentale exprimée par le mouvement romantique, réinstaller en terre de France celui qui, par son destin prométhéen, en incarnait pleinement les aspirations, comme, du reste, le demandait Victor Hugo dans un poème qui connaissait au même moment un grand succès, et dont le marin Joinville perçoit sans doute toute la portée :

« Dors, nous t'irons chercher, un jour viendra peut-être,
Car nous t'avons pour dieu, sans t'avoir eu pour maître,
Car notre œil s'est mouillé de ton destin fatal,
Et sous les trois couleurs, comme sous l'oriflamme,
Nous ne nous pendrons pas à cette corde infâme
Qui t'arrache à ton piédestal.

Oh ! va, nous te ferons de belles funérailles ;
Nous en aurons aussi, peut-être, nos batailles ;
Nous en ombragerons ton cercueil respecté,
Nous y convierons tout, Europe, Afrique, Asie,
Et nous y conduirons la jeune poésie
Chantant la jeune liberté

Tu seras bien chez nous, couché sous ta colonne
Dans ce puissant Paris qui fermente et bouillonne,
Sous ce ciel tant de fois d'orages obscurci,
Sous ces pavés vivants, qui grondent et s'amassent,
Où roulent les canons, où les légions passent.
Le peuple aussi est une mer.

S'il ne garde aux tyrans qu'abîme et que tonnerre,
Il a pour le tombeau profond et centenaire
(la seule majesté dont il soit courtisan)
Un long gémissement, infini doux et sombre,
Qui ne laissera pas regretter à ton ombre,
Le murmure de l'Océan. »

Toujours à la recherche d'une légitimité, le souverain et, avec lui, son ministre Thiers pensaient que le retour du cercueil de Napoléon leur permettrait d'en annexer l'héritage et négociaient avec le cabinet britannique qui, lassé d'entretenir une onéreuse garnison pour garder un tombeau perdu dans une île lointaine, finit par dire oui. Il s'agissait donc bien d'une opération politique directement intéressée, mais à laquelle Louis-Philippe, pensant bénéficier des retombées qu'il en attendait, tenait tellement qu'il en confiait la réalisation à l'un de ses fils, ce qui montrait toute l'importance qu'il y attachait.

Ayant embarqué à bord de *La Belle Poule* un certain nombre de personnalités minutieusement choisies, parmi lesquelles le comte de Las Cases, à qui Napoléon avait dicté son *Mémorial*, les généraux Bertrand et Gourgaud, le valet de chambre Marchand et quatre anciens serviteurs de l'Empereur, l'ambiance y est historique, les derniers témoins de la fin du proscrit racontant longuement au fils du roi leurs souvenirs déjà vieux d'un demi-siècle. Cette évocation nostalgique explique donc l'émotion que chacun ressent, au terme d'une longue mais paisible traversée, lorsque, le 7 octobre, les deux navires mouillent devant l'île de Sainte-Hélène, « ce gros rocher noir, écrit le jeune prince lui-même, une île volcanique déchiquetée comme la Martinique, mais sans sa superbe végétation, un morceau de l'Écosse planté au milieu de l'Océan et toujours balayé par l'alizé qui souffle avec une fatigante continuité et le couvre en permanence d'un chapeau de nuages épais. Sombre la vue du large, sombre l'impression ».

Le lendemain, la petite troupe gravit l'escalier de mer que Napoléon avait emprunté un quart de siècle plus tôt et se voit reçue cordialement par le gouverneur, qui leur annonce : « Messieurs, jeudi 15 octobre, les restes mortels de l'Empereur seront remis entre vos mains. » Ce jour-là, en effet, le prince de Joinville et ses compagnons, tous en grand uniforme de cérémonie, après avoir reconnu le corps de l'illustre hôte de l'île – au demeurant resté intact –, reçoivent la lourde bière tandis que les deux navires hissent leur pavillon, au son de cent un coups de canon et de *La Marseillaise* interprétée par la musique de la flotte. Le gouverneur remet alors officiellement au fils cadet du roi des Français le précieux dépôt qui, transporté sur une chaloupe, est convoyé à bord de *La Belle Poule*, laquelle reprend la mer le 18 octobre. Moins d'un mois et demi plus tard, le 30 novembre, après une traversée sans encombre, l'escadre arrive à Cherbourg et de nouveau le jeune prince se voit prié de commander *La Dorade*, chargée de remonter la Seine jusqu'à Paris avec à son bord le cercueil impérial enfin débarqué à Courbevoie le 15 décembre.

Placé sur un char funèbre de plusieurs mètres de hauteur (dessiné par Labrouste), tracté par seize chevaux somptueusement harnachés, celui-ci, le même jour, s'ébranle solennellement sous la conduite de la gendarmerie, de la Garde nationale, des régiments à pied et à cheval, accompagné des demoiselles de la Légion d'honneur, des élèves des grandes écoles auxquels se joignent, malgré un froid glacial, des vétérans des campagnes de l'Empire venus de toute la France. En tête, face à un million de Parisiens fascinés ou, mieux, hypnotisés par la vision du cercueil renfermant ce qu'il restait du plus grand mythe de l'époque, caracole le prince de Joinville suivi de ses quatre cents marins, tandis que les cordons du poêle sont tenus par les maréchaux Oudinot et Molitor, le général Bertrand et l'amiral Duperré. L'Arc de triomphe – à peine terminé – franchi par le cortège, celui-ci descend les Champs-Élysées et gagne les Invalides où le roi Louis-Philippe et son gouvernement l'attendent. Rien n'ayant été prévu, le père et le fils échangent quelques mots, ce qui va obliger *Le Moniteur* du lendemain à rapporter un dialogue purement inventé, dans lequel Joinville aurait dit : – Sire, je vous présente le corps de l'Empereur Napoléon, et s'entendant répondre : – Je le reçois au nom de la France.

Une peinture de Jacques Guiaud immortalise cet événement, donnant pleinement satisfaction à Victor Hugo, présent dans la foule, et à Victor Cousin qui avait dit naguère : « Donnez-moi la série des grands hommes et je vous ferai toute l'histoire connue du genre humain. » Quant à Joinville, le héros du jour, il reçoit peu après son grade de vice-amiral, sans songer qu'il vient de participer à une journée qui comptera lourd dans la chute de son père, huit ans plus tard. En attendant, son prestige est considérable auprès des Français – mais aussi de nombre d'Européens –, reconnaissants d'avoir accompli sa mission au mieux et, de ce jour, à chaque escale de *La Belle Poule* dans un port, le public n'a de cesse de demander à visiter le bâtiment ayant ramené le corps de l'Empereur. Cette requête, Joinville la satisfait toujours avec bienveillance, ce qui lui vaudra, en 1841 à New York, d'être destinataire d'un acrostiche assez médiocre mais témoignant de sa singulière popularité dans l'ensemble du monde :

> « **J**eune prince ! Qui est brave, galant et sage,
> **O**bjet d'amour de l'espérance en France,
> **I**l faut quelque adresse ! Inspirait ma page,
> **N**ymphe ! Qui tient de la poésie la flamme
> **V**oilà ! Il vient. Comme quelque étoile choisi,
> **I**l vient pour régir notre terre.
> **L**e fils d'une mère, des mères le plus chéri !
> **L**e fils de lui, le roi ! Mari et père,
> **E**t de la sœur, très célébré ! Le frère. »

Un si séduisant rebelle

Titré prince de Joinville, du nom d'une seigneurie sise en Champagne qui, jadis, fut celle du chroniqueur de Saint Louis – le Moyen Âge, toujours, fait les délices du romantisme –, François-Ferdinand-Philippe-Louis-Marie d'Orléans était né à Neuilly, le 14 août 1818, deux mois à peine après la mort de sa sœur aînée Françoise-Louise-Caroline, alors à peine âgée de trois ans, que, pour tenter de la sauver, selon les préceptes de la médecine du temps, on avait déposée… dans une étable, la chaleur des bovidés devant ranimer les poumons de cette pauvre enfant tuberculeuse, dont la disparition fut une tragédie pour toute la famille princière ! Il avait alors rejoint le gros de la troupe des enfants princiers, dans le lot des cadets, très proche de ce fait et de sa sœur aîné Clémentine et de son frère cadet Henri qu'il précédait au collège Henri-IV où sa vivacité allait faire merveille auprès de ses camarades avec lesquels il manifestait une certaine turbulence qui lui valait une grande popularité, au désespoir de son précepteur Auguste Trognon, jeune normalien distingué, sur lequel Victor Hugo, frappé par la proéminence nasale de ce Cyrano avant l'heure, crut bon de faire un mauvais vers, dans *Ruy Blas* « Affreuse compagnonne/ Dont la barbe fleurit et dont le nez trognonne. »

Ce dernier, malgré la meilleure volonté du monde, eut le plus grand mal à en faire un bon élève, en partie à cause de cette irréversible désinvolture qu'allait conserver jusqu'à la fin de ses jours ce véritable garnement dans son enfance qui ne manquait pourtant ni de finesse ni de séduction, et dont Louis-Philippe disait : « Il faut lui faire apprendre la signification du mot anglais *mischief* et il verra combien il serait fâcheux pour lui d'être qualifié de *mischievous boy* ! » En fait, loin d'être stupide – toute la suite de sa vie allait le prouver –, l'enfant était surtout un tendre rebelle sur lequel rien ne semblait avoir prise, ce que reconnaissait lui-même, plus tard cet homme extrêmement fin et cultivé, confiant dans ses *Souvenirs* : « J'ai toujours été arriéré », avec ce panache propre à ceux qui, n'ayant pas d'illusions sur eux-mêmes, peuvent laisser libre cours à leur intelligence naturelle. « Ma mère m'avait appris à lire, ajoutait-il, mais hors de cela j'étais arrivé à l'âge de six ans sans savoir rien ou presque. Par exemple j'étais très bon cavalier et je montais tout seul et très solidement, en casse-cou, oserais-je dire, un poney que lord Bristol avait donné à mon père. Le poney s'appelait Polynice ; nous nous entendions à merveille, lui et moi, et je suis toujours resté son ami. » Il oubliait cependant de noter qu'il était aussi un dessinateur hors pair, élève de Barbier, de Gudin, de Callow et de Scheffer, appelé à devenir un excellent aquarelliste, probablement un des meilleurs de sa génération, d'autant qu'il n'allait jamais se prendre au sérieux.

Joinville possédait en effet le caractère le plus imprévisible de la famille, comme le notait Victor Hugo, « un peu fantasque, tantôt joyeux jusqu'à la folie, tantôt sombre jusqu'à l'hypocondrie », ce qui était peut-être dû à la surdité partielle dont il souffrit très jeune et jusqu'à la fin de ses jours, ainsi qu'en témoigne Victor Hugo, à qui il dit un jour : « Parlez plus haut, je suis sourd comme un pot et je dois abaisser le pavillon de l'oreille ! », s'entendant alors répondre : « C'est le seul pavillon, monseigneur, que Votre Altesse abaissera jamais. »

Sans doute cette infirmité, jointe à sa qualité de second des cadets du roi, le conduisait à faire les quatre cents coups pour qu'on remarque enfin sa présence dans la troupe des enfants, comme d'actionner un jour toutes les fontaines des Tuileries pour inonder l'appartement royal, de réveiller tout le monde à quatre heures du matin ou de mettre en mouvement toutes les sonnettes du palais pour affoler la domesticité. « Monsieur le prince de Joinville, écrit encore Hugo, avait imaginé une scie qui exaspérait la reine. C'était un vieil orgue de Barbarie qu'il s'était procuré. Il arrivait chez la reine jouant de cet orgue et chantant des chansons enrouées. Le tout était hideux. La reine commençait par rire. Puis cela durait un quart d'heure, une demi-heure. "Joinville, finis !" La chose continuait. "Joinville, va-t'en !" Le prince, chassé par une porte, rentrait par l'autre avec son orgue, ses chansons et son enrouement. La reine finissait par s'enfuir chez le roi. » Ses bouffonneries ne s'arrêtaient pourtant pas là, comme le raconte à son tour Mme de Boigne, alors qu'elle était en conversation avec la reine aux Tuileries, médusée de voir apparaître, par la fenêtre, un *lazzarone* de Naples, « l'air d'un conspirateur, ayant escaladé la façade du palais pour venir donner l'aubade à la mandoline et se livrant à mille pitreries » devant la société interloquée, avant de reconnaître le prince de Joinville, tout heureux du bon tour joué à la cour !

Farceur, turbulent, au fond formidablement créatif, tel était ce séduisant adolescent qui amusait tant la duchesse de Dino, confiant de son côté : « Joinville, si fou en même temps si grave et si beau de figure, si plein de verve et d'originalité, est en tout point inimitable. » Toute sa vie, du reste, il allait conserver cette décontraction qui, un jour de dèche, lui fit mettre en gage, au mont-de-piété de Paris, sa propre montre en or. Sa mère, s'apercevant le soir même qu'il ne la portait plus, lui demandait alors ce qu'il en avait fait. Sans se démonter, il répondait derechef : « Je l'ai oublié chez ma tante », faisant allusion à une courte visite donnée entre-temps à Madame Adélaïde, sœur du roi. Le mot faisait aussitôt le tour de Paris, où chacun était désormais informé, à l'exception du roi et de la reine à qui personne n'osait venir le dire, et c'est pourquoi, depuis, le mont-de-piété, devenu aujourd'hui le Crédit municipal de Paris, continue de s'appeler « Chez ma tante » ! Excellent sportif enfin et artiste dans l'âme, grand lecteur et bon écrivain, comme allaient le prouver les Mémoires publiés à la fin de sa vie, il devenait évident qu'il n'était pas fait pour de longues études, ce que finissaient par admettre son précepteur et son père, désolés de l'entendre répéter : « Le latin, le grec, oh ! là ! là ! », de se vanter d'être un cancre et de confier : « Ma plus grande joie était de sortir par la porte, après la classe du soir, pour descendre par la rue de la Montagne ou la rue des Sept-Voies, en faisant mille gamineries… J'avais de bons camarades, que j'aimais, au milieu desquels je me suis perfectionné dans l'art de battre la semelle à six, de donner des coups de pied et coups de poing et d'en recevoir ! »

Alors, pour lui éviter de devenir un voyou, ce que du reste il n'aurait jamais été, le roi et la reine décidèrent de le laisser entrer dans la seule carrière qu'il avait ambitionnée dès ses dix ans, devenir marin pour, en courant le monde, prendre part à cette gloire militaire de la France dont les vieux officiers de Napoléon hantant les salons de ses parents lui avaient communiqué très tôt le virus. Aussi, lorsqu'il eut atteint sa treizième année, au printemps 1831 – ce qui était l'âge requis pour entrer dans ce corps où, plus que dans tout autre, il était nécessaire de commencer très tôt la formation technique –, s'embarquait-il sur la frégate *L'Artémise*, comme pilotin volontaire après des adieux touchants avec sa famille, dont témoigne un tableau de Monvoisin les représentant tous enlacés dans la cour du Palais-Royal. De ce jour, le jeune prince passionné de mer, qui, à sept ans, plongeait bravement dans les vagues du Tréport, allait se révéler un marin particulièrement intrépide et expérimenté qui, de surcroît, s'ennuierait désormais sur tout autre endroit qu'un navire, cultivant avec ivresse cette liberté de poulain échappé dont il ne se départirait jamais et qui fit de lui le seul Bourbon de l'Histoire à faire carrière sur les flots, à l'exception bien sûr de Louis XVI, mais qui ne fut marin que dans sa tête.

Le Bourbon des mers du globe

Aspirant en Méditerranée, où il visitait la Corse, les États italiens, Malte et enfin l'Algérie, il était ensuite reçu à l'École navale de Brest en 1834 où, pendant trois ans, il s'initiait à la technique de son arme, en sortit honorablement avec le grade d'élève de première classe pour embarquer à Lorient, à bord de *La Sirène*, afin de mettre en pratique ce qu'il avait appris en théorie, tout au long d'un périple qui allait le conduire au Portugal, à Madère et aux Canaries et de nouveau en Méditerranée où la France s'engageait de plus en plus, principalement au moment de la crise de l'Empire ottoman et de la double querelle de succession troublant l'Espagne et le Portugal à partir de l'année 1833. Lieutenant de frégate en 1835, lieutenant de vaisseau en 1836, il faisait campagne au Levant, sur les côtes d'Afrique, aux Antilles et aux États-Unis, avant de devenir capitaine de vaisseau à dix-neuf ans, par la grâce d'un avancement certes facilité par sa qualité de fils cadet du souverain, mais dans lequel – tous les contemporains en témoignent ! – sa propre valeur ne fut jamais contestée, ni par ses pairs ni par les nombreux marins servant sous ses ordres, toujours confiants dans ses décisions ou ses initiatives, autant que Guizot, notant que ses rapports sont « pleins de *good sense*, de pénétration, au langage simple, tranquille et mesuré », avant d'ajouter qu'on peut tout espérer d'un jeune prince qui débute ainsi dans la vie active.

Aussi intéressé par les problèmes techniques que par le spectacle du monde qu'il visitait, il se montrait enfin curieux de tout, comme Alexandre Dumas, notant le moindre détail sur sa route, depuis la visite qu'il faisait en Corse à un vieux parent de la mère de Napoléon, jusqu'au spectacle offert par les rues de Naples, « gai, bruyant, spirituel, du haut en bas… le Naples des *lazzaroni*, du macaroni, des *corricolos* chargés de moines et de femmes en costume, allant ventre à terre au bruit des sonnettes, le Naples de Pulcinella et de Léopold Robert ». Cela ne l'empêchait cependant pas de se faire vertement sermonner par son père, comme lors d'une escale à La Havane, alors possession espagnole, au sujet de laquelle il lui écrivait : « Ainsi mon cher ami, je te dirai d'abord que tu as très mal fait, après avoir reçu à ton bord la visite de cérémonie du capitaine général, qu'ils ne font que pour les infants, d'avoir débarqué furtivement pour aller courir les rues de La Havane, aller au théâtre, etc. […] mais ce que tu as fait à Whashington était encore bien pis. Vraiment, ne s'arrêter que vingt-quatre heures dans le siège du gouvernement et refuser le dîner du président, de celui qui représente la souveraineté américaine, mon cher ami, c'était une grosse insulte à cette nation. » Désinvolture toujours, mais si amusante, qui lui permet d'oublier de répondre favorablement à l'invitation d'un chef d'État pour s'amuser en ville avec ses hommes, mais si naturelle, si humaine, si spontanée !

C'est que, pour Louis-Philippe, tous les gestes des membres de la famille royale engageaient sa politique diplomatique comme il l'expliquait encore au plus rebelle de ses fils : « Nous ne sommes que trop solidaires les uns des autres, et de même que tu as l'avantage de ce que je fais de bien, de même nous souffrons tous des campagnes d'étourderie que tu nous fais. » Comprenait-t-il bien le message ? Ce n'est pas certain, car l'année suivante, en débarquant à Constantinople avec son escadre, l'incorrigible marin oubliait d'aller saluer le Sultan, d'où une nouvelle volée de bois vert ! Reste que si les mondanités l'ennuyaient, il était toujours prêt pour les missions difficiles, comme, en 1838, lorsqu'il participait, en tant que commandant de la corvette *La Créole*, à l'expédition du Mexique, commandée par l'amiral Baudin, destinée à libérer les résidents français malmenés, où il dirigeait brillamment le bombardement de la forteresse de Saint-Jean-d'Ulloa avant de manquer d'être tué pendant l'assaut de Veracruz où, à la tête d'un détachement de marins, il forçait une des portes de la place, faisant à cette occasion prisonnier le général Arista. Les combats terminés, il reprenait ses crayons et, inlassablement, croquait sur le vif les ports dans lesquels il avait abordé, tout en caricaturant ses officiers, ses hommes d'équipage et tout personnage pittoresque rencontré dans ses périples.

Quand il ne battait pas les mers, il s'amusait, comme il le notait lui-même, « puisque le roi m'envoie courir les mers, il faut bien qu'il me permette de courir les filles », ce qui ne lui était pas trop difficile puisque, à l'instar de ses frères, il ne manquait pas de charme, comme le montre son beau portrait réalisé par Winterhalter, comptant bientôt parmi ses maîtresses la danseuse « Fifine » – sœur de Titine dont s'était enchanté un temps son aîné Nemours – et, après elle, la chanteuse Marie-Cornélie Falcon, qui fut peut-être un des grands amours de sa vie. C'est qu'il y avait du Dumas dans Joinville, toujours disposé à partir le plus loin possible, un jour à Paris, un autre au bout du monde, sortant au petit matin du lit d'une de ses nombreuses conquêtes, le soir au théâtre où, dans la communion de toute une génération, il applaudissait le programme romantique, s'écriant après *Les Huguenots*, représentés le 29 février 1836 : « Oh ! la passion ! Qu'est-ce que la vie sans passion ? » Ses rares permissions lui laissant peu de loisirs, il en profitait pour chasser aussi, en compagnie de ses aînés Orléans et Nemours et de leurs amis, parmi lesquels étaient les jeunes comtes de Morny et Walewski – bâtards illustres, le premier de la reine Hortense et d'un fils de Talleyrand, le second de Napoléon Ier lui-même –, d'Auguste Casimir-Perier ou du comte Greffuhle, les suivant ensuite chez les peintres à la mode, Delacroix, Ingres, Descamps, avant de filer au théâtre et de souper tardivement dans les restaurants des Grands Boulevards, quitte à ne pas se coucher jusqu'à l'heure de la malle-poste qui, au petit matin, le conduisait à tel ou tel port où on l'attendait pour s'embarquer, un pied dans le devoir, un autre dans cette bohème parisienne si chère à Murger.

Ainsi chez lui n'y avait-il pas de différence entre sa vie privée et son temps de service, lui qui donnait à l'une comme à l'autre le meilleur de lui-même, visitant avec un intérêt d'archéologue Athènes ou Jérusalem, participant au combat comme le dernier de ses hommes, partageant fraternellement avec eux les filles dénichées au bordel et les nuits de garde, ne répugnant finalement qu'à deux choses : siéger à la Chambre des pairs, où il bâillait ostensiblement, et prendre son service à la cour où il s'ennuyait ferme, rêvant pendant les cérémonies officielles à ces ciels étoilés au-dessus de la vigie le plus loin possible de Paris, l'esprit vagabondant ailleurs, sur quelque côte sauvage de l'Amérique du Nord ou de l'Afrique de l'Ouest, de la Corne d'Or ou des Caraïbes, comme en témoignent toujours ses portraits lithographiques par Noël ou cette statuette le représentant debout sur le tillac, appuyé au bastingage, près d'un rouleau de cordage, en uniforme mais la cravate au vent, le regard perdu dans les embruns, comme bercé par les remous orchestraux des *Hébrides* de Mendelssohn, évoquant le déferlement de l'écume ou le balancement du navire sur ce que Baudelaire allait un jour appeler « les gouffres amers ». Victor Hugo avait bien conscience de la spécificité anticonformiste du prince, qui écrivait de lui : « Il n'a pas, comme le duc d'Orléans, la coquetterie princière qui est une grâce si victorieuse et le désir d'être agréable. Il cherche peu à plaire aux individus. Il aime la nation, son pays, la mer. Il a des manières franches, le goût des plaisirs bruyants, une belle taille, une belle figure, quelques faits d'armes, de l'esprit, du corps ; il est populaire. »

Baroudeur il était né, baroudeur il demeurait, comme le notait alors Joseph du Bourzet : « Ce jeune prince paraissait fort pressé de se soustraire aux ennuis du rôle qu'il était obligé de jouer et aux honneurs qu'on lui rendait comme prince du sang. Il eût préféré cent fois faire tout à son aise le lieutenant de vaisseau et ce n'est pas une des moindres contradictions de notre siècle que cette persistance à conserver d'anciens usages auxquels on ne croit plus, et de chercher, sous les dehors d'une complicité républicaine, à donner le change au public... On s'accorde généralement à dire que le prince de Joinville s'en tire assez bien, et que chez lui, jusqu'à ce jour, les manières simples et aisées qui distinguent sa famille et un bon naturel ont eu le dessus sur les mauvais penchants que tendent à faire naître les manières obséquieuses et les adulations des courtisans qui l'entourent sans cesse. » Aurait-il vécu une autre existence s'il n'avait pas été fils de roi ? Ce n'est pas certain et il est même fort probable qu'il eût été plus libre et donc, finalement, plus heureux, lui qui, contrairement à Nemours, a su très tôt s'affranchir des préjugés de classe, sachant d'instinct que c'est à leurs talents qu'il faut juger les hommes et non à leur naissance, lui encore, l'homme pressé dont il n'était pas possible de modeler le buste, comme le faisait remarquer sa sœur Marie, parce qu'il bougeait tout le temps !

En croisière en Méditerranée en 1839 dans l'escadre de l'amiral Lalande, Joinville, l'année suivante, se consacre à l'expédition de Sainte-Hélène, avant de repartir, en 1841, sur les côtes des Pays-Bas et, en 1842, sur celles des États-Unis, avec mission de rétablir l'autorité française dans l'île de Saint-Pierre-et-Miquelon et de protéger les pêcheurs bretons des raids britanniques ou portugais, mission particulièrement difficile à cause des tempêtes sévissant dans l'Atlantique Nord mais dont il se tire parfaitement et qu'il achève en se donnant le luxe d'explorer le Labrador, quitte à dormir sous la tente à deux pas de la banquise et à chasser pour nourrir son équipage. Ayant ensuite fait escale à New York où, cette fois, il accepte de rencontrer les principales personnalités de la ville, puis à Washington où il est invité à dîner par le président John Taylor – se désespérant au passage de constater que ses deux filles sont très laides –, il visite ensuite l'arrière-pays américain jusqu'aux territoires des tribus indiennes, avec lesquelles il fraternise, et, après avoir parcouru La Nouvelle-Orléans, ainsi baptisée jadis en l'honneur de son ancêtre le Régent, il revient ensuite en France. Jamais un fils de France n'avait été si loin, ce qui augmente considérablement son prestige et entraîne son père à lui accorder quelques mois de vacances employés, selon son habitude, à faire la fête et à courir les théâtres. Ses allers-retours lui valent donc de figurer régulièrement à la une de *L'Illustration*, exaltant en termes toujours dithyrambiques le prince bon enfant à qui on peut serrer la main à Paris en attendant de le retrouver un autre à l'autre bout du monde.

Entre une tragédienne et une princesse du Nouveau Monde

C'est à cette époque qu'il rencontre une femme tombée folle amoureuse de ce grand et longiligne garçon de vingt-trois ans à la barbe virile mais au charme encore adolescent et entreprend aussitôt de la subjuguer. Élisabeth Rachel, ou tout simplement Mlle Rachel, la plus grande tragédienne de l'époque, adulée du public parisien et bientôt du public londonien, pas très jolie, qui plus est mince comme un fil – ce qui, à l'époque, n'est guère à la mode ! –, mais à la personnalité subjuguante, trouva dans cette liaison avec le fils cadet du roi (après avoir passé une nuit avec son frère aîné) une revanche sur ses origines misérables, elle qui était née sur la modeste charrette que traînaient sur les routes ses parents, humbles marchands ambulants. Si leur relation est courte – moins d'une année –, elle n'en est pas moins intense, ardente et passionnée, lui l'appelant « mon enfant » à la mode romantique, elle « mon vieux chien », l'un et l'autre s'amusant des polissonneries qu'ils s'écrivent, comme celle-ci de Rachel, datée du 22 mai 1842 : « Puisque tu veux bien remuer ta queue en mon honneur, remue aussi les quatre pattes pour arriver à Paris. »

Avec beaucoup de discrétion au début, moins par la suite, les amants se voient tous les soirs puisque la force de leur amour s'accompagne d'une vibrante activité érotique, faisant avouer à la jeune femme dans un de leurs rares billets conservés : « Je t'aime tant et si fort que je le puis, les marquis et les ducs sont enfoncés par toi. » Plus subjugué qu'amoureux, Joinville, ne distinguant désormais plus les effets de scène de la comédienne et la réalité de leur intimité, allait écrire d'elle : « Pour mon compte, je n'ai jamais vu une perfection aussi complète. Presque sans gestes, par le jeu de sa physionomie, le feu de ses regards, les intonations de sa voix, elle exprimait les passions avec une intensité communicative. Elle avait le génie du costume, de la draperie ; sous le péplum on croyait voir une statue antique, et la femme enfin savait s'envelopper en tout, même dans les rôles féroces, d'un charme incomparable. Elle aurait assassiné qu'on aurait aimé l'assassine. » Au bout de quelques mois, la famille royale finit par prendre ombrage de cette passion frénétique et se met en devoir de le marier, comme elle l'avait déjà fait pour son frère aîné lorsqu'il avait à peu près le même âge et qu'il s'empêtrait dans une autre liaison.

Louis-Philippe et Marie-Amélie lui enjoignent de se trouver rapidement une authentique princesse et lui proposent la sœur

J. Court - Musée du Château, Versailles. Photo Josse

Le mariage de Léopold Ier, roi des Belges, avec la princesse Louise-Marie d'Orléans constitue pour Louis-Philippe un formidable coup diplomatique malgré les pleurs de la mariée se dévouant pour la cause de la France…

… ce qui ne se voit pas dans le tableau ci-dessous représentant le grand banquet donné à cette occasion aux Tuileries.

Le baron Attalin - Musée de la Ville de Paris, musée Carnavalet. Photo Bridgeman Giraudon

F. X. Winterhalter - Musée du Château, Versailles. Photo Bridgeman Giraudon

F. X. Winterhalter - Musée du Château, Versailles. Photo RMN

A. de Dreux - Musée du Château, Versailles. Photo Josse

Le duc de Nemours et sa belle-sœur la duchesse d'Orléans (ci-dessus) vont tenter sans succès de sauver la monarchie de Juillet au lendemain de la révolution de 1848. Cela pour assurer l'avenir dynastique qu'incarne à présent le comte de Paris, ici représenté avec son cadet, le duc de Chartres, sous l'élégant pinceau d'Alfred de Dreux les représentant galopant dans la campagne anglaise pendant l'exil outre-Manche de la famille d'Orléans.

F. X. Winterhalter - Musée du Château, Versailles. Photo Josse

Parmi les nombreux petits-enfants de Louis-Philippe et de Marie-Amélie, cette ravissante petite fille occupe une place à part. Charlotte de Belgique, fille du roi Léopold Ier et de Louise-Marie d'Orléans, deviendra impératrice du Mexique mais ne pourra sauver son malheureux mari Maximilien du peloton d'exécution et finira ses jours, privée de raison, dans un asile, en Belgique, au XXe siècle. Un destin brisé.

V. Mottez - Musée de Condé, Chantilly. Photo Bridgeman Giraudon

Quintessence du chic français sachant allier le courage au combat à l'érudition la plus profonde, Henri d'Orléans, duc d'Aumale, devient l'incontournable gentilhomme des lettres, prince des mécènes, et seigneur des arts de la seconde moitié du XIXe, rassemblant dans son château de Chantilly les chefs-d'œuvre de l'histoire contemporaine ; tableaux, sculptures, livres et incunables.

Dans la sérénité du cabinet de lecture de Chantilly, le duc d'Aumale et son ancien précepteur devenus tous deux académiciens semblent s'entretenir d'un passé heureux : la saga des princes du romantisme.

cadette de l'empereur du Brésil, ce à quoi il finit par consentir, à la seule condition que celle-ci lui plaise. Un accord est trouvé et, le 16 octobre, Joinville embarque à bord de *La Belle Poule* après des adieux déchirants avec sa maîtresse qui, par la suite, allait obstinément refuser de le revoir, d'une part parce que cette séparation la blesse terriblement, d'autre part parce qu'elle va finir sa vie avec le propre fils de Napoléon Ier et de Marie Walewska, le comte Alexandre Colonna-Walewski, à qui elle donne un fils reconnu par son père. Après une première escale au Portugal, une deuxième en Algérie où il dépose Aumale, et une troisième au Sénégal où il visite les comptoirs français et même une partie de l'intérieur du pays jusqu'aux profondeurs de la brousse, Joinville consent enfin à traverser l'Atlantique et, le 27 mars 1843, son navire mouille dans la rade de Rio où sa présence, longuement préparée par le diplomate Langsdorff, est attendue avec impatience. Après un accueil plutôt embarrassé de l'empereur, qui ne sait trop à quoi s'en tenir, l'ambiance se détend lorsque le prince rencontre enfin sa sœur Francesca, s'apercevant avec bonheur qu'elle est ravissante, grande, brune, les traits réguliers, un visage charmeur, avec ce petit soupçon de sensualité propre aux beautés nées sous les tropiques.

Immédiatement séduit, le fils du roi des Français annonce qu'il souhaite l'épouser sur-le-champ, malgré les réserves de Guizot qui, informé de cette précipitation, fait savoir que cela est contraire aux précédents. Et l'amoureux transi de lui répondre qu'attendu qu'il est le premier prince d'Europe à épouser une princesse d'Amérique, il n'y a donc pas de précédent et que c'est à prendre ou à laisser ! Ainsi, le 1er mai convole-t-il avec la sœur de Pedro II, fille de Pedro Ier – et par sa mère, l'archiduchesse Marie-Léopoldine d'Autriche, arrière-petite-fille de Joséphine de Beauharnais –, Francesca de Bragance, née le 2 août 1824 à Rio de Janeiro, au terme d'une cérémonie hâtivement célébrée au palais impérial par l'archevêque de Rio qui ressemble davantage à un enlèvement qu'à un mariage, d'autant que, sitôt la cérémonie terminée, le prince embarque son épouse dans leur chambre ! Après des adieux en règle, le jeune couple prend le large le 13 mai sur *La Belle Poule* et, au terme d'une croisière plus longue que prévu pour cause de manque de vent, débarque à Brest le 23 juillet où, en apercevant la foule massée pour les accueillir, Francesca s'écrie : « Que de Blancs, que de Blancs ! », avant de réclamer, parce qu'elle avait pris froid à bord, un remède de son pays, du bouillon de… perroquet !

Enfin, après un voyage par petites étapes, le jeune couple gagne le château de Bizy, sur les hauteurs de Vernon, où, devant la famille royale assemblée, Joinville annonce : « Je vous amène la femme du matelot ! » Celle-ci lui ménage alors le meilleur accueil, ravie de la beauté de la princesse de Joinville et de son allure – que Winterhalter se fait un plaisir de fixer immédiatement –, Marie-Amélie surtout, qui avait attendu ce sixième mariage pour avoir enfin une bru catholique, ses cinq premiers enfants ayant épousé des protestants ! Le charme de celle qu'on n'allait plus appeler que « Chica » offrait cependant une redoutable contrepartie qu'il fallait reconnaître : elle arrivait en France complètement inculte ! Il faut donc recommencer son éducation de zéro ; celle-ci est confiée à des professeurs chargés de lui apprendre le français, l'histoire, la géographie, la littérature et le dessin, tout en l'encadrant en permanence pour qu'elle ne dise pas trop de sottises à la cour, et surtout cesse ses habitudes de vie tropicale consistant à dormir le jour et à vivre la nuit. Elle se nourrissait d'une manière offusquante pour les cuisiniers des Tuileries, comme le raconte, d'abord confiant, le fidèle docteur Blache, le 9 août 1843 : « Peu à peu elle s'accoutume à notre manière de vivre et tente de mettre de côté quelques-uns de ces mets de haut goût qu'elle aime tant », avant de conclure, désolé, le 14 août : « La princesse de Joinville, qui est véritablement une enfant très difficile à conduire, s'est enrhumée en allant l'autre jour au Tréport, dès le matin, après avoir pris un bain tout à fait inutile, sans châle et dans une robe très légère. Elle continue de se nourrir mal, à peine parvient-on à lui faire manger une fois de la viande en vingt-quatre heures. Elle n'aime que les cornichons, la salade, le homard, les crevettes et le café noir ! Ce n'est pas une petite charge que d'avoir à lui donner des conseils ! »

Si la vie quotidienne de la famille royale se voit quelque peu perturbée par la nouvelle venue, *L'Illustration*, elle, est beaucoup plus enthousiaste, qui écrit, dans son édition du 24 mars : « Le mariage du prince de Joinville sort des habitudes froides et solennelles des mariages princiers. Il a je ne sais quel air d'entreprise amoureuse qui le rend plus aimable ; on dirait qu'un peu de poésie romantique a passé par là ! Ainsi un vaisseau traverse les mers, aborde à une cour lointaine pour y chercher une jeune belle princesse dont on est épris, n'est-ce pas là une aventure qui rompt agréablement la rigueur traditionnelle de l'étiquette diplomatique et touche, par un certain côté, quelque chose du beau Tristan de Léonais et à l'Amadis de Gaule ? M. de Joinville et Doña Francisca de Bragance ont fait une chose presque inconnue dans le monde des rois et des reines, un mariage d'inclination ! »

Le bonheur du jeune couple, au reste, n'échappe à personne, leurs contemporains constatant leur attirance réciproque, leur tendresse attentive et l'intense besoin de liberté qui, le soir, contrairement aux autres membres de la famille royale, les conduit à sortir en ville pour fréquenter, sur les Grands Boulevards, les cafés, les restaurants et les théâtres, quand ils ne galopent pas de conserve, le matin, au bois de Boulogne, Joinville ne résistant pas au plaisir de croquer sa femme à cheval sur les nombreuses aquarelles qu'il va lui consacrer. Tout cela n'empêche pas certaines tensions dans le ménage, comme Guizot le confirme dans une des nombreuses lettres adressées à sa fille : « La princesse de Joinville est très dévouée à son mari, jalouse, inégale, faisant des scènes, mais n'aimant que lui et prête à tout pour lui. » Deux enfants, enfin, leur naissent bientôt, Françoise d'Orléans, le 14 août 1844, et Jean d'Orléans, titré duc de Penthièvre, le 4 novembre 1845, que tous deux, dans l'appartement qui leur est dévolu sous les combles des Tuileries, vont élever avec toute l'attention que Joinville a connue dans son enfance, se révélant comme un père aussi tendre et aimant que Louis-Philippe, mais naturellement beaucoup plus amusant et imprévisible, chacun de ses retours de mer étant fêté, comme il se doit, par sa fille et son fils attendant avec impatience le récit de ses aventures.

L'éternel contestataire

Paré du prestige de ses expéditions mais toujours accessible aux autres grâce à la désinvolture de son caractère intime, de son humour et de sa décontraction, surnommé par ses frères « Hadj » (celui qui a fait un pèlerinage à La Mecque) ou par ses parents « le pauvre gros » – alors qu'il est mince comme un fil – ou, à présent, « Chico », par dérivation du surnom qu'il a donné à sa femme, « Chica », Joinville partage désormais sa vie entre le palais des Tuileries. Là, il tente, tant bien que mal, d'assurer ses devoirs de représentation et sa vie de vice-amiral le requérant dans les ports de France, présidant un jour des régates, un autre inspectant les navires, tout en dessinant inlassablement ce qu'il voit et les gens qu'il rencontre, documents remarquables de spontanéité et de vivacité, témoignant, bien plus que les écrits, de l'ambiance de la monarchie de Juillet dans ses aspects les plus inattendus. Telle cette esquisse de la ravissante Eugénie de Montijo, surprise à cheval dans le bois de Boulogne, dont personne ne soupçonne encore le fabuleux destin. Tels sont encore ses portraits charges des chanteurs croqués à l'Opéra. C'est que, davantage encore que ses frères, Joinville est celui qui, à Paris, semble le plus en phase avec la création artistique, toujours présent à la première d'un opéra, à la générale d'une pièce, ayant lu le premier le dernier livre à la mode, car ce marin n'aime, après le pont de son navire, que le pavé du boulevard, sachant du reste fort bien juger le timbre d'une voix, le jeu d'un acteur, le style d'un auteur, ce qui fait de lui le plus perspicace des critiques de son époque, principalement en matière d'art, lui l'ami des peintres Jadin, Descamps, Delacroix, Ingres, Robert, Flandrin, Matilhat et Corot, avec qui il soutient des discussions passionnées, lui l'éternel artiste, dessinant en permanence tout ce qu'il voit jusqu'à signer quelques tableaux parmi lesquels ces femmes surprises en Espagne à leur fenêtre, tout empreintes de sensualité nonchalante.

Mais ces escapades nocturnes ne l'éloignent jamais trop longtemps d'un service requérant tout son temps. Ainsi, au mois de septembre 1843, est-ce lui qui commande les trois vapeurs accueillant en Normandie la reine Victoria se rendant en France, après un déplacement à Londres au cours duquel il a soigneusement préparé le voyage de la souveraine. Il se consacre très sérieusement aux missions qui lui sont confiées, en particulier le développement de l'usage de la machine à vapeur dans la marine française, en tant que membre du Conseil de l'amirauté et de la sous-commission spéciale de la marine à vapeur, poussant de jeunes ingénieurs comme Dupuy de Lôme à fabriquer les premiers prototypes dotés d'une hélice, dont *Le Napoléon*, quitte à publier lui-même, dans la *Revue des Deux Mondes*, une étude très remarquée sur « l'état des forces navales en France » accompagnée de maintes propositions qui, bien que non signées – mais chacun sait qu'elles sont de sa plume –, font scandale en Grande-Bretagne parce qu'il y écrit que la marine française doit compenser son infériorité quantitative face à la Navy, grâce justement aux navires à vapeur, ce qui laisse entendre qu'il est favorable à une sorte de parité entre les deux grandes puissances d'Occident, alors que la Grande-Bretagne, depuis Napoléon, se persuade que la maîtrise des mers lui revient de droit. Malgré les protestations du *Morning Post* dénonçant « une prose de boucanier » (*sic*) l'opinion publique approuve, de même que la plupart des cadres de la Royale.

Encore une innovation, c'est lui qui dote bientôt celle-ci de son premier cuirassé, *Le Napoléon*, armé de quatre-vingt-dix canons, dont le commandement est confié à Dupuy de Lôme, avant de se distinguer à nouveau sur le théâtre des opérations militaires, le 6 août 1844, où il bombarde Tanger pour appuyer, sur mer, l'action de Bugeaud et, le 15 août, occupe Mogador, pour faire pression sur le sultan du Maroc, Moulay Abd el-Rahman, soutenant alors Abd el-Kader contre la France, opérations au cours desquelles sa pleine maîtrise de la stratégie navale apparaît au grand jour. Ce coup d'éclat lui vaut une lettre de sa mère dans laquelle elle écrit : « Vivat mon cher Amiral, nous sommes sous l'impression de la joie de la prise de Mogador, ta dépêche télégraphique du 19 nous étant parvenue hier au moment d'aller à table, le père, la larme à l'œil, a couru la donner dans tous les appartements. » Rentré à Paris, Joinville reprend le cours de ses activités, mais commence à s'ennuyer ferme dans la capitale, sauf lorsqu'il donne libre cours à son anticonformiste dans les bals officiels, tel celui où il apparaît, au bras de sa femme, lui dans une tenue brésilienne de chicard, elle dans une robe de fille de Rio, déguisement dont Victor Hugo, témoin amusé, note : « Il fut d'une gaieté violente et fit mille danses inouïes. Ces cabrioles, prohibées d'ailleurs, faisaient rêver la reine disant, “mais où donc a-t-il appris tout cela” ? avant d'ajouter, “les vilaines danses, fi !”. Puis elle reprenait, “comme il a de la grâce”. Mme de Joinville était en débardeur et affectait des allures de titi. Elle était charmante et fort délurée. Je l'élève, disait le prince de Joinville ! »

La reine et la cour ont beau rire, personne ne semble comprendre, une fois de plus, que cette apparente désinvolture masque, plus sérieusement, les inquiétudes que ce prince cadet ressent face à un régime que seul le roi croit solide mais qui, chaque jour, se mine dans les profondeurs de la conscience nationale. L'aveuglement de Louis-Philippe et de Guizot, fidèlement approuvés par Nemours et, plus occasionnellement, par Montpensier, les empêche de mesurer les difficultés qu'éprouve le royaume à partir de l'année 1847, et que le marin, plus en phase avec la rue ou la troupe, mesure avec clairvoyance, quand il écrit à son frère Aumale : « Il n'y a plus de ministres, leur responsabilité est nulle, tout remonte au roi seul, qui a faussé nos institutions constitutionnelles. » Tout cela le conduit à demander à ce père, à qui, malgré la force de son amour filial, il s'oppose de plus en plus, un remaniement ministériel qui, naturellement, lui est refusé d'un mot pathétique : « J'ai une grande mission à remplir, non seulement en France, mais encore en Europe, celle de rétablir l'ordre. C'est là ma destinée, c'est là ma gloire, tu ne m'y feras pas renoncer. Pourquoi sacrifier Guizot à l'opinion publique ? Ne conserve-t-il pas la confiance du Parlement ? »

L'ordre succède ainsi aux libertés ; le romantisme de 1830 s'enlise dans le conservatisme de 1848 ; l'espérance prend du ventre, comme le roi vieillissant ! Comment le plus mobile des princes de la dynastie pourrait-il accepter cette dégradation du système qui, chaque jour, ressemble davantage à une putréfaction du régime ? Ne pouvant se confier qu'à Aumale, celui avec lequel il a le plus de complicité, il lui écrit : « Le père a cherché à me convaincre à ses idées, mais je ne peux changer d'avis là-dessus. Mon opinion étant contraire à celle du roi, je m'abstiens de t'en parler… Le père a repris son train-train, il est fort occupé de la succession de ma tante et de faire avec elle de nouveaux achats. La reine est plus renfermée et plus inabordable que jamais. Tan (Nemours) plus sombre et plus maladroit dans tous ses actes, avec ce cœur et ces intentions si nobles et si admirables que tu connais. » Toujours très lucide sur l'avenir politique de la monarchie de juillet, Joinville réalise le premier l'immensité des périls qui la guettent, confiant, dans ses *Souvenirs* : « Cela sent le malade. La danse de Saint-Guy parlementaire ne satisfait personne. Le Parlement n'apportait aucune force au gouvernement que la presse attaquait presque unanimement. Que de fois ai-je entendu le "soyez forts" qui sonne toujours le glas des gouvernements aux abois. Si le besoin de détruire, qui est l'essence de l'esprit révolutionnaire, poursuivait ouvertement son travail de termite, la vie sociale de tous les jours gardait pourtant des apparences de la santé. »

N'ajoute-t-il pas, dans un autre texte, « le roi est arrivé à cet âge où l'on n'accepte plus les observations… mais où les forces manquent pour prendre une résolution virile » (7 novembre 1847), analyse, au fond, comparable à celle que fait au même moment Tocqueville en notant que « le sentiment de l'instabilité, ce sentiment précurseur des révolutions, existe à un degré très redoutable dans ce pays ». Émettant des réserves de plus en plus vives sur Guizot – allant jusqu'à en dire du mal à la reine Victoria sur le bateau la ramenant en Grande-Bretagne après sa visite à Eu ! –, Joinville ne parvient plus à se taire, même quand un journal publie une lettre assez vive qu'il avait adressée à Nemours. Ce sentiment d'impuissance, Victor Hugo le comprend parfaitement qui, se rapprochant beaucoup de lui, note : « Il aime la France et ressent tout ce qui la touche. Cela explique ses accès d'humeur noire. Comme il ne peut pas parler à sa guise, il se concentre et s'aigrit. Il a parlé cependant plus d'une fois, et bravement. On ne l'a pas écouté ou on ne l'a pas entendu. Il me disait un jour, "Qu'est-ce qu'ils disent donc de moi ? C'est eux qui sont sourds !", lucidité rejoignant celle de George Sand, s'écriant de son côté, à la même époque, "De quoi sert-il au roi de sortir à pied, le parapluie sous le bras, de donner des poignées de main au rempailleur du coin, s'il ne connaît pas l'opinion et les besoins de son peuple ? Vaines simagrées que tout cela.

Métier de roi ! Tu n'es plus tenable et ton malheur est de ne l'avoir pas compris !" »

Alors, peu satisfait d'être si mal compris, Joinville décide de prendre du recul en rejoignant son frère Aumale en Algérie, où il vient de remplacer Bugeaud en 1847. C'est là que la révolution de 1848 les surprend tous deux et qu'ils décident de se soumettre au nouveau régime ou tout au moins qu'Aumale parvient à le convaincre de se soumettre car, sans lui, son frère aurait peut-être été tenté par l'aventure d'une opération militaire contre Paris afin de briser net une république dont, au fond, bien peu voulaient ! Et c'est avec leur femme et leurs enfants que les deux frères quittent cette terre d'Algérie à laquelle ils sont si attachés, descendant en groupe vers le port, « salués par le canon des forts, racontera Joinville, et accompagnés jusqu'au bout par tous les corps d'officiers de terre et de mer, parmi lesquels nous comptions tant de vieux amis et de bons camarades ». D'Alger, ils rejoignent aussitôt leurs parents en Angleterre, conscients qu'au fond tout cela était inévitable, comme il allait l'expliquer plus tard, avec une réelle lucidité qu'il n'avait probablement pas eue sur le moment : « La royauté de Juillet était loin de représenter le principe héréditaire traditionnel, d'en avoir la force. Née d'une émeute, une émeute la renversait. »

Cette constatation, édictée par le plus populaire des princes de la famille royale, Louis-Philippe, à son tour, la comprend, s'écriant bientôt à Claremont, en parlant des orléanistes demeurés à Paris : « C'est qu'ils voudraient Joinville de préférence à ce bon Nemours. Nous verrons si le ciel lui destine cette rude tâche. Je lui souhaite d'être plus heureux que moi et moins abandonné. Ah ! quel pays à gouverner que la France ! » Et il est vrai qu'en 1851, alors que Louis-Napoléon Bonaparte doit théoriquement bientôt cesser son mandat, les Français, via un certain nombre de journaux favorables, songent à confier au cadet des fils du roi déchu la présidence de cette IIe République, à la condition qu'il fasse campagne. Mais comment le pourrait-il dans l'exil ? Le coup d'État du 2 décembre met fin à cette séduisante spéculation, laissant Joinville désormais sans illusions sur les chances d'une restauration monarchique en France. Avec sa femme, le prince organise donc sa nouvelle existence en Grande-Bretagne en s'occupant de l'éducation de ses enfants et de celle de ses neveux, l'aîné, surtout, le comte de Paris, devenu depuis l'abdication de Louis-Philippe le roi virtuel de ses anciens sujets, tandis que la IIe République disparaît au profit d'un Second Empire qui, curieusement, va durer autant que la monarchie de Juillet, dix-huit ans.

Pendant cette longue période, il continue de peindre ses aquarelles, tout en publiant, de temps à autre – anonymement mais chaque lecteur attentif en devine l'auteur –, de sérieuses études dans la *Revue des Deux Mondes*, comme « L'Angleterre, étude sur le *self-government* », « Guerre d'Amérique, campagne du Potomac », « Les flottes des États-Unis et de la France », tout en gérant de loin les possessions de sa femme au Brésil, ce vaste domaine de Santa Catarina qui faisait partie de la dot, devenu aujourd'hui une véritable ville. Mais le dynamique Joinville, qui manque périr dans l'ascension des pentes du Vésuve, en 1857, un jour d'éruption où deux de ses guides trouvent la mort, souffre cependant de l'inaction, supporte de plus en plus mal les Anglais avec leur manière de vivre et cherche la moindre occasion pour retrouver sa vitalité de jadis. Or celle-ci vient justement, en 1861, de la manière la plus inattendue, la guerre civile sévissant aux États-Unis, événement qui, à première vue, ne concerne en rien les descendants de Saint Louis dans leur exil. Mais l'ancien vice-amiral s'y intéresse. Peut-être parce qu'il a lu, comme tout le monde, *La Case de l'oncle Tom*, ce best-seller d'Harriet Beecher-Stowe, paru en 1852, dont la dramatique narration de la vie des esclaves noirs a déclenché un peu partout dans le monde une prise de conscience de leur condition, largement relayée par certains journaux nord-américains, comme *The Liberator*, *The New York Sun* et *The New York Times*.

L'élection, en 1861, du républicain Abraham Lincoln à la Maison-Blanche, dans un climat de tension exacerbée, a pour conséquence le déclenchement d'une guerre entre les États du Nord et les États du Sud, certes sur fond de concurrence économique, mais dont le prétexte est de libérer les Noirs, guerre totale et sans concessions, particulièrement meurtrière, d'une part, parce que les sudistes sont militairement mieux organisés que leurs adversaires et, d'autre part, à cause des progrès accomplis dans la fabrication d'armes beaucoup plus précises. La cause lui semblant juste, Joinville propose alors à son fils et à ses neveux d'y participer, tant pour se familiariser avec leur future condition d'officier que pour le plaisir de courir avec eux le vaste monde, ce qui n'est pas sans risque et montre quand même l'inconscience de cet oncle sur qui la vieillesse ne semble pas avoir de prise. Extraordinaire aventure, en effet, que celle du fils du dernier roi des Français, conduisant les petits-fils du défunt souverain dans ce combat hautement démocratique que constitue cette opération militaire destinée à imposer l'abolition de l'esclavage – plus de trois millions encore –, dans ces États du Sud, voulant toujours se comporter comme si l'on était encore sous l'Ancien Régime !

Tout heureux de poser à nouveau le pied sur un bateau, Joinville, suivi du comte de Paris, du duc de Chartres et de son fils Penthièvre qu'il va laisser à l'Académie navale de Newport, puisque, désireux de devenir marin, comme son père, l'armée française lui est interdite, embarque au mois de septembre 1861. Tous quatre, à leur arrivée, sont présentés au président Lincoln, avant de s'engager dans les troupes régulières de l'armée du général nordiste McClellan. Alors l'oncle, surnommé par les soldats américains « l'homme au grand chapeau », se métamorphose en une sorte de reporter de guerre, dessinant fébrilement les opérations militaires et la vie des camps d'Arlington, de Leck's House ou Scott, tout en se passionnant pour la dernière invention de la marine américaine que ce fils de roi n'aurait jamais crue possible quand il bourlinguait sur les flots du monde : le sous-marin ! Pendant ce temps, ses deux neveux accomplissent avec panache la mission qu'ils se sont assignée, dormant sous la tente, partageant les corvées avec leurs camarades américains, participant aux combats pendant une année, comme en témoignent, parmi les 293 photographies prises pendant ce séjour, celles les représentant, en uniforme, entre deux assauts ou cassant familièrement la croûte, avant de repartir combattre, se distinguant particulièrement à Williamsburg ou à Richmond, jusqu'à leur départ des États-Unis au mois de juillet 1862.

Après cet intermède, chacun reprend le cours de sa vie anglaise et c'est bien tristement que Joinville, en 1866, assiste aux funérailles de sa mère, Marie-Amélie, à l'occasion desquelles un photographe saisit sur le vif deux hommes, assis sur un muret, l'air abattu, en grand manteau noir, coiffés l'un et l'autre de hauts gibus, le prince de Joinville et le duc d'Aumale, vieillis et fatigués, si loin du tableau d'Horace Vernet. Quatre ans plus tard, cependant, le prince, qui n'a rien perdu de sa vitalité, demande l'autorisation de combattre dans les rangs de l'armée française, ce qui lui est refusé, tant par les derniers ministres du Second Empire que par les premiers de la IIIe République. Mais cela ne l'empêche pas de passer discrètement la frontière et, sous le pseudonyme de colonel Lutteroth, de s'engager dans l'armée de la Loire où sa précision au tir fait l'admiration de tous les artilleurs, dont la plupart, nés bien après la monarchie de Juillet, ne soupçonnent pas l'identité de ce sympathique officier supérieur qui, entre deux batailles, leur offre généreusement du tabac ou le réconfort d'une bonne bouteille. Cela n'empêche pas Gambetta, la supercherie dévoilée, de le faire expulser manu militari après l'avoir déclaré… « danger national » (*sic*).

Après un nouveau séjour en Grande-Bretagne qui suit la défaite, Joinville retourne bientôt à Paris – où il arrive le même jour que son vieil ami Victor Hugo ! –, et, s'étant fait élire député de la Haute-Marne, contrairement à son frère Nemours qui a refusé de se présenter devant le suffrage des électeurs, siège à l'Assemblée de Bordeaux, avec Aumale. Et de suite, à l'instar de ce dernier, il déclare que si la France souhaite demeurer une république, il est prêt à s'incliner devant la légitimité de celle-ci, à la condition que le choix des Français soit libre, comme il le confie à ses *Souvenirs* : « Je voyais sans colère s'établir la forme républicaine, dont je préférais la sincère netteté à toutes les combinaisons mixtes qui prétendent réconcilier deux principes opposés en leur mettant à tous deux les menottes aux mains. » Cette profession de foi singulière ne l'empêche pas, lorsqu'il revient enfin à Paris, après vingt-deux ans d'exil, de venir baiser la première marche de l'escalier du Palais-Royal, réitérant le geste que son père avait accompli au même endroit, cinquante-sept ans plus tôt, lorsque le premier Bonaparte avait quitté la France, comme aujourd'hui le troisième.

Fin de course pour un vieux loup de mer

Réintégré dans son grade de vice-amiral en 1872, mais, à sa demande, sans solde, comme c'était le cas du temps du roi son père, Joinville se consacre ensuite, après Nemours, à la réconciliation dynastique en conduisant lui-même, l'année suivante, son neveu, le comte de Paris, à Frohsdorf, pour officiellement reconnaître sa légitimité, réalisant ainsi la fusion tant attendue des deux branches que demandaient depuis si longtemps tous les monarchistes de France. Mais y croit-il vraiment, lui qui, au seuil de sa vieillesse, semble comprendre que la République sera bien difficile à déloger ? Décidant en effet de ne plus s'occuper de politique, il se contente de consacrer ses forces à l'armée qui, en 1883, le classe dans la réserve. Installé dans son hôtel de la rue d'Antin, à Paris, il commence à rédiger ses *Vieux Souvenirs*, qui sont publiés en 1894, illustrés par nombre d'aquarelles de lui-même, lui faisant dire « tout le monde écrit ses Mémoires ; moi j'ai dessiné les miennes ». Dans ce texte, il manifeste toujours son traditionnel sens de l'humour qui transparaît dès la première page : « Je suis né à Neuilly-sur-Seine, banlieue, le 14 août 1818. Sitôt né et mon sexe constaté par le chancelier de France, M. Dambray, je fus confié à une nourrice et à une bonne. Trois ans après je passai aux hommes, un peu plus tôt que de coutume, ma bonne ayant eu un accident, de concert avec le précepteur de mon frère aîné, un prêtre défroqué, à ce qu'on dit alors. »

Toujours très attentif aux questions maritimes, même si, écarté de l'armée, il s'occupe surtout de yachting et de plaisance, regardant grandir ses petits-enfants, le vieux marin dont la barbe a blanchi vit surtout par ses souvenirs, même quand il va à la chasse ou s'en vient visiter son cadet à Chantilly. Alors qu'ils évoquent le passé, leurs aventures et les femmes qu'ils ont aimées, ils sont, un jour, surpris par le photographe Joseph Vigier. Il soigne encore sa chère épouse qui, le 27 mars 1898, s'éteint dans ses bras, continue de se quereller – mais pour la forme seulement, par habitude –, avec sa sœur Clémentine et, dernier fils de Louis-Philippe encore en vie alors qu'un nouveau siècle se profile, mène une existence assez solitaire, entouré de vieux amis, remplissant toujours des cartons de ses aquarelles que conserve aujourd'hui le musée d'Amboise. Et c'est à Paris qu'il s'éteint, le 16 juin 1900, à l'âge de quatre-vingt-deux ans, son convoi funèbre étant suivi par une impressionnante foule d'admirateurs qui avaient bien saisi que ce prince anticonformiste et rebelle possédait incontestablement le caractère le plus trempé et le plus original de la nichée princière tout au long de la monarchie de Juillet, lui dont toute l'existence peut si bien se résumer par cet extrait de l'histoire de Sindbad : « Hé quoi ! Vous demeurez à Bagdad, et vous ignorez que c'est ici la demeure du seigneur Sindbad le Marin, de ce fameux voyageur qui a parcouru toutes les mers que le soleil éclaire ? »

En s'éteignant, le prince de Joinville, dont une place et une rue de Paris, toutes deux sises dans le XIXe arrondissement, commémorent le nom, laissait deux enfants. Son fils, Pierre, duc de Penthièvre (1845-1919), après avoir effectué une honorable carrière d'officier de marine aux États-Unis, demeurait un célibataire endurci mais, de sa longue union avec Angélique Lebesgue, eut cependant deux enfants naturels, Pierre et Jeanne, cette dernière mariée au marquis de Gouy d'Arsy, ce qui valut un bon mot de sa belle-mère, le jour des noces où on la félicitait de cette alliance de prestige avec les Orléans : « Orléans, Orléans, n'exagérons rien ; disons Les Aubrais… » Quant à sa fille, Françoise (1846-1925), héritière des dons paternels pour le dessin puisqu'elle fut une remarquable aquarelliste spécialisée dans les natures mortes, elle épousa son cousin le duc de Chartres (1840-1910), frère cadet du comte de Paris, se trouvant donc être à l'origine directe de l'actuelle maison de France, doublement descendante de Louis-Philippe par son fils aîné, Orléans, et par son fils cadet, Joinville.

HUITIÈME TABLEAU
Aumale, l'esthétisme princier

« Nos beaux sentiments ne sont-ils pas les poésies de la volonté ? »

HONORÉ DE BALZAC

Un exploit à nul autre semblable

Le 16 mai 1843, bien loin d'une Europe se passionnant pour *Le Vaisseau fantôme* de Wagner, *Le Songe d'une nuit d'été* de Mendelssohn, les *Contes de Noël* de Dickens ou les premiers tableaux de Ruskin, dans le Sud algérien, aux alentours de la source de Taguin, sise au pied des crêtes du Djebel Amour, les troupes françaises progressent en colonne et à marche forcée, sans pouvoir prendre le temps d'admirer le grandiose paysage offert par le soleil levant. Il y a là deux bataillons d'infanterie de ligne, un bataillon de zouaves, trois escadrons de spahis et trois escadrons de chasseurs d'Afrique, soit environ cinq mille hommes que leur jeune chef, le fringant duc d'Aumale, divise en deux pour limiter les risques, tout en sacrifiant à une technique stratégique bien éprouvée depuis Bonaparte, qu'il estime parfaitement adaptée à la mission reçue du général Bugeaud : couper la route ou, pour le mieux, forcer la machine de guerre de leur adversaire, l'émir Abd el-Kader. La tâche est d'autant plus difficile que cet homme, on ne le voit jamais, alors qu'il est pourtant omniprésent, lui dont les puissants réseaux invisibles tentent d'empêcher la colonisation de l'immense territoire algérien dont la France de la monarchie de Juillet veut faire le symbole de son indépendance diplomatique et le réceptacle de ses ambitions de gloire.

Fils d'un marabout d'une illustre famille chérifienne, Abd el-Kader, né en 1808 près de Mascara, réputé pour sa bravoure et sa piété, s'est fait proclamer « sultan des Arabes » par un certain nombre de tribus qu'il veut rassembler en un seul État du grand Ouest algérien, ce à quoi les Français n'étaient pas hostiles au début. Mais l'influence du sultan avait fini par les lasser et entraîné une reprise des hostilités marquées, en 1835, par la victoire d'Abd el-Kader sur le général Trézel qu'il avait attaqué par surprise à la Macta, et sa défaite, en 1836, par le général Bugeaud. Après un nouveau traité de paix signé l'année suivante, la guerre cessait bientôt mais la conquête du Constantinois, en 1839, la relançait avec, pour conséquence, la destruction de ses bases de Taqdîmi et de Mascara, ce qui obligeait l'émir, pour mieux harceler les Français à n'importe quel endroit du pays, à organiser une sorte de « capitale » itinérante regroupant sa famille et celles de ses chefs, ses principaux lieutenants et ses conseillers, ses armes, ses provisions, ses archives et ses corps de métiers, soit en tout quelque vingt mille personnes, solidement encadrées et défendues par cinq mille combattants aguerris dont deux mille cavaliers à cheval, sans compter les mulets et les chameaux. On appelle ce type de camp mobile une *smala* et force est de reconnaître qu'on la redoute particulièrement tant ses raids fréquents sont dangereux.

Mais cette fois-ci l'émir, qui a trop tendance à surveiller l'armée de Lamoricière, a négligé de faire la même chose avec celle du duc d'Aumale qu'il croit être retournée à Boghar, et qui, dans le plus grand secret, le suit discrètement. Soudain, ce même jour, entre dix et onze heures, un extraordinaire spectacle se présente aux Français, sous la forme d'une infinité de tentes vivement animées par les activités de la matinée, qui font songer à ce que Bonaparte et ses troupes avaient aperçu peu avant la bataille des Pyramides lorsque les Mamelouks aux costumes bariolés se regroupaient, avec leurs chevaux, leurs armes et leurs joyaux. Faut-il attendre ou attaquer de suite, se demandent les officiers, inquiets par l'idée de se jeter sur un si grand nombre d'adversaires ? Après un bref échange, le duc d'Aumale, comprenant que l'effet de surprise va jouer en sa faveur, tranche d'une phrase, presque d'un mot : « Je suis d'une race qui n'a jamais reculé. En selle et en avant ! » avant de piquer des deux pour se lancer à l'assaut, au galop, suivi de tous ses hommes entraînés par son exemple. Dans la smala, l'affolement est à son comble, les femmes et les enfants se dispersent dans tous les sens, tandis que les combattants tentent de riposter. Deux mille d'entre eux gisent à présent, morts, sur le sable, avant que les autres se mettent à fuir en toute hâte, mis en déroute par les Français qui encerclent le campement, d'où cependant se sont déjà échappés Abd el-Kader et sa petite escorte filant à présent vers le sud, quitte, pour leur chef, à abandonner sa mère et sa femme.

Tandis que les troupes arabes alliées aux Français pillent consciencieusement les tentes, le duc d'Aumale répartit quinze mille têtes de bétail qu'il fait livrer à l'administration, accepte la reddition de trois mille cinq cents personnes qui n'ont pas eu le temps de s'enfuir – qu'il va généreusement libérer peu après – et organise le repli de ses troupes après un repos réparateur. Outre que cette victoire a pour conséquence d'ôter à l'émir l'essentiel de ses armes pour poursuivre les opérations militaires et de briser net son prestige auprès des populations, la nouvelle de la victoire ne tarde pas à se répandre en Europe et le roi Louis-Philippe exulte, après s'être fait expliquer par ses conseillers ce qu'est une smala, qu'il explique à son tour à Marie-Amélie en décrivant la chose comme une sorte de… *camarilla* ! Le roi, du reste, ne confie-t-il pas à Guizot : « Il y a deux cents ans (1643), jour de la bataille de Rocroi, où le

Grand Condé né en 1621, vingt-deux ans, anéantissait la phalange des vieilles bandes espagnoles comme mon fils, né en 1822, vingt et un ans, anéantissait les réguliers et toute la smala d'Abd el-Kader. » Cet exploit vaut au duc d'Aumale d'être élevé au grade de général et à Bugeaud – qui pourtant était absent – de recevoir la dignité de maréchal de France, une fois que, parallèlement à la prise de la smala, il va bientôt, à la tête de dix mille hommes, traverser l'Isly et anéantir l'armée marocaine venue prêter secours à Abd el-Kader, après que le sultan eut, bien imprudemment, décidé de soutenir son voisin.

Le jeune prince, pour autant, demeure modeste, comme il l'écrit à son frère Joinville, dans une lettre le félicitant de son mariage et qu'il découvre descendant du bateau le ramenant du Brésil : « Nous avons eu un assez joli combat de cavalerie dont on a bien voulu faire grand bruit en France », ce qui ne l'empêche pas d'écrire simultanément à un camarade de collège : « Nous avons eu une belle affaire ; nous étions un contre dix ; un vrai combat à la française, en plein jour, à l'arme blanche et au galop de charge. » Quant à l'infatigable Horace Vernet, il commence aussitôt un grand tableau, commandé comme il se doit pour Versailles, et constituant déjà un modèle du genre, tant par ses dimensions, vingt et un mètres de long sur cinq mètres de haut – il faut organiser une salle spéciale pour le recevoir où il aura pour pendant *La Bataille d'Isly* –, peuplé d'une multitude de personnages sur fond de désert illuminé par un ciel parfaitement bleu, où tout s'organise autour de la figure d'Aumale, à cheval, arrêtant d'un geste ses troupes prêtes à massacrer le reste des combattants à la prière de leurs femmes inclinées devant le prince, toile éminemment romantique avec le mouvement suscité par l'arrivée des Français regroupés autour de leur jeune chef, la flamboyance des couleurs, la tension dramatique et même le savant désordre qui préside à la composition générale traduisant l'affolement d'un côté, la vaillance de l'autre. Cela n'empêche pas le peintre de sacrifier à ses fantasmes – et ceux des hommes de son temps – en s'attardant complaisamment sur les formes voluptueuses des femmes du harem de l'émir, thème cher à Delacroix, ajoutant une pointe d'érotisme à ce spectacle martial. Cette peinture, plus encore que le simple patriotisme, va contribuer largement à intéresser l'opinion publique à la question algérienne et également susciter nombre de vocations chez les jeunes gens pour aller servir dans cette extraordinaire aventure que constitue le colonialisme naissant et que reprend à son tour un autre peintre, Hippolyte Bellanger, dans une toile moins connue.

Un chevalier ivre de liberté

Le héros du jour, Henri-Eugène-Philippe-Louis d'Orléans, qu'on appelait en famille Mimi, était né au Palais-Royal, à Paris, le 17 janvier 1822, et, comme ses frères et sœurs – en particulier Charles-Ferdinand-Louis-Philippe-Emmanuel, son aîné de deux ans –, avait, à leurs côtés, grandi dans la vaste demeure. Pourtant rien de plus dissemblable que ces deux enfants, le pauvre Penthièvre – surnommé Pimpim, auquel un valet de chambre était particulièrement attaché, dont le couple ducal ignorait qu'il était un espion à la solde de Louis XVIII – se révélant bien vite aussi handicapé physiquement et mentalement qu'Aumale était vigoureux et particulièrement éveillé. Ce drame secret, Louis-Philippe et Marie-Amélie le vivaient, malgré tout, avec beaucoup de disponibilité et de tendresse pour le plus infortuné de leur nichée qui, le 24 juillet 1828, allait s'éteindre dans leurs bras, à l'âge de huit ans, au terme d'une atroce agonie. Contrairement au précédent, Aumale, donc, se révélait plein de vie mais peut-être plus studieux que les autres comme le notait sa mère : « Il ressemblait à Chartres à son âge, au physique et au moral, avec une grande facilité et un esprit très animé. »

Il faut dire que si ce bel enfant, peint par Joseph-Nicolas Fleury en pantalon blanc et veste bleue, se révélait bien vite plus apte aux études, c'est qu'il avait été initié par un excellent précepteur, Alfred-Auguste Cuvillier-Fleury, fils d'un officier du roi Jérôme Bonaparte, garçon sérieux et quelque peu sévère, bon philosophe et fin lettré, qui avait su, dès le commencement, l'intéresser et le conduire à lire, à penser par lui-même et à approfondir ses connaissances, jusqu'à se passionner déjà pour ce qui allait devenir l'une des passions de sa vie, l'histoire, l'art et la bibliophilie. À cette époque, du reste, Mme de Boigne avait remarqué cette disposition, racontant que, lors d'une visite au château de Fontainebleau, alors en travaux, l'architecte, appelé ailleurs, avait confié à l'enfant, âgé de douze ans, « aussi parfaitement intelligent qu'il était beau », le soin de poursuivre la visite, ce qu'il fit « en étalant sa jeune science, sans pédanterie, mais avec satisfaction... charmant dans son enfantine sagesse ». Excellent élève au collège Henri-IV, bien que souvent dissipé, bavard et tête en l'air, il remportait le prix d'excellence et, en 1837, sous l'autorité de ses professeurs Jules Michelet et Victor Duruy, se distinguait parmi les lauréats du Concours général en obtenant le prix d'histoire, lui dont on racontait qu'il savait *L'Énéide* par cœur à quinze ans.

Plus chanceux que ses frères, les hasards de la vie faisaient de lui le mieux doté puisque son père avait eu l'excellente idée de lui choisir pour parrain le prince de Condé, un des plus riches propriétaires du royaume avec les Orléans, dont l'apanage s'étendait du Berry à la Provence, en passant par l'Anjou, la Bourgogne et le Dauphiné, avec pour principal morceau, au nord de Paris, les immenses terres de Montmorency, d'Écouen, de Mortefontaine, de Saint-Leu, de Clermont et de Chantilly, dont il allait devenir un jour le seul détenteur, puisque le prince n'avait plus d'héritier, depuis que son fils unique, le duc d'Enghien, avait été fusillé sur ordre de Bonaparte. Comment s'était passée cette transaction négociée sur le dos de la famille royale qui voyait lui échapper un fantastique héritage ? D'une manière totalement occulte, avec la complicité de la maîtresse du duc, la comtesse de Feuchères, une Anglaise ambitieuse et intéressée qui tenait le Bourbon par les sens et qui recevait, à la mort de ce dernier, mystérieusement retrouvé pendu à l'espagnolette de la fenêtre de sa chambre à Saint-Leu, une considérable indemnité qui fit scandale à l'époque, certains pensant, non sans preuves, qu'il avait été assassiné par ses proches à la suite d'un exercice érotique particulièrement scabreux.

Bon dessinateur comme tous les Orléans, sportif convenable, c'est-à-dire cavalier intrépide et nageur accompli, homme du monde impeccable mais plus instruit que la moyenne de ses contemporains, catholique peu convaincu malgré les efforts de sa mère, le jeune duc d'Aumale glissait tout naturellement vers le libéralisme, ce qui ne l'empêchait pas de décider de devenir à son tour officier, engagement qu'il annonçait avec un joli mot conforme à ce qu'on pouvait attendre d'un prince de son rang : « Je n'ai d'autre ambition que d'être le quarante-troisième Bourbon tué sur le champ de bataille [...] je ne suis qu'un cadet de Gascogne à Paris ; je suis seulement la cinquième roue du carrosse, mais je trouverai toute ma place partout où on brûlera de la poudre au nom de la France ! » Promu en conséquence, à quinze ans, sous-lieutenant au 4e régiment d'infanterie légère basé à Fontainebleau, en 1837, à l'époque où Scheffer le représentait martialement sanglé dans son uniforme, il effectuait ses premiers pas dans la carrière assisté de son précepteur, et ressentait l'ivresse d'une existence virile et active, attendant avec impatience de la transcender au combat, ce qui ne tardait guère puisque, au printemps 1840, il embarquait à son tour pour l'Algérie, toujours en compagnie de Cuvellier-Fleury qui se désolait d'un exil aussi lointain, à l'heure où il venait de se fiancer à la ravissante Henriette Thouvenel (sœur d'un futur ministre de Napoléon III), ce qui lui valait d'être réconforté par la duchesse d'Orléans lui glissant aimablement : « Vous devez êtes bien malheureux, mon pauvre ami, mais vous allez lui écrire et cela sera une correspondance soignée » ; consigne prémonitoire puisqu'elle devait être publiée un demi-siècle plus tard par Vallery-Radot.

Il y partait sous les ordres du maréchal Valée, mais chaperonné par son aîné Ferdinand-Philippe, duc d'Orléans qui, selon sa propre expression, le prenait « à la remorque ». Et tout de suite, il se distinguait par son courage qui lui valait une citation à l'ordre de l'armée pendant la campagne de Medéa – où il manquait de peu d'être tué – et un superbe pastel de Philippoteaux le représentant chargeant à cheval à Mouzaïa. Et déjà on vantait son courage, sa sollicitude – on le vit, sur un col escarpé, offrir spontanément son cheval au colonel Gueswiller épuisé, et poursuivre à pied – et sa curiosité envers un pays fascinant dont l'exotisme charmait l'imagination romantique de sa génération. Ce n'était qu'une première prise de contact conclue par un satisfecit de son frère écrivant à leur tante : « Je ramène Aumale sain et sauf et s'étant admirablement conduit », à l'issue de laquelle il retournait en France où son père, sur proposition du maréchal Valée, lui remettait en personne sa croix de chevalier de la Légion d'honneur, au terme d'un parcours sans faute qui l'amenait à dire : « Le seul moyen de se faire pardonner d'être prince, c'est de faire en tout plus que les autres. »

À Paris, Aumale accomplissait désormais ses devoirs, poursuivait son éducation – en particulier politique – sous la conduite de Rossi ainsi que sa formation militaire, et dirigeait l'école de tir de Vincennes, mettant au point un plan particulièrement efficace pour la formation des fantassins dans ce domaine. Enfin, en 1841, il repartait en Algérie pour son plus grand bonheur, cette fois-ci avec le grade de lieutenant-colonel, sous les ordres du général Bugeaud, à qui il écrivait, avant son arrivée : « Je vous prierai de ne m'épargner ni fatigues ni quoi que ce soit ; je suis jeune et robuste et, en vrai cadet de Gascogne, il faut que je gagne mes éperons. » Et en effet il se mettait immédiatement à la tâche, concourant au ravitaillement de Médéa où Cavaignac était bloqué, disloquait l'adversaire en avril, à la tête de sa cavalerie au combat du bois des Oliviers puis de nouveau dans la plaine du Chétif en mai, marchant avec Baraguey d'Hilliers sur Taza et remplaçant au pied levé le général Bedeau à la tête du 17e léger. Quotidiennement, il faisait son devoir et rien que son devoir, partageant sans état d'âme la vie de ses hommes sur un terrain difficile, veillant sur l'intendance, l'armement et le moral des troupes, donnant de sa personne au combat, mais aussi tentant, lorsqu'il était possible, de préserver les populations civiles des exactions de la guerre, ce qui faisait incontestablement de lui « l'homme de l'armée d'Afrique », celui qu'on suivait les yeux fermés, celui que représentait familièrement assis au bivouac le peintre Labordère en compagnie de ses officiers en 1843, cette même année où *L'Illustration*, dans son édition du 23 décembre, le montrait en pleine action, sur le terrain algérien, reçu par les caïds en compagnie de ses spahis et de ses gendarmes au camp d'el-Annouch.

Les opérations cessant avec l'été, il était rappelé en France avec son régiment, et sitôt débarqué à Marseille, traversait la France sous les acclamations frénétiques du public, comme il l'écrivait alors à son ami Couturié : « Depuis trois heures du matin jusqu'à minuit, je faisais mon étape et je réglais les affaires de mon régiment, puis nouveau maître Jacques, je prenais mon rôle de prince, je subissais les réceptions, les banquets, les bals ; je répondais aux discours ; je portais des toasts. On n'imagine rien de plus fatigant. » Au mois de septembre il conduisait donc son régiment que, selon sa propre expression, il surveillait « comme la prunelle de ses yeux », au camp de Compiègne et retrouvait celui de son frère Nemours. Leur défilé, passé en revue par le roi leur père et le maréchal Soult, constitua sans doute la plus belle parade de toute l'histoire de la monarchie de Juillet, immortalisé par une toile d'Eugène Lami. Et Guizot de noter à son sujet et à celui de ses frères : « Tout sauvages qu'ils sont, ces princes-là se montrent volontiers quand il y a quelque effet à faire. Ils se regardent bien comme les serviteurs du pays, et obligés de soigner ses intérêts et sa grandeur. » Une seule fausse note dans ce grand moment de propagande, l'attentat perpétré contre lui dans la rue du Faubourg-Saint-Antoine par le républicain François Quenisset, qui manquait de peu son coup de feu.

Mais si les hommes appréciaient sa prestance, les femmes, surtout, ne manquaient pas d'être séduites par le charme de ce grand garçon blond aux yeux bleus, au teint halé par le soleil d'Afrique – que Winterhalter mettait parfaitement en valeur sur un beau portrait le représentant debout dans son uniforme –, vision arrachant à la princesse de Ligne cette exclamation, « charmante figure, charmante tournure militaire et charmant d'esprit ; c'était le plus brillant des princes ». Nul doute, comme le notait alors Nestor Roqueplan, que nombre de lorettes étaient folles de celui qui, très tôt, s'était initié aux mystères de l'amour dans les bras d'Albertine Coquillard, danseuse à l'Opéra, qu'il avait soignée jusqu'à sa mort due à une vilaine maladie qu'elle avait attrapée à Londres, avant d'entamer une longue liaison avec une certaine Héloïse sur laquelle on demeure peu renseigné. Aujourd'hui il s'affichait surtout avec la ravissante comédienne Alice Ozy, alors qu'il tenait garnison à Courbevoie, à la tête du 17ᵉ léger, dont la musique, à chaque visite de la belle, ne manquait pas d'interpréter *Kradoudja ma maîtresse* ! Véritable « beauté du diable » qui avait eu déjà pour amants l'acteur Brindeau, l'écrivain Brazancourt et le riche Polonais Wieloposki qui lui avait légué sa fortune, elle régnait sans conteste sur le Boulevard, où elle demeurait à l'angle de la rue Laffite, enflammant les cœurs de la génération romantique, enviant le duc d'Aumale de sa bonne fortune qui, néanmoins, commencait à inquiéter ses parents. Elle le quitta pourtant pour le fils du banquier Perregaux qui, à son tour, allait l'abandonner pour Marguerite Duplessis – la Dame aux camélias d'Alexandre Dumas fils –, séparation dont elle se consolait d'abord dans les bras de Théophile Gautier, puis dans ceux de Victor Hugo, et enfin dans ceux de Théodore Chassériau, qui ne tarda pas à la peindre à demi nue sur un tableau célèbre, alimentant, à l'époque, les fantasmes de Balzac.

De son côté le duc d'Aumale commençait une nouvelle idylle avec Émilienne d'Alençon, à défaut de conquérir la très désirable Eugénie de Montijo qui se refusait à lui, comme elle se refusait à Joinville, en attendant un plus brillant parti. Il avait beau écrire à l'un de ses amis, « mes occupations érotiques ne m'ont jamais pris beaucoup de temps », il n'en reste pas moins l'inventeur d'une position amoureuse baptisée depuis « à la d'Aumale », puisque le plus sage des Orléans était aussi le plus coureur. Mais son amour des femmes ne nuisait aucunement à son amour des livres, des objets d'art et de la gloire militaire, ce en quoi il se montrait parfait disciple de son aîné Ferdinand-Philippe, à qui il ressemblait tant par le physique comme par la manière de voir les choses et de se comporter en public. C'est dire si la mort de ce dernier, l'été 1842, bousculait une existence devenue quelque peu monotone entre ses activités de chef de corps à Courbevoie, les parties de chasse avec le duc de Nemours ou les soirées familiales aux Tuileries ou à Neuilly. D'abord parce qu'elle le désemparait, lui arrachant de douloureuses constatations, comme il l'écrit à son ami Couturié : « Je ne vis plus. Celui qui n'est plus était l'âme de ma vie ; je n'étais que son bras. Sans lui je n'ai ni pensée ni volonté ; je suis inutile à ce monde et j'en voudrais sortir », ou à un de ses anciens professeurs : « Je sens combien je l'aimais par le vide terrible qu'il laisse dans mon existence.

Je sens ma nullité maintenant que sa pensée ne m'anime plus. L'édifice de ma vie est renversé. » Ensuite parce que sa présence, à défaut de celle du duc d'Orléans, se révélait bientôt nécessaire en Algérie.

Le proconsul d'Algérie

Reparti dès l'automne suivant, il s'embarquait à Lorient à bord de *La Belle Poule,* que commandait toujours Joinville, pour débarquer à Alger où, dès son arrivée, il partait d'abord en campagne avec Bugeaud puis, ce dernier ayant demandé un congé pour marier sa fille, seul, administrant la province de Médéa. Là, il s'occupait d'une colonisation qu'il voulait « à la romaine », c'est-à-dire dans le respect des mœurs et de la religion des peuples, choyant ses troupes et explorant avec elles – jusqu'à la Djurjura – les territoires encore inconnus, tout en veillant de près à la mise en valeur des régions conquises. Et c'était au printemps suivant qu'il remportait sa victoire sur Abd el-Kader, point d'orgue de sa carrière militaire et de la conquête de l'Algérie elle-même, qui faisait cependant dire à Guizot, ne comprenant pas que c'était précisément là qu'il était le plus heureux, « c'est de tous les princes de la famille, celui en qui j'aurais le plus confiance, le plus sensé, le plus ferme, le plus sûr. Il ne faut pas le laisser devenir uniquement africain ».

À nouveau de retour en France au lendemain de son exploit algérien, qui fait de lui l'un des membres les plus populaires de la famille royale, tant en France qu'en Europe, Aumale s'octroie quelques jours de vacances qu'il passe au château d'Eu, avant d'accompagner Joinville en Grande-Bretagne, où tous deux apprennent de la bouche de la reine Victoria qu'elle souhaite se rendre en France. Ils participent donc à l'événement historique que constitue la visite de la souveraine, à la suite de quoi Aumale s'embarque pour l'Italie afin d'y dénicher une épouse, présentable et catholique, comme l'en ont prié ses parents, ce qui, au début, ne l'enchante guère, car il tient à conserver sa liberté. Aussi, au terme d'un périple qui lui permet de visiter Turin, Gênes, Livourne, Florence, Pise et Rome – où partout on fête le jeune vainqueur de la smala, y compris le pape Grégoire XVI qui lui accorde une audience particulière –, est-ce sans grand enthousiasme qu'il consent à se fiancer, à Naples, entre une excursion au Vésuve et une visite du palais de Capodimonte, à sa cousine Marie-Caroline de Bourbon-Sicile, née à Vienne le 26 avril 1822 au foyer de Léopold de Bourbon, prince de Salerne, et de l'archiduchesse d'Autriche Marie-Clémentine.

« Sans être jolie, elle n'a rien de désagréable qu'une extrême petitesse », écrit-il alors à ses parents, avant de conclure, désabusé, « il n'y a guère d'autre princesse catholique mariable dans le Gotha », ce qui le conduit à l'accepter, bien que, confie-t-il, « cette résolution m'a beaucoup coûté ; d'ailleurs il faudrait toujours en arriver là ; un peu plus tôt, un peu plus tard ; c'est à peu près la même chose ». Son service le requérant en Algérie, où il dégage, l'année suivante, Batna et Biskra, remporte la victoire à M'Chounèche et achève la pacification de la région de Constantine, la cérémonie n'est célébrée que le 25 novembre 1844 à Naples, sur fond de grands soupers, de représentations d'opéra au San Carlo et de fêtes populaires qui se poursuivent jusqu'au 2 décembre, à l'issue desquelles le jeune couple prend la mer pour Marseille où il débarque, accueilli par de nouveaux musiciens dirigés par un jeune inconnu nommé Jacques Offenbach faisant là ses premières armes. La duchesse d'Aumale, bientôt surnommée Lina en famille, ne manque pas de qualités, avec un tempérament plutôt artiste qui la fera dessiner avec talent les principaux moments de sa vie qu'elle conserve pieusement dans son album. Elle n'est pas « laide à faire peur », comme le prétend Victor Hugo, mais il est indéniable que son physique est plutôt ingrat, ce que naturellement Winterhalter corrige sur le portrait qu'il lui consacre et que son extrême petitesse de « femme de poche » à la santé médiocre surprend, elle qui allait mettre au monde sept enfants dont la plupart s'éteignent en bas âge tandis que deux autres n'allaient atteindre que la fin de l'adolescence et ce – mais le couple ne l'apprendra que beaucoup plus tard – parce que leurs facteurs sanguins sont totalement incompatibles.

Marie-Caroline n'est, de toute façon, qu'une épouse qu'il respectera sa vie durant, tout en la trompant abondamment, laissant plusieurs enfants naturels, dont un sera ce spirituel Lebeque, qui allait tant ressembler à son père et qu'au début du XXe siècle, son cousin par la main gauche, le comte d'Eu, petit-fils de Nemours, allait voir en cachette des siens pour se distraire en sa compagnie. En attendant, la duchesse d'Aumale est fêtée par Paris qui l'accueille avec bonne grâce en présence de nombre de chefs maghrébins venus spécialement en France à cette occasion et dont la tenue exalte l'imagination des participants au grand bal offert en leur honneur au palais des Tuileries. Mme de Boigne, quelque peu déçue par le manque de grâce de la jeune mariée, conclut, « cela ne fait qu'un ménage de plus », tandis que son mari tente de lui imposer un style plus parisien, comme le raconte de nouveau Victor Hugo : « Mme la duchesse d'Aumale parlait malaisément français ; mais dès qu'elle se mettait à parler italien, l'italien de Naples, elle tressaillait comme le poisson qui retombe dans l'eau, et se mettait à gesticuler avec toute la verve napolitaine. “Mets donc tes mains dans tes poches, lui criait M. le duc d'Aumale. Je te ferai attacher. Pourquoi gesticules-tu comme cela ? – Je ne m'en aperçois pas”, répondait la princesse. Le prince me dit un jour : “Cela est vrai, elle a raison. Elle ne s'en aperçoit pas. Tenez, vous ne le croiriez pas, ma mère, si grave, si froide, si réservée tant qu'elle parle français, si par hasard, elle parle le napolitain, se met à gesticuler comme un polichinelle !” »

Se partageant entre son appartement des Tuileries, son château de Chateaubriant en Bretagne – que son père lui enjoint de restaurer pour implanter la dynastie dans les départements de l'Ouest – et celui de Chantilly, en Île-de-France – qui a déjà sa préférence ! –, Aumale est, de tous les princes de la maison de France, le plus omniprésent dans le paysage, un jour en déplacement avec Nemours, pour présider les grandes manœuvres en province, un autre organisant les épreuves de tir dont il est l'inspecteur général, un troisième à la cour pour mener le cotillon. Mais c'est en Afrique qu'il se sent le mieux, qu'il respire le plus librement, ce qui lui évite de critiquer la politique de son père sur laquelle il est aussi lucide que Joinville, et ce, principalement, au moment où Bugeaud est désapprouvé par une partie de l'opinion publique pour la dureté de cette sorte de proconsulat qu'il y exerce depuis trop longtemps. Parce qu'en 1846 il a mis en place les bureaux arabes pour régler les litiges et pacifié le sud du pays, après avoir fait campagne dans les bassins du haut Chélif et dans l'Ouarsenis, le prince y est désormais perçu par tous comme l'âme de la conquête ; aussi, le 11 septembre 1847 est-il, par ordonnance royale, nommé gouverneur général d'Algérie, à la plus grande satisfaction des colons, de l'armée et même des chefs coutumiers avec qui il entretient depuis nombre d'années les relations les plus cordiales. Sorte de vice-roi sans le titre – à vingt-quatre ans ! –, il se consacre à cette tâche avec passion, assignant des missions précises à ses trois principaux subordonnés, les généraux Bedeau, Lamoricière et Changarnier, attentif à veiller personnellement au développement économique de la colonie, tandis que sa femme fait, avec tact et simplicité, les honneurs du palais d'Alger. Veillant à établir une paix civile durable, il accorde une large amnistie aux anciens insurgés, réorganise l'administration civile, trace un programme de grands travaux d'intérêt général (dont une partie concerne le port d'Alger) et fait en sorte que la capitale soit équipée sur le modèle de Paris, avec en particulier son tribunal de commerce ou sa succursale de la Banque de France.

Il ne lui reste qu'à régler définitivement le cas d'Ab el-Kader, devenu, depuis son échec à l'Isly, un simple chef de bande pourchassé de partout, qui, le 23 décembre suivant, accepte de se rendre au général Lamoricière, et rencontre le cadet des fils du roi des Français avec lequel il amorce un dialogue chevaleresque, tenu à genoux comme le montrent un bas-relief de Carpeaux et un tableau de Régis, chacun représentant la scène :

— Tu devais attendre depuis longtemps ce qui arrive, lui dit l'émir. L'événement s'accomplit à l'heure voulue par Dieu.

— Oui, lui répond Aumale. Il en sera comme tu souhaites, s'il plaît à Dieu – c'est-à-dire te retirer définitivement en Égypte –, mais il faut l'approbation du roi et des ministres qui, seuls, peuvent décider. Pour moi, je vais rendre compte de ce qui s'est passé et t'envoyer en France pour y attendre les ordres du roi.

— Que la volonté de Dieu soit faite. Je me confie à toi.

« Abd el-Kader, écrit le gouverneur à Guizot le même jour, est dans notre camp. Battu par les Marocains, abandonné de la plupart des siens, il cherchait à gagner le sud par le pays de Beni Snassen, mais cerné de ce côté par la cavalerie du général Lamoricière, il s'est rendu sous la condition d'être envoyé à Alexandrie ou à Saint-Jean-d'Acre. Il s'embarquera demain avec moi pour Oran, d'où il sera bientôt envoyé à Toulon, aux ordres du gouvernement. » Montant à bord de *L'Asmodée*, l'émir débarque donc en Provence avec les quatre-vingt-dix-sept personnes de sa suite et de là prend le chemin, d'abord du château de Pau, puis du château d'Amboise, où il allait demeurer cinq ans, avant d'être libéré par Louis-Napoléon Bonaparte, ayant tellement évolué au cours de sa réclusion qu'il finira non seulement par se faire initier dans la franc-maçonnerie, mais encore par devenir l'un des amis les plus sincères de la France et des Français.

La conquête de l'Algérie est enfin achevée. Le duc d'Aumale pourrait désormais se consacrer à sa seule mission d'administrer les cent dix mille colons installés sur ses terres si, deux mois plus tard, l'annonce de la révolution de Février ne compromettait définitivement son séjour sur le sol national. La IIe République s'empresse en effet de le remplacer par le général Cavaignac, ce à quoi il ne s'oppose pas, malgré son prestige auprès des troupes qui, très certainement, s'il le leur avait demandé – mais il était trop légaliste pour cela ! –, l'auraient suivi les yeux fermés dans une opposition au nouveau régime, quitte, comme le fera le général Franco en Espagne, au XXe siècle, à revenir rétablir le régime par la force. Alors, après un message adressé à l'armée, dans lequel il rappelle que « tous ses vœux vont à l'honneur de la France », et un autre à la population, il s'embarque avec sa femme, son frère Joinville et sa belle-sœur à bord du *Solon* et, versant une larme, regarde disparaître les côtes d'Algérie à l'horizon, tout en adoptant, de ce jour, une devise à laquelle il restera fidèle, jusqu'à son dernier jour : « J'attendrai. »

La politique ou l'art ? Un choix difficile

À Claremont, le duc d'Aumale retrouve donc la famille royale en exil et finit par s'installer en partie dans les environs, à Twickenham, et en partie à Palerme où il rachète à sa mère le palais d'Orléans. Grâce à son immense fortune personnelle, il n'a de cesse d'embellir ces deux résidences en amorçant la seconde partie de sa carrière, qui va l'occuper jusqu'à la fin de ses jours, celle d'un esthète bibliophile dont les collections, commencées à partir du fonds Condé de son héritage, vont bientôt compter, après d'innombrables acquisitions que lui permettent ses vastes moyens financiers, parmi les plus considérables d'Europe, tableaux de Raphaël, de Titien, de Poussin ; mais aussi de contemporains – Delacroix,

Eugène Lami, Roqueplan, Paul Delaroche –, de dessins anciens et modernes, de livres, de précieux incunables comme *Les Très Riches Heures du duc de Berry*, sans compter un exceptionnel mobilier et une impressionnante collection d'antiques constituée de mosaïques romaines acquises à Naples, en particulier par l'entremise de sa belle-famille, des bronzes, des verreries pompéiennes, des amphores grecques, des objets étrusques ou égyptiens, auxquels s'ajoutent nombre de gravures, de lithographies et même de photographies, que les conservateurs de musée du monde entier lui envient. Le plus souvent, il leur souffle, chez Christie, les plus belles pièces qu'ils auraient pu acquérir, que de nombreux amateurs viennent admirer, parmi lesquels les plus fervents sont Théophile Gautier ou Léon Say.

Passionné par ses collections, il en rédige lui-même le catalogue, tout en s'attelant à plusieurs ouvrages, comme sa relation de la captivité du roi Jean le Bon à Londres, dans laquelle il voit son propre destin, et surtout sa monumentale *Histoire des princes de Condé* qui l'occupe pendant plusieurs années, ou ses recherches archéologiques sur le site d'Alésia, qu'il identifie le premier à Alise-Sainte-Reine. Mais si l'amour de l'art et la pratique de la science historique lui permettent d'oublier les rigueurs de l'exil, Aumale pour autant ne se désintéresse pas de la vie politique française, songeant très sérieusement, en 1851, à se présenter à l'élection présidentielle, ce que du reste avait prévu son père qui, peu de temps avant sa mort, avait confié à ses fils : « Tenez-vous toujours prêts à servir votre pays, à quelque titre que ce soit. » Cette idée, à laquelle un certain nombre de Français ne sont pas défavorables, est finalement abandonnée dès lors que le président sortant, Louis-Napoléon Bonaparte, réalise, le 2 décembre, un coup d'État qui, quelques mois plus tard, lui permet de devenir l'empereur Napoléon III.

Ce projet n'en montre pas moins que, à l'instar de ses frères, Aumale n'a rien contre l'idée de démocratie, ferraillant ferme avec le cousin du nouveau souverain, le prince Jérôme, chez qui il raille « l'auguste orateur de la démagogie absolutiste au Sénat » et à qui, pour contrer ses attaques au sein de la Chambre haute, il adresse sa célèbre *Lettre sur l'histoire de France*, où, point par point, il trace un parallèle entre l'œuvre de la monarchie de Juillet et celle du Second Empire, en particulier la généreuse hospitalité offerte par le roi-citoyen à son père, l'ancien roi de Westphalie, avant de conclure par un message qui ne manque pas de grandeur : « Je m'arrête. C'est une douleur inutilement ajoutée à celle de l'exil que de fixer trop longtemps sa vue sur les maux et les dangers de son pays. Mais vous qui traitez avec l'arrogance de la bonne fortune ces races antiques qui ont régné longtemps sur une nation généreuse et qui, tour à tour rejetées et ramenées par le flot révolutionnaire, s'étaient enfin associées à sa liberté comme jadis à sa grandeur ; vous qui jouissez du fruit accumulé de tant de travaux, de tant de sagesse et de tant de gloire, sachez bien que, si vous ne sortez pas des mauvaises voies où vous êtes si profondément engagé, ce n'est pas aux Bourbons ou aux Orléans, auxquels on n'a jamais pu du moins adresser un tel reproche, c'est à vous et aux vôtres qu'on pourrait alors renvoyer les paroles de votre oncle au Directoire : qu'avez-vous fait de la France ? » Ausitôt saisie par la censure, la lettre n'en circule pas moins dans Paris où chacun se l'arrache à prix d'or.

Persuadé, ou se persuadant, qu'une restauration de la monarchie, en France, est toujours possible – encore qu'il parvient à convaincre Bugeaud de ne pas suivre son idée de coup d'État en faveur d'une restauration des Orléans –, il milite activement, au sein de la famille royale, avec en particulier son aîné Nemours et son cadet Montpensier, pour la réconciliation des deux branches (Orléans et Bourbon) qui allait se concrétiser plus tard, après la mort de sa belle-sœur, la duchesse d'Orléans, totalement réfractaire à ce qu'elle considère comme une compromission. À cet effet, il investit une partie de ses capitaux dans la presse, devenant ainsi l'un des actionnaires principaux de la *Continental Review* à Londres, de *L'Étoile belge* et de *L'Indépendance belge* à Bruxelles, ou même, en France, du *Courrier du dimanche* ainsi que du *Siècle*, ce qui lui permet de peser sur une partie de l'opinion publique et de compter désormais parmi les adversaires de poids du Second Empire, dont les dignitaires le craignent comme la peste, sachant que sa séduction naturelle et son légalisme rigoureux le placent en permanence en position de recours en cas de crise institutionnelle. Il a beau protester, Émile Ollivier résume sa position d'un mot très révélateur : « Qu'importe qu'un prince déclare qu'il ne veut pas conspirer si son nom conspire pour lui et malgré lui ? »

Son exemple, du reste, dépasse largement les frontières de la Grande-Bretagne, ce qui conduit certains à lui offrir, en 1857, le trône du Mexique, où allait être envoyé, quelques années plus tard – et pour son malheur –, le pauvre Maximilien de Habsbourg, son neveu et, en 1862, à l'initiative du baron Piscatory et du journaliste Alexandre Rangabé, celui de Grèce déserté par Othon de Bavière, pour lequel on avait pensé naguère à son aîné Nemours. Si la première proposition comporte trop de risques, comme l'avenir le montrera bien, la seconde aurait pu très bien réussir si ce démocrate convaincu ne posait alors pour condition préalable d'être d'abord désigné par l'Assemblée hellène, ce qui laisse le temps à la Grande-Bretagne de pousser un prince danois. Roi, Aumale ne le sera donc jamais et, de surcroît, finit par se désintéresser de la politique, notant dans ses carnets personnels : « J'étais peut-être fait, plus que d'autres, pour vivre dans une république », avant d'être plus explicite encore, en s'écriant : « Je déclare mon indifférence entre la monarchie et la république. Je suis pour celle des deux qui sera possible au moment où l'on aura à faire un choix. » Ne reçoit-il pas, en 1865, chez lui, Gambetta, Laurier et Thévenard avec qui il a en commun de s'opposer au Second Empire, mais dont il sait parfaitement que, s'ils parviennent un jour au pouvoir, ils ne rappelleront jamais les Orléans ?

Aussi est-ce sans état d'âme qu'il poursuit sa vie de grand seigneur élégant, donnant de brillantes chasses dans son autre domaine de Woodnorton, dont nombre de photographies témoignent du faste, invitant Jacques Offenbach et son orchestre pour égayer ses fêtes d'Orleans House, où il reçoit à dîner l'élite de la nation qui les a accueillis, lui et les siens, de Disraeli au jeune prince de Galles (le futur Édouard VII), ainsi que tous les Français qui demeurent fidèles à la dynastie des Orléans, Guizot, les ducs de Broglie, Decazes et d'Audiffret-Pasquier, les comtes d'Haussonville et de Montalembert, le général de Chabaud La Tour, Duchâtel, Odier, Vuloz, Rémusat, Bocher. Et, au passage, il n'en continue pas moins d'honorer nombre de dames, de toutes nationalités, toujours séduites par le chic incomparable d'un prince décontracté sur qui l'âge ne semble pas avoir de prise, comme le note Hippolyte de Villemessant : « Le duc d'Aumale est fort bel homme et a une jolie figure. Il semble que ses yeux bleus vous regardent jusqu'au fond de l'âme », ce qui transparaît si bien sur cet admirable portrait en pied que fait de lui, en Angleterre, le peintre Motz, en pendant de sa femme accompagnée de leur fils aîné Condé. Parmi ses conquêtes les plus souvent citées sont lady Holland, la comtesse de Castiglione ou lady Waldegrave, sans compter nombre d'inconnues au séduisant minois composant mille attachements de bagatelle, sous le regard indifférent de la duchesse qui, le 6 décembre 1869, s'éteint doucement, à l'âge de quarante-sept ans, le laissant désormais libre de courir le monde à sa guise, ce dont il ne se prive guère.

Aujourd'hui, quand il n'est pas à Twickenham, il voyage de par le monde et séjourne en Belgique, en Allemagne, en Sicile, un jour à Belgrade, un autre à Constantinople, un troisième à Venise, parcourt la Grèce et la Méditerranée, enrichissant sans cesse ses collections archéologiques ou artistiques, tout en ne négligeant pas d'adresser des messages à l'armée d'Afrique, à qui il dédie son ouvrage (non signé mais chacun reconnaît son style) sur *Les Zouaves et les Chasseurs à pied*, dans lequel il fait l'éloge de tous les chefs qui l'ont commandée pendant la conquête, n'oubliant qu'un seul nom, le sien, avec cette élégance qui le caractérise, ce qui arrache à Victor Cousin ce commentaire admiratif : « C'est d'un prince. Il n'y a qu'un prince qui pouvait avoir le désintéressement de sa propre gloire et dire ainsi du bien de tout le monde », tandis que l'empereur lui-même commente : « J'ai lu l'article du duc d'Aumale. Il est très intéressant ; c'est l'ouvrage d'un homme qui sait son métier ! » Aumale ainsi se persuade qu'il incarne, bien plus que ses aînés Nemours et Joinville, le premier parce que trop rigide, le second parce que trop décontracté, le seul recours possible à une restauration des Orléans en France et finit par émettre nombre de critiques à la tentative de rapprochement des siens avec le comte de Chambord, tout en s'abstenant de paraître aux funérailles de sa belle-sœur, la duchesse d'Orléans, pour ne donner prise à aucune critique sur les positions de celle-ci, lui qui compte des amis dans tous les camps, déjà au-dessus des partis.

Suivant avec inquiétude la guerre à laquelle se livrent, en 1870, les États allemands sous la conduite de la Prusse, d'une part, et la France, d'autre part, il s'adresse au gouvernement provisoire afin de demander l'autorisation de servir au front et celle-ci lui est refusée, comme du reste à ses frères et ses neveux, par le ministre de la Guerre, qui ne veut même pas ouvrir leurs lettres ! La défaite, cependant, leur permet de revenir en France, via Bruxelles, à l'initiative d'Adolphe Thiers, jadis ministre de leur père, mais pour peu de temps, la loi d'exil les concernant n'étant pas encore abrogée. C'est dans cet esprit qu'en 1871, après avoir officiellement accepté l'instauration de la République, il se fait élire député de l'Oise, ce qui le met au-dessus de la proscription dont il souffre depuis vingt-deux ans. Et de nouveau on reparle de lui pour la présidence de cette IIIe République naissante, où les monarchistes sont encore nombreux et où une bonne partie de l'opinion publique conserve un bon souvenir de lui, d'autant qu'il refuse de prendre le commandement de l'armée de Versailles contre la Commune, piège que certains lui tendent mais dans lequel il ne tombe pas, répondant avec sa noblesse habituelle : « Puisque je n'ai pas eu le bonheur de commander une armée française contre les Prussiens, je ne vais pas recommencer ma carrière en commandant une armée contre les Parisiens ! » N'occupe-t-il pas du reste, aux yeux des républicains eux-mêmes, une place à part dans le paysage politique, puisqu'il fut naguère, à leurs côtés, l'un des plus actifs opposants au Second Empire, lui qui aime tant cultiver certains aphorismes séduisants, comme celui-ci : « Je descends de Saint Louis et d'Henri IV et j'en suis très fier, mais je suis en même temps fils d'un soldat de 1792, du roi de Juillet et j'en suis fier aussi » ?

En attendant le moment de jouer un rôle, on l'aperçoit régulièrement à la préfecture de Versailles, où Thiers s'est installé, faisant du charme aux dames et discutant sérieusement avec de graves députés de la possibilité d'une éventuelle restauration de la monarchie en France, tandis que le président Thiers, bien embarrassé, laisse tomber cette phrase ambiguë : « Il n'y a qu'un seul trône et on ne peut l'occuper à trois », sous-entendu le comte de Chambord, le comte de Paris et… lui-même qui, devenu chef de l'État, n'a aujourd'hui plus du tout envie de laisser la place ! Aumale, du reste, toujours légaliste, ne la lui conteste pas, et un soir, après un dîner où Mme Thiers lui ayant lancé : « Monseigneur, donnez-nous l'exemple, asseyez-vous » il répond : « Madame, je n'oublie pas que je suis chez le chef de l'État ! »

Va-t-il accéder bientôt à la première place, cette présidence de la République dans laquelle les orléanistes veulent voir une sorte de « stathoudérat » qui, par certains côtés, ressemblerait à une régence, le temps que le comte de Chambord achève sa vie, permettant ensuite à son neveu, le comte de Paris, de monter sur le trône, et de devenir ainsi, selon la jolie formule d'Estancelin, « le Médicis d'une république athénienne », et ce, sans aucun risque pour les finances publiques puisque sa fortune personnelle, lui rapportant deux millions de rente par an, le met largement à l'abri de la convoitise ? Guizot le pense, quand il écrit à sa fille : « La situation du duc d'Aumale devient de jour en jour plus grande et plus forte, dans l'armée comme dans le public. » Mais la cuisine politique, malgré les conciliabules secrets dans lesquels Chambord – qu'Aumale surnomme « Monsieur de trop » ! – ordonne aux légitimistes de ne pas voter pour lui, aboutit bientôt à ce qu'au lendemain de la chute de Thiers ce n'est pas le cadet de Louis-Philippe qui entre à l'Élysée, mais le maréchal de Mac-Mahon, avec l'aide des voix royalistes !

Le dernier grand seigneur de France

Cette éviction, cependant, ne constitue pas une déception pour lui, puisque, ayant enfin retrouvé son grade de général – Léon Bonnat le représente superbement dans son uniforme –, il préfère de beaucoup se consacrer à l'armée, torpillant bientôt les revendications du comte de Chambord en faveur du drapeau blanc, en prononçant lui-même l'éloge du drapeau tricolore qu'il estime plus apte à réconcilier les Français de toute origine. Cela ne l'empêche pas de garder une dent contre Thiers, ce qu'il manifeste à la mort de ce dernier en écrivant à sa veuve une belle lettre de condoléances, mais à Joinville un seul mot : « Ouf ! » Hélas, les enveloppes sont mélangées par un secrétaire distrait et c'est Mme Thiers qui reçoit la seconde ! Désormais installé à Paris dans l'ancien hôtel d'Achille Fould, rue Saint-Philippe-du-Roule, il entre à l'Académie française, où le reçoit son ancien précepteur Cuvillier-Fleury, continue de publier de sérieux ouvrages et de s'occuper de cette armée qui lui est si chère, et qui, en octobre 1873, le porte à la présidence du conseil de guerre appelé à juger Bazaine, mission qu'il accomplit sans partialité et avec grande compétence, comme chacun le reconnaît alors, au Grand Trianon, où se joue le dernier acte de la tragédie nationale que fut la guerre de 1870-1871, dans lequel un échange fameux entre les deux hommes est resté dans l'Histoire. À Aumale qui lui demande de rendre compte de sa passivité, le maréchal déclare : « À quoi bon prolonger une résistance inutile ? L'armée de Mac-Mahon prisonnière, le gouvernement impérial renversé, il ne restait plus rien ! » Il s'entend alors répondre par un duc d'Aumale impassible, préfigurant de soixante ans le général de Gaulle au lendemain d'un autre désastre national : « Non, monsieur, il restait la France ! »

Promu peu après commandant du 7e corps basé à Besançon, Aumale effectue très sérieusement son service, s'attachant tous les cœurs et tous les esprits dans la cité franc-comtoise lorsque, entre deux inspections, il reçoit familièrement tout un chacun, sa vieille pipe à la bouche, prodiguant les amabilités aux hommes et les coups d'œil aux femmes, toujours sensibles à son charme et à sa ressemblance avec le roi Henri II, dont témoignent ses nombreux portraits et son buste par Gérome, ainsi qu'à l'intérêt qu'elles éveillent en lui, depuis la simple femme de chambre jusqu'à la duchesse. Se considérant désormais comme en dehors de la mêlée, il continue de jouer le jeu, s'offrant comme parrain du président de la République Jules Grévy lorsque celui-ci reçoit l'ordre de la Toison d'or, ce qui n'empêche pas les gouvernements successifs, avec une rare mesquinerie, de tenter de l'écarter, d'abord en lui retirant le commandement du 7e corps en 1879, ensuite en l'incluant dans la nouvelle loi d'exil éloignant les princes ayant régné sur la France, enfin en le rayant des cadres en 1886, à l'initiative du sot général Boulanger dont il avait été naguère le bienfaiteur.

Révolté par cette injustice, Aumale s'exile aussitôt à Bruxelles puis en Grande-Bretagne, non sans avoir écrit au président de la République, Jules Grévy, une lettre plutôt cinglante, qu'il conclut par une phrase typique de son ton : « Quant à moi, doyen de l'état-major général, ayant rempli en paix comme en guerre les plus hautes fonctions qu'un soldat puisse exercer, il m'appartient de vous rappeler que les grades militaires sont au-dessus de votre atteinte et je reste le général Henri d'Orléans, duc d'Aumale ! » Cette forfaiture légale n'empêche pas les cinq académies, le 28 décembre 1887, de lui dépêcher à Bruxelles une délégation conduite par Ernest Renan et Jules Simon pour lui offrir solennellement la médaille, gravée par Chaplain, commémorant le don de Chantilly à l'Institut. Un an plus tard, en 1888, cependant, le président Carnot, à l'initiative de l'Académie des sciences morales et politiques venant d'élire le cadet du dernier roi, le rappelle, ce qui lui vaut une visite de remerciement du prince, à l'Élysée, avant de gagner l'Institut dont l'ensemble des membres le reçoit debout, l'accueillant d'un mot qui aussitôt fait le tour de Paris : « Voici notre famille enfin réunie ! » Dès lors, Aumale n'a de cesse, sinon de revenir sur la loi d'exil, du moins de la limiter au seul prétendant, permettant aux autres membres de la famille royale de demeurer en France, même sans droits civiques ni possibilité de servir dans l'armée.

À présent intouchable de par son prestige personnel, sa loyauté envers le régime et la vénération que lui portent l'armée et le monde de l'art et de la science – « Nous autres nous parlons, dit de lui Ernest Renan à l'Académie, mais lui il cause ! » –, il reprend donc le cours de son existence malgré la double tragédie personnelle qu'il a vécue avec la mort de ses deux fils survivants, Louis-Philippe, prince de Condé, en 1866, victime de la fièvre jaune contractée lors d'un voyage en Australie, à l'âge de seize ans, et François, duc de Guise, en 1872, à l'âge de dix-sept ans, qui l'a complètement terrassé, comme il l'écrit, après l'inhumation du premier : « Le fils que j'ai perdu était mon meilleur ami ; il ne m'a pas donné un seul chagrin ; il était bon et brave. Il avait toutes les qualités de l'esprit et du cœur ; il m'était supérieur. » Même ton pour le second : « Il me semble que j'ai épuisé ma douleur. Ma foi sera vive. Je crois être sûr que ce cher enfant est avec sa mère et son frère, que tous trois jouissent de l'éternelle clarté ; *lux perpetua*. Quand donc pourrai-je les rejoindre ? », avant de confier, plus pathétiquement encore, à son ancien précepteur : « J'ai fait, du dehors, hélas ! le tour de la Terre promise ; la nostalgie me dévore ! »

Est-ce pour sublimer ce deuil qu'à la manière d'une sorte de paradigme il se lance dans un immense chantier qui va l'occuper jusqu'à la fin de ses jours ? C'est certain, ce sera le chef-d'œuvre de sa vie, Chantilly. Au milieu de dix mille trois cents hectares de terres et en bordure des mille sept cents cinquante hectares de sa forêt de Hez, le vieux château dressé sur la Nonette, affluent de l'Oise, perle de l'ancien fief des Montmorency puis des Condé, occupe pleinement l'esprit du duc d'Aumale qui, depuis longtemps, songe à rebâtir cette demeure qu'avaient massacrée, au lendemain de la Révolution, les trop fameuses « bandes noires ». Déjà, sous la monarchie de Juillet, avait-il demandé à l'architecte Joseph Duc de lui établir un devis, mais le roi Louis-Philippe, qui décidément se mêlait de tout quand il s'agissait de ses fils, avait fait échouer le projet pour éviter que son cadet ne se ruinât. La révolution de 1848 avait, pour longtemps, éloigné le prince de Chantilly, mais il y pensait toujours, attendant le seuil de la vieillesse pour concrétiser un rêve d'adolescent. Duc étant mort, Aumale songe alors à Charles Garnier, dont l'Opéra connaît un immense succès, puis à Hector Lefuel et enfin à Hippolyte Destailleur pour redonner vie à ce site exceptionnel qui, selon la jolie formule de Jean-Pierre Babelon, « ne pouvait tomber dans de meilleures mains que les siennes ».

Ayant donné sa chance à Pierre-Jérôme Daumet qui œuvre ici pendant six ans (1876-1882) dépensant la somme – hallucinante à l'époque ! – de cinq millions de francs, ce dernier finit par livrer un extraordinaire bâtiment néo-Renaissance constituant bien la dernière manifestation du romantisme architectural, comme le sont, à la même époque, les constructions de Louis II de Bavière. Formidable château dressé au milieu d'une pièce d'eau, dont il semble émerger puisqu'il épouse parfaitement les formes de l'île originelle, Chantilly apparaît comme un miracle de pierre et d'eau avec sa forêt de clochetons et de tourelles, ses innombrables baies et ses sculptures dentelées dont la couleur fluctue selon les variations de l'atmosphère, lui donnant un aspect irréel et poétique, tout à la fois médiéval, Renaissance et vénitien. L'ensemble constitue un extraordinaire ensemble représentatif de l'art décoratif de l'époque, dont rend compte un reportage spécial de *L'Illustration* du 3 février 1883, où les journalistes, accueillis par la statue équestre du connétable de Montmorency de Paul Dubois, sont littéralement fascinés par la chapelle, chef-d'œuvre de virtuosité architecturale, les nombreuses galeries ornées de plafonds à caissons, le magistral escalier de marbre sur lequel veillent des atlantes de bronze de Chapu, le mobilier mélangeant les meubles authentiques des règnes de Louis XV et de Louis XVI – où trônent, en particulier, l'extraordinaire cabinet de minéralogie de Haupt offert à Condé par le roi de Suède et la série de tapisseries consacrées aux chasses de Maximilien de Bavière – avec les productions de la monarchie de Juillet, le plus souvent agencées par Eugène Lami et Félix Duban.

Mais Chantilly n'est pas seulement la résidence privée du plus grand seigneur de la France républicaine, avec un merveilleux parc où se déroulent de somptueuses chasses attirant tout le Gotha européen, où sont célébrées de grandioses fêtes de famille (mariage des neveux et nièces d'Aumale), permettant à la tribu des Orléans de cultiver sa nostalgie dans son Versailles personnel, sous la grande fresque – en réponse au comte de Chambord – ornée de l'*Espérance tenant le drapeau tricolore*, de Maillart. Chantilly est encore un espace privilégié dans lequel sont enfin donnés de grands dîners, où son propriétaire, par ailleurs président du conseil général de l'Oise, rassemble, dans un éclectisme de bon aloi, les silhouettes de l'impératrice d'Autriche Élisabeth – la Sissi de la légende –, de la princesse Mathilde ou des grands-ducs de Russie, avec celles de politiciens de la IIIe République, de ses artistes et de ses écrivains, fascinés par ce train de vie quasi monarchique, mais si raffiné, rassemblant, à table – parmi tant d'autres ! – Alexandre Dumas fils et Gustave Boulanger, Léopold Delisle et Alexandre Cabanel, Émile Zola et Pierre Loti, Paul Bourget et Ernest Renan, Alphonse Daudet et Anatole France, Frédéric Mistral et Juliette Adam, Camille Saint-Saëns et Sarah Bernhardt.

Chantilly enfin est aussi un merveilleux musée, à l'éclectisme parfois déroutant, mais généreusement ouvert à tous les spécialistes, dont les collections s'agrandissent, d'année en année, avec l'arrivée de tableaux de Giotto, de Clouet, de Lippi, de Botticelli ou de Poussin. S'y ajoute encore les contemporains, comme Ziem, Neuville, Fromentin ou Benouville, permettant aux visiteurs de découvrir, dans une ordonnance encore toute romantique, si éloignée de l'accrochage contemporain, des œuvres exposées sans distinction de date, de genre ou d'époque. Se succèdent ainsi à côté de l'*Assassinat du duc de Guise* par Delaroche le portrait de *Gabrielle d'Estrées au bain*, *La Mère Angélique Arnauld*, de Philippe de Champaigne, *La Chasse au faucon* d'Eugène Fromentin, l'*Autoportrait* d'Ingres au *Déjeuner d'huîtres* de De Troy, le *Déjeuner de jambon* de Lancret, *L'Hallali au loup* d'Oudry, les *Pestiférés de Jaffa* de Gros, les *Cuirassiers de 1805* de Meissonier, sans oublier *Le Tendre Désir* de Greuze, le *Molière* de Mignard, le *Talleyrand* de Scheffer, le *Bonaparte* de Gérard, la *Plage de Scheveningen* de Ruisdael ou *Le Tremblement de terre* de Léopold Robert. Tout cela constitue une formidable galerie de talents aussi variés mais qu'unit désormais, sur fond de décoration néo-Renaissance, le seul goût de son propriétaire, varié, raffiné et original.

Avec trente mille dessins, deux mille manuscrits précieux, treize mille livres et des milliers de photographies, les collections d'Aumale composent encore une des plus impressionnantes bibliothèques de France, où le maître des lieux se fait peindre par Gabriel Terrier en compagnie de son ancien précepteur, aujourd'hui son confrère à l'Académie, Cuvellier-Fleury. Tous deux discutent de tel ou tel auteur, commentent tel ou tel texte inédit, confrontent leur jugement sur tel ou tel personnage historique, tandis que, grâce à lui, l'historiographie artistique fait des progrès considérables en découvrant nombre d'œuvres jusque-là inconnues en France, comme cette *Madona del popolo* que le prince avait achetée sur son seul flair, sans savoir qu'elle était un authentique Raphaël et l'une de ses plus belles œuvres ! Collectionnant encore les statues, les pierres précieuses, comme ce fameux diamant rose qui, un jour volé, allait être retrouvé… dans une pomme, il met encore en scène ses trésors avec une profonde originalité, disposant ses vitrines dans les lieux les plus inattendus, comme autant de surprises à découvrir selon un parcours initiatique, dont le fleuron est bien ce recoin baptisé par lui « le sanctuario » réservé aux plus grands chef-d'œuvre. Mais ce n'est pas tout. Chantilly est un musée d'autant plus vivant que les auteurs de ses principales toiles peuvent, à tout moment, venir revoir leurs œuvres et bavarder avec leur propriétaire, comme Rosa Bonheur, dont Aumale possède le célèbre *Berger des Pyrénées*, sortant un jour de sa poche une petite médaille à l'effigie de Louis-Philippe, sa première récompense au premier Salon où, très jeune, elle avait exposé et, lui montrant ce fétiche dont elle ne s'était jamais séparée, s'entendit répondre : « Il vous a porté chance et j'en suis bien heureux ! »

Est-ce cependant pour sa propre gloire qu'Aumale a réalisé un tel chef-d'œuvre ou pour matérialiser un rêve de grandeur nationale, lui qui confie à un de ses proches : « J'ai perdu ma femme et mes enfants, il ne me reste plus que ma patrie » ? Réponse est donnée le 29 septembre 1886, année où Aumale lègue Chantilly à l'Institut de France ; d'une part, parce qu'il n'a plus d'héritier direct, d'autre part, parce qu'il en est trois fois membre (Académie française, Académie des Sciences morales et politiques, Académie des Beaux-Arts) – annonçant, dans un communiqué de presse, «... voulant conserver à la France le domaine de Chantilly dans son intégrité, avec ses bois, ses pelouses, ses eaux, ses édifices et tout ce qu'ils contiennent... j'ai résolu d'en confier le dépôt à un corps illustre qui, sans se soustraire aux transformations inévitables des sociétés, échappe à l'esprit de faction, comme aux secousses trop brusques, conservant son indépendance au milieu des fluctuations politiques ». Cette décision est aussitôt baptisée par certains « une donation héroïque » à cette époque où la loi d'exil contraint le prince à quitter pour un temps le territoire national, afin de complaire à quelques parlementaires radicaux, persuadés que cet esthète généreux, qui se disait sincèrement républicain, était comme un danger à cette République qu'il dotait pourtant si bien !

Ne déclare-t-il pas un jour à des invités, devant une toile somptueusement payée en Grande-Bretagne, dans un semi-sourire, « c'est pour la France » ? Et ne s'amuse-t-il pas à les conduire devant le portrait d'Abd el-Kader peint à Constantinople en 1884, sa dernière acquisition, ou encore devant la tente de l'émir, soigneusement conservée depuis la prise de la Smala, en méditant sans doute sur ce que ce dernier confiait à ses proches, peu avant de s'éteindre à Damas : « Écoutez mes dernières paroles : si les chrétiens et les musulmans me prêtaient l'oreille, je ferais cesser leurs divergences et ils seraient frères à l'intérieur et à l'extérieur », conseil dont l'actualité contemporaine pourrait s'inspirer ! Dans cette sorte de « temps retrouvé », au sens qu'allait donner Marcel Proust à ce terme, le duc d'Aumale exprime une réelle sérénité dont Victor Hugo comprend l'écho, qui lui écrit en 1880 : « Vous êtes né prince et devenu homme. Pour moi, votre royauté a cessé d'être politique ; elle est maintenant historique. Ma république ne s'en inquiète pas. Vous faites partie de la grandeur de la France et je vous aime. »

Se partageant désormais entre son pied-à-terre parisien de la rue de Montalivet et Chantilly, en compagnie de sa dernière compagne, la jeune et jolie Léonide Leblanc, comédienne aux Variétés et ancienne maîtresse d'Aurélien Scholl, de Clemenceau et même du prince Jérôme-Napoléon – grand rival du duc d'Aumale ! –, mais laissant la non moins séduisante Berthe de Clinchamps – que Joinville baptise, avec ironie, « sa Maintenon » –, faire les honneurs de Chantilly, il est toujours aussi actif, malgré la goutte, présidant avec beaucoup d'efficacité la Croix-Rouge de 1893 à 1897, offrant à tous ses visiteurs son inaltérable charme que les frères Goncourt résument à leur manière : « Le duc d'Aumale, il n'y a qu'un mot pour le dépeindre, c'est un vieux colonel de cavalerie. Il en a l'élégance svelte, l'apparence ravagée, la barbiche grise, le cheveu rare, la voix cassée par le commandement », ce qui apparaît bien dans ce dernier portrait, de profil, que lui consacre Léon Bonnat, et dans cet autre tableau de Constant le montrant assis, sur un banc du parc de Chantilly, méditant sur sa destinée. Il n'en continue pas moins à chasser frénétiquement – Henri Cairn le représente sur sa jument préférée, Pélagie, tandis qu'Alfred de Dreux peint les chiens de sa meute –, à recevoir, tout en servant inlassablement les intérêts de son neveu, le comte de Paris, pour qui il réserve à l'année toute une aile de son château, lui, le futur roi des Français depuis que le comte de Chambord a rendu l'âme, lui pour qui Aumale, le plus républicain des princes mais aussi le sujet le plus respectueux de sa dynastie, se dépense sans compter.

Il voyage aussi, de par le monde, rendant visite à Londres à la reine Victoria, témoin de sa jeunesse et, en Belgique, à ses neveux et petits-neveux, bien que ses pas, sur la fin, le conduisent davantage vers son domaine de Zucoo, en Sicile, où, face à la douceur de la Méditerranée, il achève de boucler l'histoire des siens, depuis le mariage de ses parents à Palerme, au tout début du XIXe siècle, dans ce cadre privilégié dont René Bazin donne, à l'époque, une description enthousiaste, magnifiant ce « résumé de toute la beauté de la nature sicilienne ». C'est là que, le 10 mai 1896, il reçoit la visite d'Eugénie de Montijo, l'ancienne impératrice des Français qui, à bord de son yacht, y fait une escale, et avec laquelle, dans ses merveilleux jardins, il se promène, évoquant leur passé et regrettant peut-être de ne pas l'avoir épousée à l'époque où un certain sentiment les avait rapprochés. Désespéré par la mort de Léonide Leblanc, frappée par un cancer, par la mort de son frère Nemours, par celle de son neveu, le comte de Paris, et plus encore peut-être par l'atroce disparition de sa nièce chérie dans l'incendie du Bazar de la Charité, le beau d'Aumale, devenu un vieillard à cheveux blancs, mais conservant toujours son allure de dandy, n'a plus guère la force de résister à la réalité du temps qui passe et des années perdues, lui qui, à l'orée de sa vieillesse, voit disparaître tous ceux qu'il a aimés. Il trouve cependant l'énergie nécessaire pour mettre ses affaires en ordre, ayant soin de partager équitablement son immense patrimoine entre ses neveux, leur léguant même un nom de guerre, « Orliac », celui de son clairon préféré, que vont reprendre le duc et la duchesse de Guise dans leur exil marocain et, plus tard encore, leur fils Henri, le futur comte de Paris, lorsqu'il servira anonymement dans la Légion étrangère au début de la Seconde Guerre mondiale.

Cette formalité achevée, le fils de Louis-Philippe effectue un dernier périple en Sicile pour prendre ses quartiers d'hiver à Palerme, bien fatigué pourtant par une première crise cardiaque survenue à Paris début décembre. Sent-il que c'est la fin ? Dans la nuit du 6 au 7 mai 1897, une rupture d'anévrisme l'emporte doucement dans son sommeil, au seuil de sa soixante-quinzième année, veillé jusqu'au bout par sa sœur Clémentine qui l'avait accompagné. Un émouvant cliché photographique le représente alors sur son lit de mort, entouré de quatre religieuses à genoux, avant la mise en bière dans un cercueil recouvert du drapeau tricolore, qui, rapatrié à Paris, gagne l'église de la Madeleine où sont célébrées les funérailles officielles par l'archevêque de Paris, en présence d'une grande partie de l'élite de la nation reconnaissante envers celui que Roger Huez de Lemps a joliment défini comme « un grand prince en disponibilité ». Son corps est ensuite inhumé à Dreux, dans un tombeau sculpté par Paul Dubois, tandis qu'une rue de Paris, dans le 9e arrondissement – et sans doute l'une des plus élégantes –, est baptisée de son nom et que sa statue équestre par Jean-Léon Gérome est inaugurée à Chantilly, devant les grandes écuries, offerte par la ville dont il avait été le bienfaiteur, l'âme et le souverain..

NEUVIÈME TABLEAU

Montpensier, l'hidalgo solitaire

« Je suis le ténébreux, le veuf, l'inconsolé,
Le prince d'Aquitaine à la tour abolie. »

GÉRARD DE NERVAL

Un duel en Espagne

Le 12 mars 1870, si loin des années romantiques dont les principaux protagonistes ont disparu, remplacés par de nouveaux poètes, comme Verlaine publiant *La Bonne chanson* et de nouveaux compositeurs, comme Verdi donnant son *Aïda*, au petit matin, à Alarcón, près de Madrid, dans ce paysage quelque peu désertique qui est celui du centre de l'Espagne, illuminé par un soleil hivernal lumineux mais glacial, un groupe d'hommes s'assemble à la descente de leur voiture pour échanger de courtois mais sobres saluts, avec toute la discrétion de mise dans ce genre de rencontres, puisque c'est à un duel qu'ils vont assister, un duel dans les règles. Ainsi sied-il entre gens du même monde, mais avec une tension à peine dissimulée. L'action se déroule, en effet, dans un pays où les passions sont toujours vives, comme on le voit dans cette nouvelle de Prosper Mérimée que l'opéra de Bizet, sur un livret d'Halévy, a popularisée, *Carmen* portant au plus haut point ce sombre sentiment de l'honneur pour lequel on meurt encore ici, comme au Siècle d'or, dans la rigidité du silence castillan.

Les pistolets ayant été présentés puis choisis, les duellistes, qui viennent d'ôter leur veste, sont à présent debout, en chemise, face à face, à cent pas de distance et l'offensé, au signal donné, tire le premier et fait mouche à la perfection, logeant sa balle dans la tête de son adversaire qui, sans un mot, s'effondre sur cette terre rouge de la vieille Ibérie, au terme d'une ténébreuse affaire appartenant à ce qu'on désigne généralement sous l'expression de *cosas de España*, bien que ce soient plutôt les héros de Byron qui, généralement, meurent d'une balle. Ainsi le duc de Montpensier, benjamin des fils du roi Louis-Philippe, vient-il, malgré sa myopie, de tuer net son cousin et beau-frère Henri de Bourbon, duc de Cadix, frère du roi d'Espagne, Don Francisco d'Assise de Bourbon, qui, selon lui, l'avait gravement offensé, en publiant un pamphlet dans lequel il avait tenté de ridiculiser « les Montpensiéristes », c'est-à-dire les partisans du libéralisme dans ce pays où la tradition politique penchait davantage vers la dictature ou le pouvoir personnel, où finalement, on n'avait jamais, depuis l'invasion des troupes de Murat, admis ici tout ce qui était français avec ce cortège d'idées nouvelles, d'irreligion et de libertinage, cet air de Paris, en un mot, qui ne convenait guère à la gravité d'un peuple fier et catholique fervent, fidèle à un monde plus proche de celui de Philippe II que de celui du french-cancan.

Tout avait commencé quelques mois plus tôt dans une de ces convulsions politiques que, régulièrement, l'Espagne connaissait et qui agitaient ses gouvernements depuis cette année 1813 au cours de laquelle le roi Ferdinand VII avait dû affronter un premier *pronunciamiento* dont l'avait sauvé la France, qui envoya là-bas, à la demande de Chateaubriand, une armée pour défendre son trône. Depuis, les gouvernements réguliers et les coups d'État militaires se succédaient chronométriquement, où les partisans libéraux d'une monarchie constitutionnelle – parmi lesquels le duc de Montpensier – affrontaient les partisans du coup de force, représentés par le duc de Cadix, plus particulièrement au lendemain de l'abdication d'Isabelle II, en 1868, qui avait dû s'exiler à l'étranger, laissant sur place son beau-frère défendre ses intérêts et ceux de son fils, le futur Alphonse XII. Les esprits s'étant particulièrement échauffés, la confusion était à peu près générale, d'où ce duel, provoqué par la rage que Montpensier mettait à tenter de s'emparer du trône d'Espagne, à critiquer la reine déchue et son entourage, duel de mots d'abord, de balles ensuite qui se terminait, aujourd'hui, par ce corps ensanglanté dans la poussière, veillé par un prêtre anonyme. Comme il se doit, sa tâche accomplie, le vainqueur se précipite dans sa voiture et, au galop de ses chevaux, fuit à présent vers les Baléares pour échapper aux représailles de sa belle-famille. C'est là, dans ce lieu à la beauté unique, où George Sand et Chopin, quelques années plus tôt, avaient vécu dans la solitude de Valdemosa leur grande histoire d'amour, qu'il contemple, comme eux, « les palmiers, les oliviers, les orangers, les grenadiers, le ciel en turquoise, la mer en lapis-lazuli, les montagnes en émeraude », songeant sans doute à l'étrangeté de sa destinée, lui élevé près d'un trône, en convoitant un autre, et à présent se voyant exilé pour avoir tué le beau-frère d'une reine dont il convoitait la couronne !

Le turbulent benjamin d'une nichée princière

L'Europe, sidérée, apprenait alors l'existence ou, mieux, se resouvenait d'un coup d'une personnalité en demi-teinte, le benjamin des enfants du roi Louis-Philippe et de la reine Marie-Amélie, qu'on avait fini par oublier depuis qu'il avait quitté la France vingt-trois ans plus tôt. Titré duc de Montpensier en hommage à son oncle trop tôt disparu – qui fut le frère préféré de son père – mais pour la famille « Totone » –, Antoine-Marie-Philippe-Louis d'Orléans était né à Neuilly, le 31 juillet 1824, presque le même jour qu'Alexandre Dumas fils, comme le notait le père de ce dernier dans ses *Mémoires* :

« … tandis que le duc de Montpensier venait au monde, il me naissait à moi un duc de Chartres, place des Italiens ». Était-ce parce qu'il était le plus jeune qu'il fut le plus gâté, comme c'est généralement le cas dans les familles nombreuses ? C'est certain, ce qu'accentuaient sa jolie figure et ses charmants tours d'expression auxquels il était difficile de résister, lui que peignait Charles Rauch, l'année de ses quatre ans ou, trois ans plus tard, Nicolas Fleury, en pendant de son aîné Aumale, assis sur un canapé en pantalon blanc et veste de velours bleu

Pour autant, en grandissant, il se montrait le plus indépendant de la nichée princière, et même, sinon le plus rebelle – Joinville s'était accaparé ce rôle –, le plus distant, ce qui ne tardait pas à faire dire à son père, « c'est de nous celui qui a le plus d'esprit et le moins de cœur », ce qui était assez visible sur ce tableau d'Hersent le représentant avec son aîné Aumale et leur mère appuyant tendrement son bras sur son épaule. Élève au collège Henri-IV, c'était de surcroît un brillant sujet qui, en 1837, se retrouvait, avec Aumale, lauréat du Concours général, occasion pour laquelle le roi leur père venait en personne présider la distribution des prix, sous le regard ému de Delphine de Girardin, notant que cette cérémonie « a été une des solennités les plus intéressantes de l'année. C'est un beau jour pour les parents, même quand ces parents sont rois. Une mère a eu un mot charmant en apprenant que son fils avait le premier prix d'histoire. “Dans sa position, a-t-elle dit, c'est le prix que j'aime le mieux”. Cette mère est la reine des Français. M. le duc d'Aumale doit être fier de son succès, car, au dire de tous, il était bien mérité. Demandez plutôt à ses professeurs et à ses camarades, surtout. On nous a conté que M. le duc de Montpensier était en train de pêcher à la ligne à Neuilly lorsqu'on est venu lui apprendre qu'il avait le prix d'histoire naturelle ; sa joie et son émotion ont été si grandes à cette nouvelle que la ligne est tombée de ses mains et que le poisson qui allait être sa victime s'est sauvé ». À l'issue de la cérémonie, le roi avait invité l'ensemble des jeunes lauréats à dîner aux Tuileries ; l'un d'eux, titulaire du prix de vers latins, s'appelait Charles Baudelaire.

Si la famille du futur poète, dont le beau-père, le général Aupick, était si bien en cour qu'on en avait fait un ambassadeur de la monarchie de Juillet, ne pouvait qu'être flattée de cette invitation, d'autres, en revanche, pensaient différément, comme George Sand, dont le fils Maurice était un autre condisciple du duc de Montpensier à Henri-IV et à qui elle interdisait d'aller aux Tuileries ! Le peuple de Paris pourtant appréciait particulièrement ce jeune prince qui, enfant, le saluait avec tant de grâce, contrairement à son aîné Aumale, répugnant bien souvent à sacrifier sa dignité dans ces manifestations quelque peu démagogiques, bien que Victor Hugo notât à cette époque : « MM. d'Aumale et de Montpensier sont de charmants jeunes gens, gais, gracieux, spirituels, sincères, avec cette aisance qui se communique ; ce sont des princes, ce sont aussi des intelligences [...] ce qui ennuie le plus ces pauvres princes, c'est de recevoir et de parler aux gens en cérémonie. Cette obligation revient à peu près tous les jours. Ils appellent cela – car il y a un argot des princes – faire la fonction. Le duc de Montpensier est le seul qui la fasse toujours avec grâce. Un jour, Mme la duchesse d'Orléans lui demandait pourquoi ; il répondit : ça m'amuse ! Il a vingt ans ; il commence. »

Désireux, comme ses frères, de servir dans l'armée, il incarnait à son tour les vertus martiales si chères à la société de son temps lorsqu'il devenait auditeur à Polytechnique pour un stage sérieusement conduit, avant de partir pour le front où Victor Adam allait le représenter à cheval sur le champ de bataille. En 1842, il recevait en conséquence, avec le grade de lieutenant, son baptême du feu en Algérie, au côté de son frère Aumale, participant à l'expédition de Biskra où il se distinguait en dirigeant l'artillerie au combat de M'Chounèche, au cours duquel il fut même blessé. De là, il sacrifiait à l'impérieux besoin du voyage, si cher à la génération romantique, en visitant Tunis, Constantinople, Alexandrie, Le Caire, Rhodes et Athènes, et recevait à son retour le grade de colonel, puis de général, assorti du commandement de l'artillerie, dernière carte maîtresse de Louis-Philippe qui, après avoir confié la direction générale de l'armée à Nemours, la marine à Joinville et l'Algérie à Aumale, achevait ainsi le contrôle des troupes par ses fils, dont il voulait faire, comme il l'expliquait à Guizot, « les colosses de l'armée ». Il remplissait d'ailleurs très ponctuellement son service, ne se donnant qu'une distraction, sa liaison avec sa maîtresse en titre, la jolie Mlle Beausire, de l'Opéra, jeune et délurée danseuse qui, la nuit, faisait oublier à ce joli garçon quelque peu exubérant les rigueurs de la vie militaire, fût-elle en lisière de la capitale. À l'instar de ses frères et sœurs, il ne manquait ni de culture ni d'esprit artiste, comme en témoignent toujours ses dessins conservés à Chantilly et à Amboise, son abondante correspondance et son talent particulier pour la botanique qu'il allait cultiver jusqu'à la fin de sa vie. Il apportait ainsi un certain piment à la cour des dernières années de la monarchie de Juillet dont il faisait bien souvent les honneurs en remplacement de Ferdinand-Philippe, disparu, de Nemours, qui plaisait moins, de Joinville, qui appréciait si peu les mondanités, et d'Aumale, qui, lui, préférait courir en Algérie, tandis que le benjamin s'amusait de tout et de rien à Paris, sacrifiant parfois à la poésie en ornant un de ses dessins d'un commentaire très personnellement patriotique,

« Ma cocarde a les trois couleurs
Les trois couleurs de ma patrie.
Le sang l'a bien un peu rougie,
La poudre bien un peu noircie,
Mais elle est encore bien jolie
Ma cocarde des jours meilleurs… »

Impeccable, en effet, dans son uniforme serré faisant ressortir la sveltesse de tous les Orléans, comme le montrent ses portraits lithographiques par Noël, il avait belle allure et savait en jouer. Ainsi, le 27 août 1843, était-il choisi pour inaugurer à Pau la nouvelle statue d'Henri IV, au son de la musique dirigée par Auber, tandis qu'Eugène Devéria peignait ce grand moment, concentrant toute la composition de sa toile autour d'un prince grand, mince, superbement sanglé dans son uniforme, dominant les notables du département qui l'entouraient cérémonieusement, au moment où tous les regards de l'assistance se tournaient vers le Béarnais de marbre blanc, comme si ce dernier adoubait en la personne de son descendant la dynastie des Orléans. Véritable « VRP » du trône, le prince, tout au long de ce séjour pyrénéen, prodiguait à foison sourires et poignées de main chaleureuses, menait le cotillon à la préfecture, visitait les manufactures et les stations thermales et, même, se donnait, à la fin de son séjour, le luxe d'aller escalader le pic du Midi d'Ossau en compagnie d'un ancien berger devenu un savant renommé, Gaston Sacaze, semant un entourage essouflé à qui il offrait en redescendant une collation champêtre et bucolique. Manifestement il plaisait, ce qui conduisait son père le roi, deux ans plus tard, à l'envoyer à Londres pour tenter de convaincre la reine Victoria de renouveler sa visite en France.

Dans cette tâche, il manifestait aussitôt ses talents habituels, comme l'écrivait alors Guizot à sa confidente, la princesse de Lieven : « Le duc de Montpensier a beaucoup de succès auprès de la reine. Hier, pendant le dîner, il la faisait rire aux éclats. Il est le plus gai et le plus causant, de beaucoup. On voit que tout l'amuse. » L'année suivante, il faisait naturellement partie de l'escorte royale reçue à Windsor, et continuait d'enchanter la pourtant difficile cour britannique, en particulier lord Aberdeen, ministre des Affaires étrangères, séduit par « sa figure, ses manières nobles et un peu sauvages, son air tour à tour mélancolique comme un sourd et gai comme un enfant ». L'austère reine de Grande-Bretagne se laissait-elle encore séduire par un autre Orléans, grand et mince comme ses frères, blond, les traits réguliers, un sourire terriblement irrésistible aux lèvres, dont témoignent les lithographies de l'époque, en particulier celle de Pingret le représentant visitant l'arsenal de Woolwich ? Ce n'est pas impossible, surtout lorsque, pour l'amuser encore, il revêtait une de ces excentriques tenues – « goyesques » rapporte la tradition familiale – inspirées des personnages d'*Hernani* dont, avec Joinville, il s'était fait une spécialité.

L'enjeu d'un casse-tête diplomatique

Puisqu'il plaisait tant, il ne restait plus qu'à le marier, ce qui, là encore, posait de grands problèmes dès lors que Louis-Philippe et Marie-Amélie décidaient de jouer la carte espagnole, source d'un imbroglio diplomatique qui avait donné bien du fil à retordre aux chancelleries d'Europe, comme en témoignait encore Guizot, décrivant la concrétisation de cet hymen comme « l'événement le plus considérable de (son) ministère ». Il convient de savoir qu'à la mort du roi d'Espagne Ferdinand VII, en 1833, la couronne revenait à sa fille Isabelle, née de son quatrième mariage mais âgée seulement de trois ans, la régence étant alors confiée à sa mère la reine Christine (propre nièce de la reine Marie-Amélie) ce qui occasionnait, l'année suivante, le commencement des fameuses guerres carlistes, ainsi nommées à cause des agissements de Don Carlos, frère du défunt roi, qui, bien qu'écarté de la succession, s'était autoproclamé souverain sous le nom de Charles VI, avant d'être exilé avec ses deux fils. Mais, sept ans plus tard un coup d'État militaire fomenté par le général Espartero – le premier d'une longue série ! – chassait d'Espagne l'enfant reine et sa mère qui, cependant, étaient rappelées de nouveau en 1843 après que les rebelles eurent été, à leur tour, expulsés. Comme il en avait été convenu avec Londres, il s'agissait, dans un premier temps, de marier le duc de Montpensier avec la jeune reine puisque le cabinet britannique, comme on pouvait s'y attendre, ne voulait pas d'un prince français sur le trône d'Espagne, comme il ne l'avait pas voulu naguère sur celui de Belgique. L'hypothèse d'un Saxe-Cobourg, d'abord émise par la Grande-Bretagne, ayant été repoussée, un arrangement finit par être trouvé : la reine épousait son cousin germain Don Francisco d'Assise de Bourbon, duc de Cadix, et lorsqu'elle en aurait un enfant, sa sœur Marie-Louise, née le 30 janvier 1832, ferait de même avec le benjamin du roi des Français. Le problème – et les Britanniques le savaient parfaitement ! – était que Don Francisco n'aimait pas les femmes mais plutôt les hommes, ce qui avait conduit ses sujets à l'affubler du sobriquet de « Paquita », et que, de ce fait, il n'y avait aucune chance que ce mariage fût consommé rapidement.

Si les Britanniques pensaient qu'ainsi la recherche d'une solution était remise à plus tard, les Français, eux, parvenaient à une conclusion radicalement différente : la reine Isabelle et son mari ne pouvant concevoir d'héritier, Montpensier, marié à leur sœur et belle-sœur, devenait donc, à plus ou moins long terme, l'héritier du trône de Madrid. Il devenait donc urgent de procéder aux épousailles, quitte à les précipiter puisque naturellement Londres se refuserait toujours à une telle élévation, se rappelant, d'une manière quelque peu obsessionnelle, que l'interminable guerre de Succession d'Espagne, au XVIIIe siècle, avait commencé par l'accession au trône de Madrid du petit-fils de Louis XIV. Les négociations franco-britanniques se révélant donc particulièrement complexes, Guizot faisait installer la première ligne télégraphique entre Paris et Madrid et discutait à présent directement avec la veuve de Ferdinand VII, la pressant de conclure le projet « avec une grande célérité et un inviolable secret ». Profitant alors de la chute du cabinet britannique, le roi et son ministre, à l'automne 1846, faisaient partir en Espagne Montpensier accompagné de son frère Aumale qui, au palais de La Granja, débarquaient tellement à l'improviste que rien n'était prêt pour les recevoir, ce qui les avait obligés à coucher sur un billard !

Ce mariage précipité avait une incidence sur la vie romantique puisqu'il servit de prétexte à Alexandre Dumas pour obtenir de Salvandy, ministre de l'Intérieur, une mission d'envoyé spécial afin de couvrir l'événement et les frais afférents, soit dix-huit mille francs. Cela lui permettait d'emmener avec lui son collaborateur Maquet et son fils Alexandre, avec lesquels il devait courrir les chemins de contrebandiers d'Espagne jusqu'à Cadix où, sur *Le Véloce*, bâtiment de la marine de guerre française qu'avait souvent commandé le prince de Joinville, l'écrivain s'embarquait pour l'Algérie, afin de poursuivre son voyage et produire de quoi justifier, aux yeux des députés, les crédits engagés et inciter les colons à s'y établir. Dumas se précipitait alors sur les traces des deux fils de Louis-Philippe pour être présent à Madrid les 9, 10 et 11 octobre retenus pour les fêtes d'épousailles. *L'Illustration*, dans son édition du 29 octobre, allait longuement raconter ces trois mémorables journées, insistant, la première, sur l'accueil triomphal réservé aux princes français traversant la capitale en voiture découverte en compagnie de leurs aides de camp, leur arrivée au palais royal où les recevait le duc de Veraguaz, descendant de Christophe Colomb, la réception de la reine offerte en leur honneur et leur remise de la Toison d'or ; la deuxième, sur le double mariage civil célébré au palais royal, celui d'Isabelle II avec Don Francisco, celui de Dona Marie-Louise, à peine âgée de quatorze ans et demi avec Montpensier ; la troisième, sur la cérémonie religieuse célébrée par l'archevêque-primat des Indes dans l'église d'Atocha, ne manquant pas de mentionner, au premier rang de la délégation française, la présence avec les généraux Girardet et Blanchard d'Alexandre Dumas lui-même, tour à tour amusé, flatté et ravi de côtoyer presque dans l'intimité – lui le petit-fils d'une esclave de Saint-Domingue ! – ce double hymen unissant autant de descendants de Louis XIV. L'affaire réglée, les réjouissances publiques commençaient avec les inévitables bals, courses de taureaux, séjours et parties de chasse à Aranjuez et à l'Escorial.

Ce mariage, pourtant, à l'occasion duquel la reine d'Espagne proposait à Guizot un titre de duc et la grandesse, qu'il eut le bon goût de refuser, occasionnait une véhémente protestation de Londres mettant quelque peu à mal la récente Entente cordiale, comme l'écrivait lord Palmerston, dénonçant, avec une exagération peu britannique, « l'acte le plus patent d'ambition et d'agrandissement politique que l'Europe ait vu depuis l'Empire ». Il n'en affermissait pas moins l'indépendance de la France et donc favorisait son patriotisme. Pourtant, ce beau coup diplomatique allait s'avérer sans danger pour la paix européenne, puisque, à la surprise générale, Don Francisco allait faire… cinq enfants à sa femme, écartant ainsi les chances des Orléans de mettre la main sur la couronne. L'irruption d'une bru espagnole donnait enfin à Louis-Philippe l'occasion de faire restaurer le château de Pau, à la fois berceau de sa dynastie et situé presque à la frontière de l'Espagne, puisqu'il le destinait au jeune couple qui, en fait, n'allait y effectuer qu'un court séjour, ce qui obligeait Abd el-Kader à quitter les lieux pour s'installer avec les siens à Amboise, tandis que, pour lui rappeler qu'elle entrait dans une famille d'artistes particulièrement inspirée par le romantisme, les beaux-frères et belles-sœurs de la nouvelle duchesse de Montpensier lui offraient, en cadeau de bienvenue, un somptueux album de dessins originaux des plus grands maîtres de l'époque : Alaux, Flers, Gudin, Delacroix, Chasseriau, Amaury-Duval, Roqueplan, Dauzats, Isabey, Granet, Scheffer, Diaz de La Peña, et bien d'autres encore…

De cette nouvelle aventure, Alexandre Dumas allait ramener quelques pages superbes, dont on ignore si le couple Montpensier les lut, après qu'à Saint-Cloud le 4 novembre suivant leur union fut enregistrée, mais grâce à quoi l'écrivain put obtenir, le prince ayant plaidé sa cause auprès du roi, la concession d'un théâtre sur les Boulevards. Revenu à Paris, Montpensier, magnifiquement portraituré à cheval par Chavez et Morano, et sa jeune épouse, dans laquelle Mme de Boigne se félicitait de retrouver enfin « une princesse accomplie » – et Marie-Amélie une belle-fille parfaitement catholique ! –, étaient chaleureusement accueillis par la famille royale à Eu, comme le notait avec satisfaction le docteur Blache, le 2 août : « Le duc et la duchesse de Montpensier sont arrivés dès hier à quatre heures et, dès le soir, ils ont été faire une promenade en mer. La jeune princesse paraît d'une gaîté folle, elle lutine incessamment le comte de Paris et le duc de Chartres, et lutte avec eux à courir, dans le jardin et dans le parc. M. le duc de Montpensier m'a prié de la surveiller jusqu'à l'arrivée de Pasquier, qui doit y avoir lieu, m'a-t-il dit, le 10 au plus tard. Elle a pris son premier bain ce matin, avec son mari, et paraît s'en être bien trouvée. » Innocente princesse, qui n'a pas encore fêté ses quinze ans et qui s'amuse avec ses neveux, comme une enfant, et à qui il arrive parfois des mésaventures d'enfants, comme le confie encore le docteur Blache : « Hier, après le dîner, nous avons été dans le petit parc pêcher à la ligne. La duchesse de Montpensier, toujours folâtre, a voulu descendre un de ces beaux talus de verdure presque à pic ; mais la pluie de la veille avait rendu le gazon très glissant, elle n'a pu s'arrêter ni modérer sa descente et elle a roulé par terre, jusqu'en bas tant l'impulsion avait été forte. Fort leste d'ailleurs, elle s'est relevée elle-même très promptement. Par bonheur, elle n'était pas blessée, toutefois le poignet gauche avait été un peu contusionné et je l'ai entouré d'une bande trempée dans de l'eau froide, et dans la soirée elle disait ne plus du tout souffrir. Elle était fort gaie d'ailleurs, parce qu'elle attend aujourd'hui le duc de Montpensier, qui vient lui faire une petite visite, avant que les travaux du siège de Bapaume soient achevés. » Très amoureuse de son joli mari, la jeune infante s'adaptait ainsi parfaitement à sa nouvelle vie mais refusait de se séparer de lui lorsqu'il était de service, ce qui la désemparait comme en témoignait toujours le docteur Blanche, écrivant le 6 juillet 1847 : « C'est surtout lors des grandes solennités militaires que l'absence de son mari lui rappelle de tristes souvenirs. À une revue qui avait lieu, il y a quelque temps, au Champ-de-Mars, et où elle se trouvait avec le comte de Paris, lorsqu'elle vit passer les autres princes, au moment du défilé, elle ne put pas retenir ses sanglots qui la forcèrent de partir précipitamment. » Désormais extraordinairement uni, le jeune couple partageait désormais son existence entre le château de Vincennes et son appartement des Tuileries, où il recevait beaucoup, avec un sens du luxe agaçant quelque peu Louis-Philippe, trouvant que son fils dépensait avec quelque désinvolture la fortune qu'il avait eu tant de mal à réunir, surtout lorsque ces fêtes devenaient politiquement inopportunes.

Tel fut le cas de celle, donnée au début de l'été 1847 dans le bois de Vincennes, où quatre mille invités, têtes couronnées, diplomates, dignitaires du régime et inévitables écrivains de la jeunesse romantique – Victor Hugo, Théophile Gautier, Alfred de Vigny, Alfred de Musset, Alexandre Dumas – se pressaient. Là, chacun découvrait un somptueux décors de tentes, de buffets, de feux d'artifice et de trophées ou armures militaires médiévales empruntés aux Invalides, dont à nouveau *L'Illustration* du 10 juillet rendait longuement compte, insistant sur la splendeur des illuminations, notant en particulier que « les jeunes princesses de la famille royale ont ouvert le bal avec les élèves de Saint-Cyr et de Polytechnique » sous le regard de « l'élite de Paris », avant de noter que « le duc de Montpensier, avec à ses côtés les officiers de son arme, a fait les honneurs de la fête avec la grâce la plus affable. Il n'y avait qu'une voix pour louer l'aménité de son accueil et la splendeur de son hospitalité ». C'est que, loin de suivre ce chroniqueur enthousiaste, l'opposition en effet considérait comme une insulte à la misère publique la facture de ces réjouissances (deux cent mille francs) – une fortune pour l'époque ! –, ce qui avait provoqué, de la part des ouvriers, quelques insultes lorsque les voitures de la cour avaient traversé le faubourg Saint-Antoine, que Flaubert, un jour, allait de nouveau évoquer dans *L'Éducation sentimentale*.

Malgré les remontrances de son père, Montpensier n'en demeurait pas moins proche du roi et même le seul de la famille, avec son père et sa mère, à avoir soutenu jusqu'au bout Guizot, malgré son impopularité, se révélant incapable de comprendre, contrairement à ses aînés Joinville et Aumale, combien progressait chaque jour la vague de mécontentement, celui du petit peuple, appauvri par la crise des subsistances, celui de la bourgeoisie, réclamant une réforme électorale, et même celui du grand monde, offusqué par les scandales divers secouant le Parlement ou les principales figures de cette monarchie de Juillet à présent sur son déclin, au fond comme s'il était déjà au-dessus de tout cela ! Et c'est résigné qu'il accompagnait son père à cheval le 23 février, jour où, pour la première fois, la Garde nationale refusait de saluer le roi, et était encore présent, aux Tuileries, le matin du 24 février 1848 où se jouait, sous les yeux de sa sœur Clémentine et de son frère Nemours, ce singulier psychodrame où les femmes de la famille demandaient au roi de s'opposer à l'insurrection populaire, contrairement aux hommes qui, eux, conseillaient le retrait, le benjamin en particulier qui, perdant tout sang-froid, criait : « L'abdication ! L'abdication ! Bientôt il ne sera plus temps ; ils arrivent ! », alors que le palais était protégé par cinq mille hommes de troupe qui suffisaient amplement à le défendre.

Montpensier se voyait-il assassiné ou, comme son grand-père, promis à la guillotine ? C'est possible, mais son affolement contribuait manifestement à accélérer la marche des événements. Ayant en effet écouté ses fils et surtout lui-même, le roi qui, il est vrai, se refusait à faire tirer sur son peuple, avait alors rédigé le document mais, pressé par le benjamin de ses fils qui lui demandait de faire vite, le rabrouait en lui lançant : « J'ai toujours écrit lentement, je ne vais pas changer mes habitudes aujourd'hui. » L'acte signé, Nemours et Montpensier se chargeaient alors de faire évacuer la famille royale des Tuileries, le roi, la reine, la princesse Clémentine, la duchesse de Nemours, de surcroît enceinte, la duchesse de Montpensier et ses enfants, ainsi que les trois « petits », le comte de Paris, le duc de Wurtemberg et le comte d'Eu – qui, devenus vieux, allaient raconter qu'ils étaient parvenus sains et saufs à leur « sapin » (le fiacre) cachés sous les jupes de leur gouvernante. À deux pas de l'emplacement où son père était monté sur l'échafaud, plus d'un demi-siècle auparavant, Louis-Philippe et sa famille s'engouffraient dans trois berlines réquisitionnées, avec l'aide du député Crémieux, inventant à cette occasion un mot historique, « Je viens de mettre la monarchie en voiture », auquel un plaisant donnait la réplique en jetant au souverain ce mot parodiant l'exhortation de l'abbé Edgeworth de Firmont à Louis XVI, montant à l'échafaud : « Fils de Saint Louis, montez en fiacre » ! Quelques instants plus tard, le palais était bientôt pillé par le peuple, sous le regard ironique de Flaubert et de Maxime du Camp qui ne perdaient rien du spectacle en prenant leur déjeuner, mais aussi de Balzac, horrifié par ce débordement populaire et cette mise à sac inutile.

Le prince des comploteurs

Après avoir fait évacuer ses parents, Montpensier est tellement affolé qu'il égare sa femme, détail n'échappant pas à Alexandre Dumas effectuant un spirituel parallèle entre cette anecdote clôturant la monarchie de Juillet et une autre qui l'avait ouverte, le fameux bal napolitain de 1830 dans lequel Louis-Philippe « s'avança avec tant de rapidité au-devant du royal visiteur qu'il perdit sa femme dans la chambre des gardes, comme l'avait fait, trois mille ans auparavant, Énée sortant de Troie et comme devait le faire, dix-huit ans plus tard, le duc de Montpensier en sortant des Tuileries ». L'ayant enfin retrouvée, il quitte à son tour la France pour rejoindre la Grande-Bretagne par un itinéraire compliqué le conduisant à passer par Granville et Jersey. Ayant participé activement à l'installation des souverains déchus, le couple décidait alors d'ancrer sa destinée en Espagne, où le dernier fils de Louis-Philippe recevait la nationalité ibérique, le titre d'*infant* et le grade de capitaine général, ainsi que la gestion de l'immense fortune terrienne de sa femme qui les mettait à l'abri des soucis financiers.

Celle-ci demeurant l'héritière du trône d'Espagne tant que sa sœur, la reine, n'avait pas d'enfants, Montpensier attendait alors, avec une certaine impatience, le moment de monter sur le trône jusqu'au jour où, par des moyens que nul n'a jamais connus ! – à moins que ce fût seulement la grâce divine –, la souveraine se mettait enfin à accoucher. Dépité, son beau-frère entrait alors dans une opposition de moins en moins discrète à la politique de la couronne et, dépassant bientôt les bornes autorisées, se voyait assigné à résidence, avec les siens, à Séville, où il prenait ses quartiers dans le magnifique palais de San Telmo, chef-d'œuvre du baroque andalou édifié entre 1682 et 1796, situé tout près de la célèbre manufacture des tabacs qui allait inspirer Mérimée, imaginant ici le personnage de Carmen. C'est là qu'étaient élevés ses nombreux enfants : Marie-Isabelle, née en 1848 ; Marie-Amélie, née en 1852 (morte célibataire à dix-neuf ans) ; Marie-Christine, née en 1853 (morte célibataire à vingt-trois ans) ; Marie de la Regla, née en 1856 (morte à l'âge de cinq ans), Marie de las Mercedes d'Orléans, née en 1860, et Antoine, né en 1862. Leur grand-mère, la reine Marie-Amélie, toujours infatigable, veut voir les aînés en 1853 et se vit honorée, pour ses soixante-douze ans, d'une somptueuse réception où défila toute la noblesse d'Espagne.

Très actif, Montpensier se lança dans l'agriculture, dirigeant lui-même l'exploitation des immenses propriétés de sa femme et, en particulier, les sept mille hectares de forêts de pins qu'elle possédait près de Séville, ainsi que les aménagements urbains. Il ouvrit des manufactures et des voies de communication, restaura les monuments historiques – en particulier le célèbre Alcazar – et planta des espaces verts, tout en attirant dans la vieille cité, délaissée depuis le Siècle d'or, artistes et écrivains qui la faisaient revivre, ce qui incitait les grandes familles d'Espagne à s'y réinstaller. Il y donna de grandes fêtes, comme ce bal costumé dans lequel un photographe le surprenait, déguisé en Bédouin, et sa femme en Juive de Tanger, ou cet autre dans lequel il figurait Henri II et elle Catherine de Médicis. Enfin, à l'instar de tous les siens, il collectionna furieusement les œuvres d'art, les bronzes, les marbres, les meubles rares, les tableaux de maîtres et meubles de prix, constituant, comme Aumale à Chantilly, un fabuleux musée privé, bientôt agrémenté d'un superbe parc de cent cinquante hectares que réalisait pour son compte Nicolas Forestier

– auteur, à Paris, du réaménagement du Champ-de-Mars –, sorte de bois de Boulogne andalou que sa veuve allait offrir, en s'éteignant, à la ville qui, reconnaissante, lui donnait son prénom, Maria-Luisa, ainsi qu'à l'avenue le bordant, le tout demeurant depuis le lieu de promenade le plus apprécié des Sévillans.

Candidat en vain à la couronne impériale du Mexique, finalement dévolue à Maximilien d'Autriche, Montpensier, dont les sculpteurs espagnols se battaient pour réaliser le buste, s'agita beaucoup dans l'Espagne de sa belle-sœur Isabelle II, avant de s'exiler au Portugal avec les siens lorsque Narváez et Gonzáles Bravo renversèrent la monarchie en 1868. Mais, de retour en 1870, il ne s'assagit pas davantage puisque, cette même année, il tuait en duel le duc de Cadix, tandis que les Cortes appelaient au trône d'abord le prince de Hohenzollern-Sigmaringen, cousin du roi de Prusse, d'où la contestation de la France à l'origine de la guerre contre l'Allemagne, malgré le refus du prince pressenti de se rendre à Madrid, puis le prince Amédée de Savoie, second fils du roi d'Italie Victor-Emmanuel, devenu, pour peu de temps, le roi Amédée Ier. Trois ans plus tard, en effet, la seconde guerre carliste le contraint d'abdiquer avec pour conséquence la proclamation de la république, au mois de février 1873. Celle-ci cependant glisse dans l'anarchie, et les Cortes restaurent la monarchie en 1874, ce qui donne à Montpensier, élu député de Cadix depuis 1871, l'occasion de faire acte de candidature pour la dernière fois, se rendant enfin compte que son nom n'attire que quelques voix minoritaires sur les bancs de l'Assemblée.

S'il n'a guère de succès avec le Parlement espagnol, il en a davantage avec les femmes et en particulier sa vieille amie Marie de Brigolle-Sale, née en 1812, fille de l'ancien ambassadeur du roi de Sardaigne à la cour de Louis-Philippe qui, après avoir été pratiquement élevée avec ses sœurs Louise-Marie, Marie et Clémentine, avait épousé le richissime banquier Raphaël Ferrari, duc de Galliera, dont elle était veuve depuis 1876. Leur fils François, intellectuel de gauche et brillant universitaire, ayant refusé et le titre et l'immense fortune de son père, la duchesse la dépensa désormais sans compter au profit des pauvres, dotant les environs de Paris de trois maisons de retraite pour indigents et Gênes de quantité d'œuvres de bienfaisance, tout en rendant de nombreux services aux Orléans, comme celui d'héberger le comte de Paris dans sa propre maison de la rue de Varenne, l'hôtel Matignon (résidence aujourd'hui du Premier ministre), où sera ultérieurement célébré le mariage de sa fille Isabelle avec le roi de Portugal. Cette grande amie de Guizot, de Thiers, d'Octave Feuillet et de nombreux autres écrivains, à qui Maxime du Camp rend hommage, dans la *Revue des Deux Mondes*, en la taxant de « femme de bien », lègue par testament l'ensemble de ses biens à diverses institutions, offre à l'État français sa formidable collection de tableaux, entreposée dans un palais spécialement construit à cet effet (l'actuel musée Galliera devenu celui de la mode et du costume) et, au duc de Montpensier, son magnifique hôtel Caprara de Bologne, commencé sous la Renaissance et achevé au siècle des Lumières, avec toutes ses collections d'art.

C'est donc ici qu'il se réfugie le plus souvent lorsque ses frasques espagnoles l'obligent à prendre du champ, bien que, devenu plus lucide avec l'âge, il n'ait désormais de cesse que de faire attribuer la couronne à son neveu Alphonse XII, effectivement proclamé roi la même année, puisque celui-ci est son gendre, le mari de sa fille cadette, Mercedes d'Orléans, avec qui il s'était uni au terme d'une histoire d'amour passionnée, devant laquelle Isabelle II et Montpensier s'étaient inclinés, malgré la haine qu'ils éprouvaient l'un pour l'autre. Hélas pour peu de temps car la jeune femme s'éteignit à l'âge de dix-huit ans, contraignant l'inconsolable souverain à se remarier avec une archiduchesse d'Autriche, dont il aura – mais à titre posthume – un fils et successeur, Alphonse XIII. Cela accompli, Montpensier, aux cheveux et à la barbe désormais blancs, comme le montrent les photographies de l'époque, semble enfin guéri du démon de la politique et commence à vieillir doucement, partageant désormais sa vie entre son palais de Bologne (devenu en 1927 le siège de la préfecture) et Sanlúcar de Barrameda, près de Cadix, où il se fait construire, au-dessus de l'estuaire du Guadalquivir, face à la mer, là même où Christophe Colomb avait largué les amarres pour sa troisième expédition vers l'Amérique et Magellan quitté la terre pour effectuer son tour du monde, un château de style néo-mudejar, dans lequel il s'occupe désormais de ses vastes domaines, développant la culture intensive des orangers et des citronniers, ce qui vaut à ce respectable vieillard de recevoir des Andalous le surnom de *El najanrejo*.

C'est là qu'au terme d'une existence empreinte d'ambiguïté, il meurt, le 4 février 1890, à l'âge de soixante-six ans, le protocole royal imposant que son corps soit inhumé au Panthéon des Infants du monastère San Lorenzo del Escorial où sa femme le rejoint le 2 janvier 1897, suivi de leurs deux enfants survivants – sur les dix qu'ils avaient mis au monde. Leur fille aînée, Marie-Isabelle d'Orléans (1848-1919), mariée à son cousin germain le comte de Paris, fils du duc d'Orléans –, était si attachée à l'Espagne qu'elle allait y vivre un long veuvage solitaire dans son sublime palais de Villamanrique, en Andalousie, où, le cigare aux lèvres, elle s'adonnait avec passion à la chasse et à la tauromachie ! Leur fils, Antoine d'Orléans (1866-1930), duc de Galliera, marié à l'infante Eulalie de Bourbon (1864-1958), lui-même père d'Alphonse, célèbre as de l'aviation au début du siècle et grand séducteur international, allait devenir l'ancêtre des ducs de Cadix. Par le jeu complexe des alliances matrimoniales, tout au long des XIXe et XXe siècles, le turbulent benjamin des princes du romantisme est donc l'ancêtre direct de presque toutes les dynasties royales d'Europe en ce commencement du XXIe siècle.

DIXIÈME TABLEAU

Le peintre en sa maison

> « Rompre avec les choses réelles, ce n'est rien, mais avec les souvenirs ! Le cœur se brise à la séparation des songes tant il y a peu de réalité dans l'homme. »
>
> CHATEAUBRIAND

Lorsqu'elle vivait aux Tuileries, la reine Marie-Amélie conservait pieusement, dans une vitrine de ses appartement particuliers, ses « trésors » qui, contrairement à ce que le peuple croyait, n'étaient pas ces joyaux auxquels, au fond, elle n'attachait aucun prix – « mes diamants, je n'y tiens guère », annonça-t-elle à son mari quand il fallut les vendre pour soutenir les rigueurs de l'exil dans la dignité –, mais des reliques soigneusement étiquetées, que quelques privilégiés étaient seuls admis à contempler. « Un morceau d'une branche du chêne de Saint Louis provenant de l'église Saint-Jean de Damiette », rapporté par Montpensier en 1845 ; « un bois d'olivier ramassé au pied de l'Atlas » par le duc d'Orléans en 1840 ; une palme trouvée par Nemours à Constantine, en 1841 ; un œuf d'autruche offert par Joinville ; un autre caillou trouvé par Aumale ; des dessins de Clémentine ou de Marie ; une lettre de Louise-Marie… en bref tous les souvenirs d'une mère et grand-mère ordinaire, fût-elle devenue entre-temps « celle de l'Europe », selon la jolie expression de sa descendante, la comtesse de Paris.

La sage souveraine avait sans doute compris que le sel de la vie ne se trouvait pas dans les honneurs, le pouvoir ou la fortune, mais dans la conscience de mener une existence bien remplie, dense, riche et créative, ce qu'elle sut transmettre à ses enfants et eux-mêmes à leurs descendants, leur permettant de traverser, le plus sereinement possible, l'épreuve de l'exil sans renier leur personnalité profonde. Et c'est bien cela qui fait toute l'originalité de ces princes du romantisme, si différents des hommes et des femmes de leur société, qui, à la fin de leur course terrestre, pouvaient tracer le bilan de leur vie non pas en fonction de leur naissance mais de toute la puissance de leur vitalité, de leur créativité et de leur authenticité, dont témoignent toujours les nostalgiques souvenirs de leur passage, uniformes portés au front de l'Algérie, sabretaches, sabres, shakos, dolmans de parade attestant de leur passion pour l'armée, dessins du duc d'Orléans, aquarelles du prince de Joinville, tableaux de la reine Louise, lettres du duc de Nemours, sculptures de la princesse Marie, croquis de la princesse Clémentine, livres du duc d'Aumale, photographies du duc de Montpensier…

Ernest Renan avait bien raison d'écrire un jour : « En fait de souvenirs nationaux, les deuils valent mieux que les triomphes, car ils imposent des décisions et commandent l'effet commun. » S'il est toujours impossible de savoir si la France, en ce commencement du XXIe siècle, a définitivement fait son deuil de la monarchie, lorsque l'on constate combien ses présidents successifs ont aimé en épouser les apparences, elle demeure, peut-être en partie grâce au talent si particulier des enfants de son dernier roi, la seule nation au monde où, finalement, une dynastie ayant régné peut vivre paisiblement sous la protection d'une république. On le vit si bien naguère lorsque François Mitterrand et le comte de Paris inaugurèrent de conserve, avec une complicité incompréhensible pour tout autre peuple que les Français, les cérémonies célébrant le millénaire capétien ! Et c'est peut-être pour cela aussi qu'il paraissait bon de rendre, sinon justice, du moins hommage à ces huit princes du romantisme qui, mieux que d'autres, méritent qu'on ne les oublie pas et, avec eux, cette époque si magnifiquement romantique qui vit le triomphe d'une création inimitable sur la scène éternelle de la destinée humaine, comme le disait si justement le petit-fils de Louis-Philippe évoquant cette « part radieuse de l'Histoire léguée par le roi-citoyen ».

Bien plus qu'au Palais-Royal, où siègent de nos jours les grands corps de l'État, au château de Neuilly disparu dans les affres de la spéculation immobilière de la fin du XIXe siècle et au palais des Tuileries partiellement incendié par la Commune en 1871, un lieu, à Paris, nous permet cependant de saisir dans ses goûts intimes ce moment de grâce, la maison de celui qui fut sans doute l'ami le plus proche et le témoin le plus présent de leur histoire, le peintre Ary Scheffer, comme si celui-ci nous recevait chez lui pour nous parler de ces huit personnages, qu'il vit naître, grandir et parfois mourir. Alors qu'il était au sommet de son art, pour avoir triomphé lors des multiples Salons de la Restauration, Ary Scheffer, né en 1795 à Dordrecht, aux Pays-Bas, dans une famille d'artistes, avait acquis, rue Chaptal, au cœur d'un nouveau quartier qu'on commençait d'appeler « la Nouvelle Athènes », tant nombreux étaient les artistes qui s'y étaient installés, une maison de campagne où ses confrères peintres, écrivains et musiciens, mais aussi les fers de lance du parti libéral, se retrouvaient autour de ses œuvres et parfois même d'illustres étrangers comme le dernier doge de Venise y recevant l'hospitalité pendant quelques mois.

C'est en effet dans cette maison, où le peintre voisinait avec Eugène Delacroix, Théodore Géricault, Eugène Isabey, Henri Monnier, Eugène Fromentin, Alexandre Dumas, Pauline Viardot et tant d'autres, qu'à plusieurs reprises il reçut, parmi ses élèves, les enfants du roi-citoyen, en tout premier lieu le jeune duc d'Orléans à qui il avait appris, dès l'enfance, à dessiner, avant de l'accompagner au siège d'Anvers, devenant si lié à lui que le prince allait dire un jour qu'il était pour lui son meilleur ami, sa « seconde conscience ». Son frère en témoigne, lui écrivant, à la suite d'un dîner aux Tuileries où, pour une fois, il était absent : « Il est impossible de dire des choses plus gracieuses sur le compte de quelqu'un que celles que j'ai entendues sur le tien de la part du duc et de la duchesse d'Orléans. » C'est encore là qu'il recevait, avec Liszt, Chopin, la Taglioni, Rossini, La Fayette, Bérenger, Lamennais, voire Charles Dickens qui vint y poser devant son chevalet, le duc de Nemours et plus encore le prince de Joinville, à qui il dit un jour, alors que tous deux travaillaient côte à côte : « Voyons, faites un bon mouvement. Si vous avez six cents francs, donnez-les-moi. » Joinville s'était aussitôt exécuté, puis, en demandant la raison, s'entendait dire qu'il s'agissait d'aider un pauvre peintre de grand talent mais qui vivait encore dans la misère. « Son nom ? – Théodore Rousseau. »

Et c'est enfin dans cette maison qu'après la mort de la princesse Marie, ses moulages et ses dessins, légués par elle à l'artiste, vinrent prendre place dans une pièce transformée en une sorte de sanctuaire où toute l'élite romantique, régulièrement reçue par Scheffer pour des concerts improvisés ou des lectures, vint les contempler en se disant que peut-être cette si jolie fille emportée trop tôt était, au fond, la plus proche d'eux. Le maître, au reste, qui, après la mort de Marie puis de Ferdinand-Philippe, vécut une véritable dépression nerveuse, allant, selon sa propre expression, jusqu'à « ne plus pouvoir prendre sa palette et son pinceau », confiait alors à un ami : « Mon esprit se répugne à croire que tant de noblesse d'âme, de perfection, de jeunesse et de bonheur, que tant d'espérance pour notre pays aient passé sans retour. » Il s'en sortit cependant grâce à la religion qui le poussait désormais à consacrer son art à la peinture mystique, tout en demeurant fidèle à la dynastie des Orléans, lui qui, n'ayant jamais été un véritable courtisan, se considérait plutôt comme un ami de la famille. Ainsi, à plusieurs reprises, traversa-t-il la Manche pour aller saluer, à Claremont, ses anciens souverains, ou encore en Belgique, où il ne manquait pas d'aller rendre ses devoirs à la reine Louise-Marie, avant de partir pour l'Allemagne rendre visite à la veuve de Ferdinand-Philippe en exil, auprès de qui il était présent, avec Victor Hugo, en février 1848, lorsqu'à la Chambre elle tentait en vain d'imposer les droits de son fils.

Le peintre n'allait guère survivre à ses bienfaiteurs, puisque, au lendemain des funérailles de la reine Marie-Amélie, très éprouvé par ce dernier voyage, il fut terrassé par une crise cardiaque, à Argenteuil, le 15 juin 1858, après s'être réjoui de voir sa nièce épouser un jeune écrivain plein d'avenir, Ernest Renan. Mais justement, pour notre bonheur, la maison d'Ary Scheffer, préservée un siècle durant par ses descendants, parmi lesquels le philosophe Ernest Psichari, mari de la petite-fille du peintre, existe toujours, à Paris, dans ce merveilleux 9e arrondissement qui, mieux que tout autre, a conservé la physionomie urbaine de l'époque romantique et avec elle une partie de son âme. Là, rien n'a changé ou presque, ni la longue allée ombragée menant à la demeure, ni le petit atelier du peintre, ni le grand atelier, ni le jardin d'hiver orné du moulage de la statue de Chopin, ni la demeure elle-même, avec ses meubles, ses tableaux, ses objets d'art, puisque celle-ci abrite justement, depuis 1985, le musée de la Vie romantique, petit bijou enserré dans la pierre de la capitale, comme une oasis de bonheur dans un paysage parfois déshumanisé.

Et là, au milieu de ce sanctuaire à nul autre semblable, une pièce, à l'étage, nous est particulièrement chère puisque totalement consacrée aux princes du romantisme. On y voit, par Scheffer, la prestation de serment de Louis-Philippe devant les Chambres accompagné de ses fils Chartres et Nemours adolescents, les portraits, par le même, de Louise-Marie et de Marie, toutes deux en robe blanche, ainsi que celui de leur mère

Marie-Amélie, celui de leur frère Ferdinand-Philippe, représenté encore jeune homme, en artiste, c'est-à-dire le col ouvert entouré d'un foulard au négligé savant et cet autre le représentant sur son lit d'agonie, deux bronzes de Marie et surtout, surtout, cet insolite portrait du duc d'Orléans et de la duchesse de Wurtemberg, frère et sœur unis dans le mystère de la mort que Scheffer avait voulu immortaliser ensemble, sur une idée, dit-on, exprimée par la reine elle-même. On peut à juste titre le considérer comme un des tableaux les plus éminemment romantiques par son audace, ses couleurs et son aspect transfiguré, à l'image justement de ces cinq jeunes hommes et de ces trois jeunes filles avec qui le peintre ne partageait pas seulement l'élégance physique, mais encore la plus rare, celle du cœur, de l'audace et de l'inspiration esthétique, donnant à sa peinture cet aspect profondément sentimental et parfois tourmenté qui à jamais lui imprime ce cachet de jeunesse inspirée et comme tel immortelle, c'est-à-dire, en un mot, essentiellement romantique.

Au Clos-Lucé d'Amboise,
mai 2000 - mai 2003.

CHRONOLOGIE

1809. Mariage à Palerme, en Sicile, de Louis-Philippe, duc d'Orléans, avec la princesse Marie-Amélie de Bourbon-Sicile (25 novembre).

1810. Naissance à Palerme de Ferdinand-Philippe d'Orléans, duc de Chartres (3 septembre).

1812. Naissance à Palerme de Louise-Marie d'Orléans, dite Mlle de Chartres (3 avril).

1813. Naissance à Palerme de Marie d'Orléans, dite Mlle de Valois (12 avril).

1814. Installation de la famille d'Orléans à Paris, au Palais-Royal (octobre) ; naissance à Paris de Louis, duc de Nemours (25 octobre).

1815-1817. Exil de la famille d'Orléans en Grande-Bretagne. Naissance à Twickenham de Françoise d'Orléans, dite Mlle de Montpensier (3 août).

1817. Naissance à Neuilly de Clémentine d'Orléans, dite Mlle de Beaujolais (3 juin).

1818. Mort de Françoise d'Orléans (21 mai). Naissance à Neuilly de François d'Orléans, prince de Joinville (14 août).

1819. Le duc de Chartres intègre le collège Henri-IV où le suivront tous ses frères (9 novembre).

1820. Naissance de Charles d'Orléans, duc de Penthièvre (2 janvier).

1821. Mort à Ivry-sur-Seine de la duchesse douairière d'Orléans, mère de Louis-Philippe (23 juin).

1822. Naissance à Paris d'Henri d'Orléans, duc d'Aumale (17 janvier).

1823. Mort de Louis XVIII. Charles X, roi de France (27 septembre).

1824. Naissance à Neuilly d'Antoine d'Orléans, duc de Montpensier (31 juillet).

1828. Mort du duc de Penthièvre (24 juillet). Manœuvres des Orléans pour s'accaparer l'héritage du duc de Bourbon en faveur du duc d'Aumale.

1829. Le duc de Nemours est pressenti pour monter sur le trône de Grèce, mais le gouvernement de Charles X ne donne pas suite au projet (février).

1830. Révolution de Juillet, abdication et exil de Charles X ; le duc d'Orléans devient d'abord lieutenant-général du royaume, puis roi des Français sous le nom de Louis-Philippe Ier (9 août). Son fils aîné, le duc de Chartres, devient duc d'Orléans.

1831. La couronne de Belgique est offerte au duc de Nemours, mais Louis-Philippe récuse la proposition (3 février).

1832. Mariage de Louise d'Orléans avec Léopold de Saxe-Cobourg, premier roi des Belges (9 août). Offensive du maréchal Gérard contre Anvers à laquelle participent les ducs d'Orléans et de Nemours (décembre).

1833. Naissance à Bruxelles de Léopold de Belgique, duc de Brabant, mort un an plus tard, fils de la reine Louise, premier des nombreux petits-enfants de Louis-Philippe et de Marie-Amélie (24 juillet).

1835. Campagne du duc d'Orléans et du duc de Nemours en Algérie. Naissance à Bruxelles de Léopold, duc de Brabant, futur roi des Belges, fils de la reine Louise (10 décembre).

1837. Mariage du duc d'Orléans avec Hélène de Mecklembourg-Schwerin (30 mai). Naissance de Philippe de Belgique, comte de Flandre, fils du roi Léopold et de la reine Louise (24 mars). Mariage de Marie d'Orléans avec Alexandre de Wurtemberg (17 octobre). Campagne du duc de Nemours en Algérie (automne).

1838. Naissance de Philippe de Wurtemberg, fils de Marie d'Orléans (30 juillet) et, à Paris, de Louis-Philippe d'Orléans, comte de Paris, fils du duc d'Orléans (23 août).

1839. Mort de Marie d'Orléans, duchesse de Wurtemberg, à Pise, en Italie (2 janvier). Seconde campagne du duc d'Orléans en Algérie (automne).

1840. Mariage du duc de Nemours avec Victoria de Saxe-Cobourg-Gotha (27 avril). Naissance, à Bruxelles, de Charlotte de Belgique, future impératrice du Mexique, troisième enfant de la reine Louise (7 juin). Naissance à Paris de Robert d'Orléans, duc de Chartres, second fils du duc d'Orléans (9 novembre). Transfert des cendres de Napoléon sous la conduite du prince de Joinville (décembre).

1841. Attentat manqué de Quenisset contre le duc d'Aumale (13 septembre).

1842. Mort accidentelle du duc d'Orléans à Neuilly (13 juillet). Le duc de Nemours est désigné comme régent potentiel du royaume. Naissance à Neuilly de Gaston d'Orléans, comte d'Eu, fils du duc de Nemours (28 avril).

Plus de 100 auteurs dédicaceront leurs œuvres de 14 h à 18 h :

Yves Marie Adeline, Christian Agius, François Marie Algoud, Bernard Antony, père Jean-Paul Argouarc'h, Antoine Joseph Assaf, Elena Balzamo, Armelle Barguillet, abbé Claude Barthe, Florence de Baudus, Gérard Bedel, Serge de Beketch, Pascal Bernardin, Vincent Beurtheret, Henry Bogdan, José-Marie Bouchet, Thierry Bouclier, Anne Brassié, Marie-José de Bravura, Judith Cabaud, Michel Bernard Cartron, Michel Chapalain, Aymeric Chauprade, Gabrielle Cluzel, Philippe Conrad, Étienne Couvert, François de Crécy, Yves Daoudal, Karen Darantière, Michel De Jaeghere, père Jean Derobert, Ghislain de Diesbach, Georges Dillinger, Xavier Dor, Henri de Fersan, Louis Fontaine, Rémi Fontaine, Geneviève de Galard, Jean-Pierre Garbe, Philippe Gautier, Ivan Gobry, Lena Grycan, Benjamin Guillemaind, Jean-Louis Harouel, Marie-France Helaers, Pierre Hillard, Roger Holeindre, Ignace, Olivier Krafft, Laurent Lagartempe, Arnaud de Lassus, Thibaut de La Tocnaye, Yves-Marie Laulan, Jacques Le Groignec, Guy Lehideux, Gérard Le Marec, Henry de Lesquen, Hermine Luret-Foutel, Benoît Mancheron, Xavier Martin, Lajos Marton, Philippe Maxence, Jean-Pax Mefret, Louis-Christian Michelet, David Miège, Louis Millet, Bernard Molinier, Jean Monneret, Pierre Montagnon, Isabelle Mourral, Jean-Jacques Mourreau, Raymond Muelle, Minh Dung Nghiem, Dominique Paladilhe, Alain Pascal, Alain Paucard, Jean-Marie Paupert, Huguette Pérol, Magdeleine del Perugia, Olivier Pichon, Philippe Pichot Bravard, Jean-Louis Picoche, Pinatel, Hervé Pinoteau, Michel de Poncins, Philippe Prévost, Daniel Raffard de Brienne, Philippe Raggi, Jean Raspail, Jean Rolland, Claude Rousseau, François Saint-Pierre, Reynald Secher, Jean-Pascal Serbera, Jean Sévillia, Marie-José Strich, abbé Guillaume de Tanoüarn, Dominique Tassot, Laurent Touchagues, Jacques Tremolet de Villers, Jean-Claude Valla, Jean-Marc Varaut, Jean de Viguerie, François Villars, Pierre de Villemarest, Vladimir Volkoff, Georges-Paul Wagner, ...

au 12 novembre 2003

Participation : 6€ - 4 € adhérents de Renaissance Catholique - étudiants

Palais des Congrès de Versailles
8/10 rue de la Chancellerie

RER C 5 : Versailles Rive-Gauche - SNCF-Montparnasse : Versailles-Chantiers
Parkings : Place d'Armes (devant château) - Avenue de Sceaux

Librairie générale

sur 3 niveaux

de 11 h à 18 h

5 000 livres ...

(littérature, politique, histoire, spiritualité, actualité, armée, Algérie, ...)

dont les 300 nouveautés de la rentrée

1 000 livres d'occasion

(Bainville, Daudet, La Varende, Maurras, Cardinal Pie, ...)

1 000 livres pour la jeunesse

(Clovis, DMM, Élor, Téqui, Triomphe, ...)

Nombreuses idées de cadeaux

(CD, vidéos, foulards, cravates, figurines, puzzalivres, ...)

La librairie générale est assurée par DPF (Chiré-en-Montreuil).

Tombola, **tirage à 17 h 30**

Garderie d'enfants à partir de 14 h - Vestiaire

1843. Prise de la smala d'Abd el-Kader par le duc d'Aumale (16 mai). Mariage de François de Joinville avec Françoise du Brésil (1er mai). Visite des souverains britanniques et belges au château d'Eu (septembre).

1844. Naissance à Paris de Philippe de Saxe-Cobourg, fils de la princesse Clémentine (28 mars) puis, à Neuilly, de Ferdinand d'Orléans, duc d'Alençon, second fils du duc de Nemours (12 juillet). Prise de Mogador par le prince de Joinville (15 août). Naissance à Neuilly de Françoise, fille du prince de Joinville, future duchesse de Chartres (28 octobre). Mariage du duc d'Aumale avec Caroline de Bourbon-Sicile (25 novembre).

1845. Naissance à Eu d'Auguste de Saxe-Cobourg, fils de la princesse Clémentine (9 août) ; à Saint-Cloud, de Pierre d'Orléans, duc de Penthièvre, fils du prince de Joinville (4 novembre) ; et à Saint-Cloud également de Louis-Philippe d'Orléans, prince de Condé, fils du duc d'Aumale (15 novembre).

1846. Naissance à Paris de Marguerite d'Orléans, fille du duc de Nemours, future princesse Czarkowski (16 février) et, à Neuilly, de Clotilde de Saxe-Cobourg-Gotha, future archiduchesse d'Autriche, fille de la princesse Clémentine (8 juillet). Mariage du duc de Montpensier avec l'infante d'Espagne Marie-Louise (10 octobre).

1847. Le duc d'Aumale gouverneur général de l'Algérie (11 septembre). Mort de Madame Adélaïde, sœur de Louis-Philippe (31 décembre).

1848. Révolution de Février, abdication de Louis-Philippe en faveur de son petit-fils, le comte de Paris, et exil de la famille royale à Claremont, en Grande-Bretagne (3 mars). Naissance à Séville de Marie-Isabelle, future comtesse de Paris, file du duc de Montpensier (21 septembre).

1850. Mort de Louis-Philippe à Claremont (26 août) puis de Louise d'Orléans, reine des Belges, à Ostende (10 octobre).

1852. Naissance à Séville de Marie-Amélie d'Orléans, fille du duc de Montpensier (le 19 août).

1854. Naissance à Saint-Cloud de François, duc de Guise, fils du duc d'Aumale (5 janvier) et à Séville de Marie-Christine d'Orléans, fille du duc de Montpensier (29 octobre).

1856. Naissance à Séville de Maria de La Regla d'Orléans, fille du duc de Monpensier (9 octobre).

1857. Mort à Claremont de la duchesse de Nemours, un mois après avoir mis au monde son dernier enfant, Blanche d'Orléans (10 novembre).

1858. Mort de la duchesse d'Orléans à Richmond, en Grande-Bretagne (18 mai).

1859. Naissance à Séville de Ferdinand d'Orléans, fils du duc de Montpensier (29 mai).

1860. Naissance à Séville de Maria de las Mercedes, future reine d'Espagne, fille du duc de Montpensier (24 juin).

1861. Naissance à Vienne de Ferdinand de Saxe-Cobourg-Gotha, futur tsar de Bulgarie, fils de la princesse Clémentine (26 février).

1862. Le prince de Joinville accompagne ses neveux aux États-Unis pour participer à la guerre de Sécession, aux côtés des troupes du Nord. Naissance à Séville de Philippe d'Orléans, fils du duc de Montpensier (12 mai), mort deux ans plus tard.

1865. Mort à Bruxelles de Léopold Ier, roi des Belges, gendre de Louis-Philippe (6 décembre).

1866. Naissance à Séville d'Antoine d'Orléans, futur duc de Galliera, fils du duc de Montpensier (23 février). Mort de Marie-Amélie, veuve de Louis-Philippe (24 mars). Mort du prince de Condé, fils du duc d'Aumale à Sydney, en Australie (24 mai).

1867. Le duc d'Aumale est pressenti pour monter sur le trône de Grèce (…), mais ne donne pas suite à une opération qui ne lui semble pas légale.

1869. Mort à Twickenham de la duchesse d'Aumale (6 décembre).

1870. Le duc de Montpensier tue en duel son beau-frère le prince Henri de Bourbon d'Espagne, duc de Cadix (12 mars). Le prince de Joinville combat secrètement dans les rangs de l'armée française sous le pseudonyme de colonel Lutteroth. Le duc d'Aumale membre de l'Académie française.

1871. Le duc de Montpensier député de Cadix. Le prince de Joinville député de la Haute-Marne. Le duc d'Aumale député de l'Oise.

1872. Mort à Paris du duc de Guise, fils cadet du duc d'Aumale (27 juillet).

1873. Réunion de Frohsdorf entre le comte de Chambord et les princes de la maison d'Orléans. Le duc d'Aumale préside le conseil de guerre condamnant le maréchal Bazaine (novembre).

1874. Le duc de Montpensier est candidat sans succès à la couronne d'Espagne.

1880. Le duc d'Aumale est élu à l'Académie des beaux-arts.

1881. Mort à Ebental d'Auguste, prince de Saxe-Cobourg-Gotha (26 juillet) et, près de Bayreuth, d'Alexandre, duc de Wurtemberg (28 octobre), gendres de Louis-Philippe.

1883. Mort sans héritier du comte de Chambord (24 août). Le comte de Paris – et après lui ses descendants – devient le seul prétendant légitime à la couronne de France. Le duc d'Aumale est élu à l'Académie des sciences morales et politiques.

1886. Proclamation de la loi d'exil interdisant aux chefs des maisons souveraines de résider en France (23 juin). Protestation et exil en Grande-Bretagne du comte de Paris. Le duc d'Aumale lègue son domaine de Chantilly à l'Institut de France (29 septembre).

1890. Mort à Sanlúcar de Barrameda, en Espagne, du duc de Montpensier (4 février).

1894. Mort à Stowe-House, en Grande-Bretagne, de Louis-Philippe, comte de Paris (8 juillet).

1896. Mort à Versailles du duc de Nemours (26 juin).

1897. Mort à Séville, en Espagne, de la duchesse de Montpensier (2 février) et, à Zucco, en Sicile, du duc d'Aumale (7 mai).

1898. Mort à Paris de la princesse de Joinville à Paris (27 mars).

1900. Mort à Paris du prince de Joinville (16 juin).

1907. Mort à Vienne, en Autriche, de Clémentine d'Orléans, princesse de Saxe-Cobourg-Gotha (16 février).

BIBLIOGRAPHIE

Antonetti (Guy), *Louis-Philippe* (Paris, Fayard, 1994).

Appert (Benjamin), *Dix ans à la cour de Louis-Philippe* (Paris, 1846).

Apponyi (comte Rodolphe), *Vingt-cinq ans à Paris* (Paris, Plon, 1913-1926).

Arago et Gouin, *Histoire du prince royal, duc d'Orléans* (Paris, Chapelle, 1842).

Archives de la maison de France (Archives nationales, Imprimerie nationale, 1976-1980, 3 volumes).

Arnaud (Raoul), *Adélaïde d'Orléans* (Paris, Perrin, 1908).

Auge de Lassus, *La Vie au Palais-Royal* (Paris, 1904).

Aumale (duc d'), *Lettres sur l'histoire de France au prince Napoléon* (Paris, 1861).

Azan (général Paul), *Les Grands Soldats de l'Algérie* (Comité du bicentenaire de l'Algérie, 1930).

Barrière (Marcel), *Les Princes d'Orléans* (Paris, 1933).

Bazin (René), *Le Duc de Nemours* (Paris, Émile Paul, 1907).

Baumont (Marc), *La France de 1870 et le duc d'Aumale* (Paris, publications de la Sorbonne, 1975).

Beaumont-Vassy (vicomte de), *Les Salons de Paris et la société parisienne sous Louis-Philippe* (Paris, 1866).

Blache (docteur Jean-Gaston), Correspondance avec sa famille (texte partiellement inédit conservé dans les archives du château d'Eu, musée de la famille d'Orléans).

Boigne (comtesse de), *Mémoires d'une tante* (Paris, Mercure de France).

Bonnet-Roy (Flavien), *Ferdinand-Philippe, duc d'Orléans, prince royal* (Paris, Sefi, 1947).

Bordonove (Georges), *Louis-Philippe* (Paris, Pygmalion, 1990).

Broglie (Gabriel de), *L'Orléanisme, la ressource libérale de la France* (Paris, Perrin, 1981).

Bronne (Carlo), *Léopold Ier et son temps* (Bruxelles, 1947).

Burnand (Robert), *Le Duc d'Aumale et son temps* (Paris, Hachette, 1949).

Castelle (Hippolyte), *La Duchesse d'Orléans* (Paris, Sartorius, 1857).

Castries (duc de), *Louis-Philippe* (Paris, Tallandier, 1972).

Catalogues, de l'exposition consacrée au prince de Joinville et la marine de son temps (musée de la Marine, Paris, 1953) ; de l'exposition Louis-Philippe (Archives nationales, 1974-1975) ; de l'exposition sur le Palais-Royal (musée Carnavalet, 1988) ; de l'exposition « Le Mécénat du duc d'Orléans, 1830-1842 » (Délégation à l'action artistique de la Ville de Paris, 1993).

Cazelles (Raymond), *Le Duc d'Aumale* (Paris, Tallandier, 1984).

Cuvellier-Fleury, *Journal intime* (Paris, Plon, 1903).

Daudet (Ernest), *Le Duc d'Aumale* (Paris, Plon, 1898).

Dufresne (Claude), *Les Orléans* (Paris, Criterion, 1991).

Dumas (Alexandre), *Histoire de la vie politique et privée de Louis-Philippe* (Paris, Olivier Orban, 1981). *Mes Mémoires* (Paris, Plon, 1986).

Espézel (Pierre d'), Mémorial de la première famille de France, la chapelle royale de Dreux (Paris, 1957).

Flobert (A.), *Histoire des ducs d'Orléans de la maison de Bourbon* (Paris, Gide, 1845).

Franchet d'Espérey (maréchal), *Le Duc d'Aumale*, dans « Trois siècles à l'Académie française ».

Gallois (Antoine), *Le Duc d'Aumale* (Paris, 1898).

Gazeau de Vaulibault, *Histoire des Orléans d'après les Mémoires des légitimistes et des orléanistes* (Paris, 1879-1889, 7 volumes).

Cazelles (Raymond), *Le Duc d'Aumale* (Paris, Tallandier, 1984).

Grandin, *Le Prince de Joinville, sa vie, ses œuvres* (Amiens, 1903).

Guillon (amiral Jacques), *François d'Orléans, prince de Joinville* (Paris, France-Empire, 1990).

Guizot (François). *Mémoires pour servir à l'histoire de mon temps* (Paris, Calmann-Lévy, 1858, 8 volumes).

Harcourt (P. d'), *La Duchesse d'Orléans, Hélène de Mecklembourg-Schwerin* (Bruxelles, 1859).

Huez de Lemps (Roger), *Aumale l'Algérien* (Paris, Nouvelles Éditions latines, 1921).

Hugo (Victor), *Avant l'exil (1841-1848)* (Paris, 1926).

Hureau (Joëlle), *L'Espoir brisé, le duc d'Orléans* (Paris, Perrin, 1995).

Imbert de Saint-Amand, *Les Femmes des Tuileries, Marie-Amélie et la duchesse d'Orléans* (Paris, Dentu, 1893).

Joinville (prince de), *Vieux Souvenirs* (Paris, Calmann-Lévy, 1910).

Janin (Jules), *Le Prince royal* (Paris, Ernest Bourdin, 1842).

Kerckwoorde (Mia), *Louise d'Orléans, première reine des Belges* (Duculot, 1989).

Lassale (Alexandre de), *Histoire et politique de la famille d'Orléans* (Paris, Dentu, 1853).

***L'Illustration*, journal universel** (1843-1848).

Louis-Philippe, roi des Français, *Mémoires* (Paris, Plon, 1973-1974).

Manach (Daniel), *La Descendance de Louis-Philippe Ier, roi des Français* (christian, 1988).

Maricourt (baron André de), *La Duchesse d'Orléans, mère de Louis-Philippe* (Paris, 1914).

Marie-Amélie, reine des Français, *Journal*, publié par Suzanne d'Huart (Paris, Perrin, 1980).

Martin-Fugier (Anne), *La Vie quotidienne de Louis-Philippe et de sa famille* (Paris, Hachette, 1992).

Orléans (Ferdinand duc d'), *Campagnes d'Afrique* (Paris, Calmann-Lévy, 1870).

— *Récits de campagnes* (Paris, Calmann-Lévy, Paris, 1890).

— *Lettres* (Paris, Calmann-Lévy, Paris, 1913).

Orléans (Louise d'), *Lettres au roi Louis-Philippe et à la reine Marie-Amélie* (publiées par le comte Hippolyte d'Ursel, Paris, Plon, 1933).

Paris (Henri, comte de), *Mon album de famille*, présenté par le prince Michel de Grèce (Perrin, 1996).

Paris (Isabelle, comtesse de), *La Reine Marie-Amélie, grand-mère de l'Europe* (Paris, Perrin, 1998).

— *L'Album de ma vie* (Paris, Perrin, 2002).

Perignon (Eugénie), *Souvenirs anecdotiques de la famille royale d'Orléans* (Paris, 1847).

Pallu de Lessert (C.), *Le Duc de Chartres* (Paris, 1914).

Poisson (Georges), *Cette curieuse famille d'Orléans* (Paris, Perrin, 1976).

Robinet de Cléry, *Les Prétentions dynastiques de la branche Orléans* (Paris, 1910).

Saint Bris (Gonzague), *Les Dynasties brisées* (Paris, Jean-Claude Lattès, 1992).

Simon (A.), *Léopold Ier* (Bruxelles, 1963).

Thureau-Dangin (P.), *Histoire de la monarchie de Juillet* (Paris, 1888-1892, 7 vol).

Trognon (Auguste), *Vie de Marie-Amélie, reine des Français* (Paris, Michel Lévy, 1871).

Vigier (Philippe), *Nouvelle Histoire de Paris pendant la monarchie de Juillet* (Paris, Hachette, 1991).

Waresquiel (Emmanuel de) et Yvert (Benoît), *Histoire de la Restauration* (Paris, Perrin, 1996).

Yriarte (Charles), *Les Princes d'Orléans, portraits contemporains* (Paris, Plon, 1872).

REPÈRES GÉNÉALOGIQUES

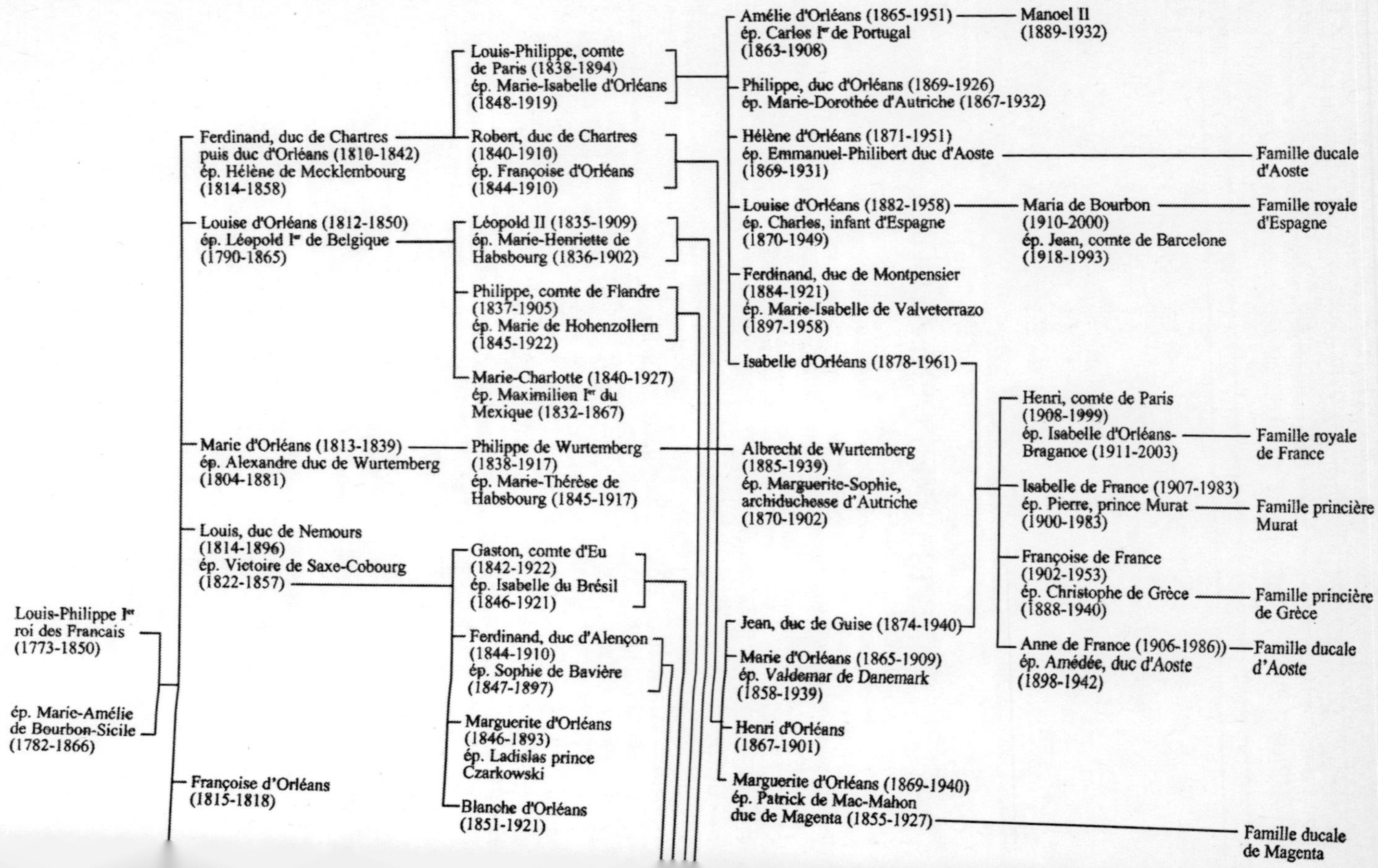
Louis-Philippe Ier roi des Francais (1773-1850)
ép. Marie-Amélie de Bourbon-Sicile (1782-1866)
Ferdinand, duc de Chartres puis duc d'Orléans (1810-1842) ép. Hélène de Mecklembourg (1814-1858)
Louis-Philippe, comte de Paris (1838-1894) ép. Marie-Isabelle d'Orléans (1848-1919)
Amélie d'Orléans (1865-1951) ép. Carlos Ier de Portugal (1863-1908)
Manoel II (1889-1932)
Philippe, duc d'Orléans (1869-1926) ép. Marie-Dorothée d'Autriche (1867-1932)
Hélène d'Orléans (1871-1951) ép. Emmanuel-Philibert duc d'Aoste (1869-1931)
Famille ducale d'Aoste
Louise d'Orléans (1882-1958) ép. Charles, infant d'Espagne (1870-1949)
Maria de Bourbon (1910-2000) ép. Jean, comte de Barcelone (1918-1993)
Famille royale d'Espagne
Ferdinand, duc de Montpensier (1884-1921) ép. Marie-Isabelle de Valveterrazo (1897-1958)
Isabelle d'Orléans (1878-1961)
Robert, duc de Chartres (1840-1910) ép. Françoise d'Orléans (1844-1910)
Jean, duc de Guise (1874-1940)
Henri, comte de Paris (1908-1999) ép. Isabelle d'Orléans-Bragance (1911-2003)
Famille royale de France
Isabelle de France (1907-1983) ép. Pierre, prince Murat (1900-1983)
Famille princière Murat
Françoise de France (1902-1953) ép. Christophe de Grèce (1888-1940)
Famille princière de Grèce
Anne de France (1906-1986)) ép. Amédée, duc d'Aoste (1898-1942)
Famille ducale d'Aoste
Marie d'Orléans (1865-1909) ép. Valdemar de Danemark (1858-1939)
Henri d'Orléans (1867-1901)
Marguerite d'Orléans (1869-1940) ép. Patrick de Mac-Mahon duc de Magenta (1855-1927)
Famille ducale de Magenta
Louise d'Orléans (1812-1850) ép. Léopold Ier de Belgique (1790-1865)
Léopold II (1835-1909) ép. Marie-Henriette de Habsbourg (1836-1902)
Philippe, comte de Flandre (1837-1905) ép. Marie de Hohenzollern (1845-1922)
Marie-Charlotte (1840-1927) ép. Maximilien Ier du Mexique (1832-1867)
Marie d'Orléans (1813-1839) ép. Alexandre duc de Wurtemberg (1804-1881)
Philippe de Wurtemberg (1838-1917) ép. Marie-Thérèse de Habsbourg (1845-1917)
Albrecht de Wurtemberg (1885-1939) ép. Marguerite-Sophie, archiduchesse d'Autriche (1870-1902)
Louis, duc de Nemours (1814-1896) ép. Victoire de Saxe-Cobourg (1822-1857)
Gaston, comte d'Eu (1842-1922) ép. Isabelle du Brésil (1846-1921)
Ferdinand, duc d'Alençon (1844-1910) ép. Sophie de Bavière (1847-1897)
Marguerite d'Orléans (1846-1893) ép. Ladislas prince Czarkowski
Blanche d'Orléans (1851-1921)
Françoise d'Orléans (1815-1818)

Clémentine d'Orléans (1817-1907)
ép. Auguste, duc de Saxe-Cobourg
(1818-1881)

Philippe de Saxe-Cbg
(1844-1921)
ép. Louise de Belgique
(1858-1924)

Auguste de Saxe-Cbg
(1845-1902)
ép. Léopoldine du Brésil

Clotilde de Saxe-Cbg
(1846-1922)
ép. Joseph d'Autriche
(1833-1905)

Ferdinand Ier de Bulgarie
(1861-1948)
ép. Marie-Louise de Parme
(1870-1889) puis Eléonore
de Reuss de Köstritz
(1860-1917)

François, prince de Joinville
(1818-1900)
ép. Françoise du Brésil
(1821-1893)

Françoise de Joinville
(1844-1925)
ép. Robert, duc de
Chartres (1840-1910)

Pierre, duc de Penthièvre
(1845-1919)

Louis-Philippe, prince
de Condé (1845-1866)

François, duc de Guise
(1854-1872)

Charles d'Orléans, duc de
Penthièvre (1820-1828)

Henri, duc d'Aumale
(1822-1897)
ép. Caroline de Bourbon-Sicile
(1822-1869)

Antoine, duc de Montpensier
(1824-1890)
ép. Marie-Louise de Bourbon
d'Espagne (1832-1897)

Marie-Isabelle d'Orléans
(1848-1919)
ép. Louis-Philippe, comte
de Paris (1838-1894)

Mercedes d'Orléans
(1860-1878)
ép. Alphonse XII (1851-1885)

Antoine duc de Galliera (1866-1930)
ép. Eulalie de Bourbon d'Espagne
(1864-1958)

Louise de Belgique (1858-1924)
ép. Philippe de Saxe-Cobourg (1844-1921) — Famille princière de Saxe-Cobourg

Stéphanie de Belgique (1864-1945)
ép. Rodolphe de Habsbourg, prince
impérial d'Autriche (1858-1889)

Clémentine de Belgique (1872-1955)
ép. prince Victor Napoléon
(1862-1920)

Prince Louis Napoléon
(1914-1997)
ép. Alix de Foresta (1926-) — Famille impériale de France

Baudouin de Belgique (1869-1948)

Henriette de Belgique (1870-1948)
ép. Emmanuel d'Orléans,
duc de Vendôme (1872-1935)

Joséphine de Belgique (1872-1958)
ép. Charles de Hohenzollern (1868-1919)

Albert Ier de Belgique (1875-1934)
ép. Élisabeth de Bavière (1876-1965)

Léopold III
(1901-1983)
ép. Astrid de Suède
(1905-1935) — Famille royale de Belgique et famille princière de Luxembourg

Famille ducale de Wurtemberg

Pedro, prince de Grao Para
(1875-1940)
ép. Élisabeth Dorbrzensky
(1875-1951)

Isabelle d'Orléans-Bragance
ép. Henri, comte de Paris — Famille impériale du Brésil et famille royale de France

Emmanuel, duc de Vendôme
(1877-1931)
ép. Henriette de Belgique
(1870-1948)

Marie-Louise d'Orléans (1896-1973)
ép. prince Philippe des Deux-Siciles (1885-1949)

Geneviève d'Orléans (1901-1983)
ép. marquis Philippe de Chaponay (1893-1956)

Charles, duc de Nemours (1905-1970)
ép. Marguerite Watson (1899-1993)

Sophie d'Orléans (1898-1928)

Louise d'Orléans (1869-1952)
ép. Alphonse de Bavière
(1862-1933)

Boris III (1894-1943)

Simon II
(1937-) — Famille royale de Bulgarie

Famille ducale de Cadix

Composé par Nord Compo à Villeneuve-d'Ascq
Impression réalisée sur CAMERON par

BUSSIÈRE CAMEDAN IMPRIMERIES

GROUPE CPI

à Saint-Amand-Montrond (Cher)
pour le compte des Éditions Robert Laffont
en septembre 2003

N° d'édition : 43304/01. — N° d'impression : 034427/4.
Dépôt légal : octobre 2003.

Imprimé en France